怪異・妖怪学コレクション 1

怪異・妖怪とは何か

小松和彦 監修
廣田龍平・安井眞奈美 編

河出書房新社

監修のことば

小松和彦

　怪異・妖怪研究の進展の礎となることを願って、それまでの重要な論考を集めた『怪異の民俗学』（河出書房新社）を刊行してから四半世紀の歳月が流れました。この間の研究を振り返ると、世間からの妖怪への関心の高まりにも支えられ、研究は格段の進歩・発展を遂げ、じつに多様で豊かな成果が生み出され、人文学の新領野としての地位を確立しつつあります。

　日本にはこんなにも豊かで奥深い文化があったのかということが、驚きとともに評価された四半世紀でもあったわけですが、その蔭で私たち研究者が大いに貢献してきたことは強調してもしすぎることはないはずです。

　とりわけ目立つ近年の特徴は、怪異・妖怪を「文化」として捉えて学際的な研究が飛躍的に進んだことと、デジタル化という新しい環境を反映した論考が次々に生み出されていることです。

　本シリーズは、怪異・妖怪研究の新しい領野を切り拓く先陣に立ってきた気鋭の研究者たちが、主にこの間に発表された論考から重要なものを厳選して編集したアンソロジーです。いずれの巻にも興味深い、また今なお新鮮で魅力ある論文が勢揃いしています。これを紐解くことで怪異・妖怪研究の現状をうかがうことができるばかりでなく、研究のさらなる展開の基礎としても必読の書となることでしょう。

目次

III　グローバルな比較妖怪学へ

怪異・妖怪学コレクション１

怪異・妖怪とは何か

総論　怪異・妖怪とは何か

廣田龍平・安井眞奈美

小松和彦責任編集の『怪異の民俗学』全八巻（河出書房新社、二〇〇〇〜二〇〇一年）が刊行されてから四半世紀が経った。その間、怪異・妖怪研究は長足の進歩を遂げた。日々、多くの分野で成果が発表され、在野の書き手が台頭し、国外の研究者が参入し、デジタル化された文献の増加とＡＩの急速な発展によって研究法は一気に多様化した。本巻「怪異・妖怪とは何か」は、『怪異の民俗学』以降の妖怪研究文献から、理論的主軸である文化人類学・民俗学を中心として、妖怪の概念や研究の視点・方法論、比較研究に関する重要な論考を集めたものである。

1　妖怪の定義——超自然から怪奇・恐怖へ

「妖怪を定義するのはむずかしい」(1)。研究書や論文、講演などでしばしば語られることである。実際、本シリーズ所収の各論文を見ればわかるとおり、この言葉はあまりにも使い方が多岐にわたり、簡単な言葉でまとめることは不可能である。

とはいえ概念を共有しなければ、お互いに何を指して「妖怪」と言っているのか分からなくなったり、議論をするときに食い違ったりしてしまう。ここで重要になるのが「分析概念」である。実際の史料や人々の語りのなかで、ある言葉が持っている意味や類義語を論じるのではなく、より広い研究の文脈で、分析対象を枠付けするために確立される概念のことだ。分析概念は、理論やモデルの構成要素になるだけではなく、異なる文脈に位置づけられた多様な事例をならべて比較するためにもなくてはならない。

かつて柳田國男は、妖怪とは神々に対する信仰が零落したもの（落ちぶれ、衰退したもの）であるという仮説を立てた。カッパは本来は水神であった、テングは山の神であった……などといったものである。この仮説は、具体的な検証もされないまま、その後の民俗学者たちに定説として受容されていた。

この状況に異議を唱えたのが小松和彦の一九七九年の論考である。小松は、『常陸国風土記』に現れる「夜刀の神」を事例に、「神→妖怪」のみならず「妖怪→神」のパターンもあることを示した。この議論を踏まえ、小松は分析概念としての妖怪を「人々に祀られていない超自然的存在」として定義した。[2] 逆に祀られているものを「神」とする（一般的な意味での「神」ではないことに注意）。さらに、妖怪は人々にとってマイナス価を帯び、神はプラス価を帯びるとも言い換える。小松はのちに、不思議な出来事の体験（妖怪現象）と、それを引き起こしたと見なされる妖怪（妖怪存在）という二つの段階で分けることを提案した。[3] これにより、より幅広い領域を捉えることが可能になった。この概念構築は、三つめの段階である「造形化」（絵画などの表象文化）を加えたうえで、本巻所収の「怪異・妖怪とは何か」（二〇一三年）まで継承されている。

現象と存在の関係を、歴史的展開と現象学的経験の二重の観点から論じたのが、京極夏彦の「モノ化するコト」（本巻所収）である。京極によれば、個々の妖怪は、歴史的にも個人的にもコト（現象）からモノ（存在）へと移行しているのだという。

こうして妖怪研究の基盤となった小松の妖怪概念だが、批判も寄せられている。概念化の修正を迫る議論として、たとえば片岡樹は、愛媛県のウシオニを事例として、「祀る／祀られない」と「プラス／マイナス」は必ずしも一致しないことを指摘し、[4]また飯倉義之は、現代の怪異・妖怪には祀られて神に移行する段階が欠落していることを明らかにした。[5]さらに本巻所収の廣田龍平論文は、妖怪概念の根幹にある「超自然」の妥当性について問題提起した。超自然（妖怪と神）／自然（動植物、人間など）という近代的な私たちの存在論的区分を、それを共有しない伝承者に押し付けることは、人々の宇宙論や存在論における個々の妖怪の位置づけを見誤ることになるのである。

廣田の発想は、文化人類学で前世紀末から台頭してきた「存在論的転回」に大きく支えられている。この「転回」は、揺るがぬ前提としての近代的な存在論的世界のうえに「異文化」の人々が多様な文化を花開かせるという構図を批判し、非近代的な人々も、各々に存在論的世界を生成しながら生きていることを重視する。妖怪は「妖怪文化」に収まるものではないというわけである。[6]廣田は二〇二二年の著書で、人々の属す関係のつながりから逸脱するものの集合たる「怪奇的自然」として妖怪概念を定義しなおした。[7]「存在論的転回」は脱人間中心主義も標榜しており、そうすると、小松が提唱する「人間研究としての妖怪文化研究」も再考を迫られることになろう。

「存在論的転回」に関連する議論としては、異種間での身体の変化を重要視する新しいアニミズム概念を用いて、動物が化けたり化かしたりすることを理論化しようとするものも注目できる。[8]狐狸などの動物妖怪は、事例としてはもっとも多いにもかかわらず、総合的な議論が十分に行なわれていなかった分野であり、さらなる展開が望まれる。

怪異・妖怪を、宇宙論的・存在論的な観点から定義するのではなく、それを体験した人々の観点から読み解こうとする立場もある。京極論文「モノ化するコト」（本巻所収）にも見られる現象学的考察は以前から散発的に行なわれてきた。[9] 他方で、恐怖・畏怖や不気味さといった、妖怪の引き起こす感情もまた重要であることは否定できない。[10] たとえば後藤晴子は、現代沖縄の事例を用いながら、合理的には説明できない行為や漠然とした怖さの共有を民俗学的に捉えようと試みている。[11] また、本巻所収の山田厳子論文は、「怪異」の研究においてそうした違和感や不快の体験が名付けられることの重要性を説く。またマイケル・ディラン・フォスターは「不思議」（mysterious）と「怪奇」（weird）を組み合わせた概念として「妖怪」を提示した。[12] 廣田もこれらの業績に触発され、不気味さや「ぞっとするもの」といった概念を用い、妖怪を捉えることを試みた[13]（個別の感覚に着目した研究は本総論の「3　多様化する方法論」の節を参照）。

2　妖怪学の思想史

各分野で調査が進展するなかで、怪異・妖怪にかかわる近現代の思想や言説、流行の変遷も注目されている。[14] これまでの私たちは漠然と、①江戸時代、鳥山石燕が民間伝承の妖怪を絵画化した、②明治時代、井上円了が妖怪を科学的に否定した、③大正・昭和戦前期、柳田國男が民間伝承の妖怪を全国から収集した、④戦後、水木しげるが各種情報を総合して日本中に広めた――という流れがあったと考えていた[15]。さらに⑤小松和彦と宮田登が民俗学的な妖怪研究を甦らせ、現代の隆盛に至る――を付け加えることもできるだろう[16]。この流れに民俗学者がいるせいもあって、妖怪研究といえば民俗学だというイメージが出来上がっている。しかし、妖怪を取り扱った人物は彼らだけではないし、妖怪を論じる学問も民俗学だけではない。専業の研究者だけが妖怪を研究しているわけでもなければ、妖怪のイメージを広めたのが専門書だけというわけでもない。

先述の①~⑤までの流れから排除されてしまった人々を細かく調査しているのは、専業の研究者たちよりも、在野の研究者（あるいはオタク）であることが多い。その成果は、伊藤慎吾・氷厘亭氷泉編『列伝体　妖怪学前史』（勉誠出版、二〇二一年）でひとまずまとまった形となった。同書の指摘する妖怪イメージ形成の流れについては、次のような大衆文化史が描ける。

近世期の大衆文化では、妖怪の主流といえば歌舞伎・浮世絵・小説の枠内にあり、妖怪絵巻や鳥山石燕の画集は傍流だったが、大正・昭和戦前期に入ると、主流も傍流も藤澤衛彦などの著作で統合されていった。戦後、「妖怪」という語を用いて民間伝承を集めていた民俗学の成果が世間に浸透することにより、絵画としてのみ存在していた妖怪もまた、伝承があるものとして再構築されてしまう。この過程は絵画紹介を主軸とする本により強化されていき[17]、現在の大衆的な妖怪イメージの基礎になった[18]。

妖怪の思想史はひとまとまりの単線ではなく、離合集散する無数のネットワークから成っている[19]。これから思想史を記述する際は、どの部分をどのような目的で選び取って記述するのかを明確にする必要が出てくるだろう。

妖怪史の大きな流れのほかに、従来から知られている有名人の再検討も進められている。まず井上円了については、妖怪関係の著作を収録した『妖怪学全集』全六巻（柏書房、一九九九～二〇〇一年）が刊行された。思想も再評価されており、たとえば菊地章太は、妖怪の正体を合理的に解明する円了の姿勢を復活させ、所属する東洋大学（円了が創設）で「妖怪学」を開講している。[20] とはいえ特筆すべきは甲田烈の仕事で、哲学者としての円了の妖怪観を、現代哲学や「存在論的転回」を見据えながら刷新している。[21]

二一世紀に入っても柳田國男は読まれつづけているが、怪異・妖怪関係では、「幽冥談」（一九〇五年）や『遠野物語』（一九一〇年）など、民俗学を確立する以前の作品に注目して、「おばけ好き」としての柳田を前面に出す東雅夫の仕事が目立つ。[22] また、本巻所収の香川雅信論文は、柳田が失われゆく日本の伝統を惜しんで全国各地から妖怪を収集したというイメージを覆す。柳田にとって妖怪研究とは、人々がそうした固陋なものを信じなくてもよくなるために行なわれたものだったのである。

南方熊楠も挙げておこう。近年の研究では、地元（紀伊）の妖怪を収集するとともに、語学力と乱読を生かした比較研究を試みていたことが照らし出されている。[23] さらに文化人類学では、熊楠が西洋近代の安定した存在論ではなく、環境との関係性のなかで自己の変容を目指していたことに着目し、それが自然科学でも人文学でも捉えられない霊の世界へのアプローチにつながることが議論されている。[24]

その他、折口信夫や吉野裕子、谷川健一、若尾五雄など、近代妖怪史への位置づけがまだ十分ではない人々は多い。彼らの仮説をそのまま受け取るわけにはいかないが、学術・通俗にかかわらず、後世の妖怪思想に与えた影響は見逃せない。谷川に加え、松谷みよ子や千葉幹夫、水木しげるのような、文明批評として怪異・妖怪を用いるやり方についても検討されねばならない。さらに中野美代子、澁澤龍彦、種村季弘など、国外の怪異・妖怪を積極的に紹介してきた人々もまた、比較研究の先行者たちとして捉えると興味深い系統が描けるだろう。

3　多様化する方法論

妖怪を分析する方法論や視点は、近年多様化している。そのうち、①身体や感覚に注目した研究、②ジェンダーの視点に基づく研究、③計量分析や近年のデジタル・ヒューマニティーズに関連した研究を紹介する。

現代の大衆文化における妖怪は、おもに視覚によって楽しまれているが、これまで妖怪や怪異は、五官を働かせ、身体を介して把握されてきた。山田厳子の「目の想像力／耳の想像力——語彙研究の可能性」（本巻所収）は、あらかじめ「怪異」として囲い込んだものを考察するのではなく、口承文芸で「世間話」と位置付けられる資料群から、「怪異」「妖怪」が命名される場に注目する。常光徹は「怪音と妖怪——聴覚と怪異現象」（本巻所収）において、五官がそれぞれの機能に感応する妖怪イメージを創造してきたと捉え、とくに聴覚に注目し、妖怪が生み出す音と声の特徴、それを耳にしたときの感じ方、さらに人が妖怪にむけて発する音声の問題などを論じる。小松和彦は怪異現象を、五官を通じて把握されることに応じて「視覚怪異」「聴覚怪異」「触覚怪異」「嗅覚怪異」「味覚怪異」の五つに分類し、多くは複合形で現れること、また人間の感覚のうちで視覚の働きが占める割合はきわめて高いため、「視覚怪異」が圧倒的に多いことを指摘している。[25] これらの概念は、身体を介した人間と妖怪の関係、妖怪を生み出す人間の想像力を理解するうえで重要である。

安井眞奈美は、人間の身体と怪異・妖怪との関係を捉えるために、国際日本文化研究センター（以下、日文研）が二〇〇二年に公開した怪異・妖怪伝承データベースを用いて計量的な分析を試み、人が「妖怪」に狙われやすい、もしくは「怪異」が出現しやすいと感じていた身体部位を明らかにした（本巻所収論文）。怪異の豊富な伝承から明らかとなるのは、悪霊は背中や鼻孔から侵入することが多く、その他、指の付け根、股の下や脇の下など二股になっている箇所が開くことによって生じる隙間も、妖怪に狙われやすいと考えられていたことである。身体のまわりにできる空間（隙間）も含めて、外界との境界とみなしていた身体観が浮かび上がってくる。このことは、他者との身体的な距離や私的な空間・領域の捉え方といった身体感覚にも関連している。伊藤龍平は「妖怪」を「身体感覚の違和感のメタファー」と定義づけ、「その違和感が個人を超えて人々のなかで共有されたとき、「妖怪」として認知される」と説明する。[26] 伊藤は山田厳子と同じく「名づけ」について、つまり柳田國男が示した「命名技術」の問題を共有している。なお身体に関する怪異伝承は、俗信の中にも数多くあり、常光徹の『日本俗信辞典　身体編』（角川ソフィア文庫、二〇二四年）はそれらの資料を網羅している。

身体技法に関連させて、常光は、上半身を前屈し股から背後をのぞく「股のぞき」を「異界を覗き見るしぐさ」と捉える。[27] 廣田龍平は世界各地の事例を参照し、「股のぞきは異界を見るための認識論的調整というよりは、現世へと帰還するための存在論的反転」と反論する。[28] そして、常光が分析する「後ろ向き」に物品の受け渡しを行うしぐさも含め、「股のぞき」と「後ろ向き」を総合的に論じる視座を示す。

ところで、妖怪や怪異に関するフィールドワークは現代も可能だろうか。藤坂彰子は、柳田國男が『妖怪談義』で指摘している「現地で妖怪の語りを聞けなくなってしまった」という学問的認識を問い直し、「妖怪」が恐怖の存在としてリアリティを失った現在においても、人々の生活の場で語られる「妖怪」を考察する意義を論じている（本巻所収）。

ジェンダーの視点に基づく妖怪の研究は本巻に所収しなかったが、今後も重要な研究になることは間違いない。なぜなら妖怪や怪異は、それらを発見し、共有してきた人々や集団、社会のもつジェンダー意識などと深く関わっているからである。安井はこれまで、女性が怪異、妖怪と関連づけて語られることの多い出産に注目して研究を進めてきた。出産中に亡くなった妊婦がウブメに化けて出るという俗信のため、それを防ぐように、妊婦の腹を割いて胎児を分離して埋葬する「胎児分離埋葬習俗」をとりあげ、近世から近代の変遷を明らかにしている。[29]また「胎児分離埋葬習俗」の最後の現行例を記録した地理学者の山口弥一郎の報告をもとにフィールドワークを行い、ウブメが出現すると見なされた要因を、家族・親族との関係を視野に入れジェンダーの視点から分析した。さらに安井は、『狙われた身体――病いと妖怪とジェンダー』（平凡社、二〇二二年）にて、近世から近代にかけて女性が蛇に狙われる」「女性が蛇に変身する」伝承などを分析し、女性の嫉妬や怨念などの強い感情が、妖怪に変化《へんげ》する機会となっていたことに注目した。

マイケル・ディラン・フォスターは、一九七〇年代終わりから一九八〇年代初めにかけて、都市や郊外に現れ大きな反響をもたらした現代の妖怪である「口裂け女」をジェンダーの視点から分析する。[30]口裂け女を「ジェンダーや美の規範、とりわけ七〇年代のウーマンリブ運動について語るべき」とし、そのイメージを定義する四つの重なり合う特徴――ジェンダー（彼女は女性である）、セクシュアリティ

（裂けた口）、美意識（「私、きれい？」）、抵抗（マスク）を考察する。フォスターは、妖怪の出現を特定の社会文化的コンテクストから探求することにより、妖怪が、それを語る人々の時事的で特有な問題関心において、いかに構成されてきたかを、より一層理解することができると分析方法と視点を示す。ジェンダーの視点による口裂け女の分析は、一九七〇年代の時代背景の中で行われて初めて意味を成す。

『女の怪異学』の編著者の一人である野村幸一郎は、「なぜ、女性ばかりが幽霊となって化けて出るのか」というテーマの背景に「性に関する男女の非対称性の問題」が横たわっていると指摘し、「〈成仏〉できない女たち」「日常性への懐疑」「母性と怪異」という三部立ての論集にてこの問いを解明する。[31] 田中貴子は「女性の幽霊が多いのはなぜか」にて主張した論への批判を受け、改めて幽霊画を分析し、「幽霊に女が多い」のではなく「「女の幽霊が描かれることが多い」だけなのである」と結論づけている。[32]

近年のAIの普及に伴い、デジタル・ヒューマニティーズの分野にても妖怪を素材にした研究がなされている。たとえば日文研の「怪異・妖怪伝承データベース」を素材にした研究に、佐藤浩輔・中分遥の論考などがある。[33] 分析の対象となっている妖怪の出没の地域差については、怪異・妖怪伝承データベースに所収されている民俗学関連のデータそのものに注意が必要である。[34] また地理学では鈴木晃志郎・于燕楠が、富山県にて百年前の地元紙の怪異譚と現代のウェブ上のうわさを比較し、現代の怪異は種類が画一化され、可視性が失われ、生活圏から離れた山間部に退いていると結論づける。[35] 人々の怪異に対する認識の変化が具体的に分析されていて興味深い。

4　国際発信と妖怪の比較研究

かつての『怪異の民俗学』シリーズには日本語の論文だけが収められていたが、小泉八雲（ラフカディオ・ハーン）の著作を想起すればわかるように、明治期から日本語圏以外でも日本の怪異・妖怪は注目されていた[36]。たとえば二〇世紀初頭、マリヌス・ヴィレム・デ・フィッセルは和漢の文献から竜や狐狸、鬼火、天狗などの記述を収集して英語で発表しており、一部は現在でも引用されている[37]。その後も妖怪研究の文献は出版されつづけ[38]、二一世紀に入ってからはアメリカの民俗学者マイケル・ディラン・フォスターが突出している。近世から現代までの妖怪言説を論じた『日本妖怪考』[39]があるほか、研究史や個々の妖怪種目を紹介した *The Book of Yōkai* は二〇二四年に増補第二版が出るほどの定番となっている[40]。フォスターは妖怪の翻訳語として、日本のポピュラー・カルチャーの人気により、新しい英単語となった yōkai を使っている（「妖怪を翻訳する」本巻所収）。また小松和彦の『妖怪文化入門』（せりか書房、二〇〇六年）も英語で翻訳され[41]、妖怪を幅広く理解する入門書として読まれている。他にも安井は妖怪ウブメのイメージの変遷を、廣田は近現代における超自然概念と妖怪概念との関係について英語で発信している[42]。

日本の妖怪・怪異の研究に留まらず、今後は世界の「妖怪」・「怪異」との比較研究が考えられる。そのためには yōkai という用語以外にも、英語のわかりやすい分析概念も必要となる。日文研では、二〇二三年一二月、北米から、日本の古典文学研究の立場より妖怪に強い関心を向けるハルオ・シラネとフォスターを招き、日本の妖怪研究者とともに「妖怪」を歴史的、論理的に位置づけるシンポジウム「グローバル・コンテクストにおける妖怪の理論化と歴史化」を開催した。また二〇二四年四月には、場所をニューヨークのコロンビア大学に移し、日本と中国の妖怪を英語で論じるワークショップ「中国と日本の文学／文化における〝超自然〟を問う」を開催している。これらの成果は、英語の用語解説を付した論集としてまとめた（安井眞奈美編『グローバル時代を生きる妖怪』せりか書房、二〇二五年）。

さらに日文研では、二〇一八年より中国の清華大学と協力して、日中の妖怪・怪異を比較研究する「日中妖怪研究シンポジウム」を開催してきた。中国では「妖怪」という言葉は忌避されるが、鬼や鬼神、霊魂観などの研究は、中国の民俗学や文学、歴史学などにおいて進められてきた。中国の研究者との交流を深め、日中の比較研究の足場を築くため、二〇二三年には北京にてシンポジウム「日中異界想像の歴史比較研究」を、二〇二四年には日文研にて「東アジアにおける自然観と霊魂観――妖怪を核にして」を開催した。中国では日本の妖怪研究の方法論や視点を学び、中国独自の妖怪研究を進めようとする機運が強く、日本の妖怪研究の翻訳が着々と進められている。

中国の妖怪や怪異を対象とした研究にも蓄積があり、たとえば佐々木聡は、中国の怪異を様々な史料を元に明らかにしている。[43] また妖怪や怪異に関連する霊魂観については、大形徹の『魂のありか――中国古代の霊魂観』（角川書店、二〇〇〇年）が参考になる。

台湾の妖怪・怪異については、台湾の学校の怪談を紹介し、台湾の鬼伝承の現在を記述した伊藤龍平・謝佳静の『現代台湾鬼譚――海を渡った「学校の怪談」』（青弓社、二〇一二年）が挙げられる。台湾では妖怪ブームが続いており、台湾独自の妖怪を紹介した『図説　台湾の妖怪伝説』、『台湾の妖怪図鑑』は、すでに日本語訳が出版されている。[44] また朴美暻は、日本の植民地統治時代の小学校教科書、朝鮮童話集、辞書、英語の文献などに登場する韓国の「鬼」ドッケビの視覚イメージを分析し、歴史的な文脈に即した優れた研究をまとめている（本巻所収）。崔仁鶴の『韓国神異妖怪事典』が二〇二〇年に韓国語で出版され、序文では小松和彦など日本の妖怪文化研究が、先駆的な業績として紹介されている。(45)

ユーラシア大陸の東西の文明圏においては、次節で詳述するように、山中由里子が「驚異」と「怪異」をキーワードに比較を行っている。山中は、安易に「イスラーム世界の妖怪」といった表現を使わず、「超自然」を共通概念として用いることの妥当性を検討する。「驚異」も神の被造物であり、自然を超えたり、脱したりしていないからである（本巻所収）。また菅瀬晶子は、イスラエルによって占領された状態にあり、激しい戦闘の続く歴史的パレスチナを含む中東という一神教世界の妖怪、幽霊、怪異について紹介する。ユダヤ教、キリスト教そしてイスラームの三つの一神教を生んだこの地は、絶対的一神教のもと、怪異について語ることは忌むべきこととされている。しかし全く何もないわけではなく、「ジン憑き」という現代の例が紹介される。(46) このように国際的な比較研究は、文化的な文脈と歴史的背景を把握したうえで可能となる。また天理大学考古学・民俗学シリーズ『モノと図像から探る怪異・妖怪の世界』、『モノと図像から探る妖怪・怪獣の誕生』に続く『モノと図像から探る怪異・妖怪の東西』（いずれも勉誠出版、二〇一五、一六、一七年）は、古代から現代にかけての東西の怪異、妖怪の比較研究を目指して、東アジア、中東、ヨーロッパの民俗資料のみならず、豊富な考古資料も含めて分析している。比較妖怪研究を、広い意味での人類学的な試みとするなら、どのような理論、切り口で分析すれば差異と同時に人間の普遍的な想像力に辿り着けるのか、次節にて示す近年の人類学的な研究は重要な示唆を与えてくれる。

5　グローバルな妖怪研究の展開

『怪異の民俗学』シリーズの段階では、怪異・妖怪の範囲はほとんど日本にのみ限定されていた（アイヌ文化さえ入っていなかった）。しかし前節で見たように、二〇〇〇年代以降、概念の地理的範囲は次第に広がってきている。そもそも、「妖怪」範囲の拡張は古くから行なわれてきた。藤澤衛彦『妖怪画談全集』（中央美術社、一九二九～三〇年）から佐藤有文『世界妖怪図鑑』（立風書房、一九七三年）、水木しげる『水木しげるの妖怪人類学』（KADOKAWA、二〇一六年）に至る系譜である。こうした書き手や読者たちにとって、「妖怪」はもとより国内限定の事象ではなかった。ここに比較研究の萌芽がある。

本格的な学術的実践としての比較研究は、前節で見てきたアジアの範囲を超えたものは、まだまだ試行段階にある。[47]そのような状況で成果を上げているのが、先ほども言及した山中由里子を中心とする「驚異」関係の研究プロジェクトである（二〇一〇年～現在）。「驚異」は西方キリスト教世界で「ミラビリア」、イスラーム世界で「アジャーイブ」などと呼ばれてきたもので、あえて文書に記録すべき不思議で驚異的なもの（異常気象や怪物の出現など）を指す。ここに日本の類似概念「怪異」や中国の「災異」を並べることで、ヨーロッパ・西アジア・東アジアという比較文明論へと展開することが可能になる。[48]本巻所収の山中論文は、議論を進めて比較の基盤を認知科学に求めようとする意欲作である。[49]

ここまでくると、「怪異」や「妖怪」といった概念を中心に据える必要がないとも言える。たとえばルドルフ・ウィトカウアー『アレゴリーとシンボル――図像の東西交渉史』（大野芳材、西野嘉章訳、平凡社、一九九一年）やデイヴィッド・ゴードン・ホワイト『犬人怪物の神話――西欧、インド、中国文化圏におけるドッグマン伝承』（金利光訳、工作舎、二〇〇一年）は、いわゆる怪物民を対象として、「驚異」の比較研究をすでに実践している。また「魔物」（demons）の比較研究も、古代西アジアを中心として進められている。[50]

以上のような文献史学・思想史研究は、どうしても無文字社会の人々を取り扱いづらく、人類規模での比較の枠組みを構築できない。そうした欠落は、人類社会の比較に特化した文化人類学によっておぎなうことができる。文化人類学では、記録するまでもないとされた事項の記述が積極的に行なわれるため、日本民俗学とも接続しやすい。

怪異・妖怪を組み込んだ人類学の先駆けは吉田禎吾の『魔性の文化誌』（研究社出版、一九七六年）であろう。吉田は象徴人類学の議論に基づき、さまざまな地域の民族誌を引用しながら、両義的なもの、均衡を崩すもの、共同体にとっての他者などの現れを「魔性」として論じた。[51] 次に紹介する怪物人類学の理論的枠組みは、吉田が多くを先取りしていた。

二〇一〇年代以降、英語圏で「怪物」（monsters）をめぐる人類学的比較研究を精力的に発表しているのがオーストラリアのヤスミン・ムシャーバシュである。彼女はすでに三つの怪物人類学論集を編んでおり、うち二つにはフォスターが参加して妖怪論を寄稿している。[52] 本巻所収のムシャーバシュ論文などによると、民族誌には怪物と呼びうるものが無数に記載されているのだが、これまでそれらをまとめる概念はなかったらしい。この新しい怪物人類学の枠組みでは、「妖怪」は怪物の地域的バリエーションの一つでしかない。[53]

しかし怪物人類学は存在（モノ）にこだわっており、現象（コト）まで包括する日本の妖怪学よりも、概念的には狭い範囲を議論している。また、人類学だから仕方ないことではあるが、通時的（歴史的）

探究には弱い。(54)もしかするとこのあたりに、日本の怪異・妖怪をめぐって蓄積されてきた研究成果がグローバルな比較研究に寄与する余地があるのかもしれない。

註

(1) 小松和彦『妖怪文化入門』、角川学芸出版、二〇一二年、八七頁。
(2) 小松和彦「妖怪――山姥をめぐって」五来重・桜井徳太郎・大島建彦編『講座・日本の民俗宗教3 神観念と民俗』、弘文堂、一九七九年、三三四頁。
(3) 小松和彦『妖怪学新考』小学館、一九九四年、三八〜三九頁。
(4) 片岡樹「神様未満?――愛媛県菊間町の牛鬼からみた神と妖怪」『文化人類学』八五巻四号(二〇二一年)、六三四〜六三五頁。
(5) 飯倉義之「神なき時代の妖怪学――現代怪異譚の「始末」について」橘弘文・手塚恵子編『文化を映す鏡を磨く――異人・妖怪・フィールドワーク』せりか書房、二〇一八年。かつて文献史学(佐異学)からも概念批判があったが、適切な理解に基づいていない。廣田龍平『妖怪の誕生――超自然と怪奇的自然の存在論的歴史人類学』、青弓社、二〇二二年、二七頁参照。
(6) 存在論的転回を受けた妖怪研究として、アンドレア・デ・アントーニ「正体不明な霊でも祓われる――現代日本の憑依を通した治癒経験における記憶・想像力・エンスキルメントの役割」『文化人類学』八六巻四号(二〇二二年)、廣田龍平『〈怪奇的で不思議なもの〉の人類学――妖怪研究の存在論的転回』青土社、二〇二三年など。
(7) 廣田『妖怪の誕生』。
(8) 近藤祉秋「「おっちゃん、それは化け猫に化かされとっだわ」――隠岐島の猫にまつわる語りから見る人間と動物の連続性」『文化人類学』七六巻四号(二〇一一年)、廣田龍平「シャーマン=狩人としての動物——世間話における妖狐譚を構造分析する」『日本研究』六三号（二〇二一年）。
（9）　現象学者による妖怪論として、永井晋「神と妖怪の現象学」『現象学の転回——「顕現しないもの」に向けて』知泉書館、二〇〇七年がある。近年ではディラン・トリッグが恐怖に関する現象学的考察を精力的に発表している（Dylan Trigg, *The thing: a phenomenology of horror*, Zero Books, 2014など）。
（10）　小松『妖怪学新考』、三〇～三三頁、マイケル・ディラン・フォスター『日本妖怪考——百鬼夜行から水木しげるまで』廣田龍平訳、森話社、二〇一七年、三一～三二頁。
（11）　後藤晴子「民俗の思考法——「とわかっている、でもやはり」を端緒に」『日本民俗学』二六〇号（二〇〇九年）、同「畏怖の保存」（本巻所収）。後藤は特定の場所と怖さの関係を論じている。場所論に関しては佐々木高弘『怪異の風景学——妖怪文化の民俗地理』古今書院、二〇〇九年、及川祥平『心霊スポット考——現代における怪異譚の実態』アーツアンドクラフツ、二〇二三年なども参照。
（12）　フォスター『日本妖怪考』、五〇～五一頁。
（13）　廣田『〈怪奇的で不思議なもの〉の人類学』、第三章。
（14）　二一世紀に入って文庫化された古典は多い（本シリーズ第2巻「歴史のなかの怪異・妖怪」総論も参照）。なかでも柳田國男の『新訂　妖怪談義』（ＫＡＤＯＫＡＷＡ、二〇一三年）は小松和彦が詳細な注釈をつけており、利用価値が高い。
（15）　氷厘亭氷泉「総説　妖怪学前史のつきだし」、伊藤慎吾・氷厘亭氷泉編『列伝体　妖怪学前史』、勉誠出版、二〇二一年、（一五）～（一六）頁。
（16）　①～⑤に一致するわけではないが、似たような妖怪学史を描いたものとして、小松『妖怪学新考』一〇～二六頁、香川雅信「妖怪の思想史」小松和彦編著『妖怪学の基礎知識』角川学芸出版、二〇一一年がある。いずれも、よりニュアンスに富んだ学史を描いている。
（17）　氷泉は粕三平『お化け図絵』芳賀書店、一九七三年と『別冊太陽　日本の妖怪』平凡社、一九八七年を取り上げている（『妖怪学前史』、二五〇～二五三、二七〇～二七三頁）。
（18）　『妖怪学前史』の先駆けとしては、『妖怪の理　妖怪の檻』（角川書店、二〇〇七年）をはじめとする京極夏彦の研究がある。京極は少年誌の付録まで渉猟し、「妖怪」や「おばけ」などの言葉が近世から水木しげる以降まで、いかにして意味領域を大きく変えていったかを綿密に跡付けている。

(19) 氷厘亭氷泉「総説　妖怪普及史のむこうづけ」伊藤慎吾ほか『広益体　妖怪普及史』勉誠社、二〇二四年、(一一)頁。同書は近現代日本妖怪文化史の研究にとって極めて重要である。

(20) 菊地章太『妖怪学講義』講談社、二〇一〇年。菊地は円了初の文庫本である『妖怪学とは何か――井上円了精選』講談社、二〇二三年を編んでいる。円了の妖怪学についてはGerald Figal, *Civilization and Monsters: spirits of modernity in Meiji Japan*, Duke University Press, 1999の第二〜三章も参照。

(21) 「世界の際としての「妖怪」」『国際井上円了研究』四号(二〇一六年)、「植物妖怪に関する「多自己」論的考察」『井上円了センター年報』三一号(二〇二三年)など。

(22) 『百物語の怪談史』角川学芸出版、二〇〇七年、『柳田國男集　幽冥談』筑摩書房、二〇〇七年、『遠野物語と怪談の時代』角川学芸出版、二〇一〇年など。水野葉舟・横山茂雄編『遠野物語の周辺』国書刊行会、二〇〇一年も重要。

(23) 伊藤慎吾・飯倉義之・広川英一郎『怪人熊楠、妖怪を語る』三弥井書店、二〇一九年、志村真幸『熊楠と幽霊』集英社インターナショナル、二〇二一年など。

(24) Casper Bruun Jensen, Miho Ishii, and Philip Swift, "Attuning to the webs of *en*: ontography, Japanese spirit worlds, and the "tact" of Minakata Kumagusu", *HAU* 6 (2), 2016.

(25) 小松和彦「「怪異」概念をめぐる覚書」天理大学考古学・民俗学研究室編『モノと図像から探る怪異・妖怪の世界』勉誠出版、二〇一五年。

(26) 伊藤龍平『何かが後をついてくる――妖怪と身体感覚』青弓社、二〇一八年。

(27) 常光徹『しぐさの民俗学――呪術的世界と心性』ミネルヴァ書房、二〇〇六年。

(28) 廣田龍平『怪奇的で不思議なものの人類学――妖怪研究の存在論的転回』青土社、二〇二三年。

(29) 安井眞奈美『怪異と身体の民俗学――異界から出産と子育てを問い直す』せりか書房、二〇一四年。

(30) マイケル・ディラン・フォスター「妖怪のメディア――水木しげると口裂け女」『日本妖怪考――百

鬼夜行から水木しげるまで』廣田龍平訳、森話社、二〇一七年。
(31) 野村幸一郎「はじめに」鈴木紀子・林久美子・野村幸一郎編著『女の怪異学』晃洋書房、二〇〇七年。
(32) 田中貴子「女性の幽霊が多いのはなぜか」『別冊太陽』一九九七年、「女の幽霊・再考――「九相図」から「幽霊画」へ」『図書』七七九、二〇一四年（第4巻所収）。
(33) 佐藤浩輔・中分遥「民間伝承の計量分析――「怪異・妖怪伝承データベース」の俯瞰的分析」『じんもんこん2021論文集』二〇二一年、「自然は報復するのか――「タタリ」伝承の計量分析の試み」『じんもんこん2022論文集』二〇二二年など。二〇二四年八月には、日本グループ・ダイナミックス学会の第七〇回大会において、質的な人文学と量的な心理学との対話を試みるシンポジウム「怪異を心理学モデルで「理解」できるか――定量的怪異研究の意義を「本場」との対話を通して考える」が開催された（登壇者は石黒格、須山巨基、佐藤浩輔、廣田龍平、小山聡子）。
(34) 怪異・妖怪伝承データベースの制作や成り立ちについては『妖怪文化研究の新時代』（小松和彦・安井眞奈美・南郷晃子編、せりか書房、二〇二二年）第二章「妖怪データベースからの創造――公開一五周年を迎えて」を参照されたい。
(35) 鈴木晃志郎・于燕楠「怪異の類型と分布の時代変化に関する定量的分析の試み」E-journal GEO 一五巻一号、二〇二〇年。
(36) キリシタンの時代から一九世紀末までの状況については、廣田龍平「欧米圏における初期妖怪言説について――ファウンズ『扶桑耳袋』を中心として」『世間話研究』二三号（二〇一五年）を参照。
(37) Marinus Willem de Visser, "The fox and badger in Japanese folklore", *Transactions of the Asiatic Society of Japan* 36 (3), 1908 など。
(38) 珍しいドイツ語文献の紹介として、安松みゆき「ツェツィーリエ・グラーフ・プファフの『日本妖怪書』をめぐって」小松和彦編『妖怪文化の伝統と創造――絵巻・草紙からマンガ・ラノベまで』せりか書房、二〇一〇年。
(39) *Pandemonium and parade: Japanese monsters and the culture of Yōkai*, 2009, University of California Press

（廣田龍平訳『日本妖怪考』森話社、二〇一七年）．

（40）Michael Dylan Foster, *The book of yōkai, expanded second edition*, University of California Press, 2024.

（41）Komatsu Kazuhiko, *An introduction to yōkai culture: monsters, ghosts, and outsiders in Japanese history*, Hiroko Yoda and Matt Alt (tr.), Japan Publishing Industry Foundation for Culture, 2017.

（42）Yasui Manami, "Imagining the spirits of deceased pregnant women: an analysis of illustrations of *ubume* in early modern Japan", *Japan Review* 35, 2020; Hirota Ryūhei, "Traversing the natural, supernatural, and paranormal: *yōkai* in postwar Japan", *Japanese Journal of Religious Studies* 48(2), 2021 など。

（43）佐々木聡「中国社会と怪異」東アジア恠異学会編『怪異学入門』、岩田書院、二〇一二年。

（44）何敬堯『「図説」台湾の妖怪伝説』甄易言訳（原書房、二〇二二年）、『台湾の妖怪図鑑』何敬堯著、魚儂絵、出雲阿里訳（原書房、二〇二四年）。

（45）崔仁鶴（최 인학）『한국 신이 요괴 사전（韓国神異妖怪事典）』民俗苑、二〇二〇年。

（46）菅瀬晶子「歴史的パレスチナという場とジン憑き」山中由里子・山田仁史編『この世のキワ――〈自然〉の内と外』勉誠出版、二〇一九年。

（47）ほぼ日本語文献のみ利用して怪異・妖怪の「比較」をしたと称する論考がいくつか出ている。だが、蓄積が浅い日本語圏のものだけ読んでいても研究としては不十分であり、この総論では取り上げない。

（48）山中由里子編『〈驚異〉の文化史――中東とヨーロッパを中心に』名古屋大学出版会、二〇一五年、山中・山田編『この世のキワ』勉誠出版、二〇一九年、山中由里子編・国立民族学博物館監修『驚異と怪異――想像界の生きものたち』河出書房新社、二〇一九年。

（49）「超自然」のかわりに「反直観」を用いる認知科学的な比較研究は近年増加の一途をたどっている。基本文献としてパスカル・ボイヤー『神はなぜいるのか?』鈴木光太郎・中村潔訳、NTT出版、二〇〇八年。日本の妖怪を中心にした論文として、Yo Nakawake et al., "Night parade of one hundred demons: exploring counterintuitiveness of Japanese monstrous beings", *Letters on Evolutionary Behavioral Science* 15 (1), 2024。

（50） Rita Lucarelli, "Towards a comparative approach to demonology in Antiquity: the case of Ancient Egypt and Mesopotamia", *Archiv für Religionsgeschichte* 14(1), 2013 など。またホワイトは *Dæmons are forever: contacts and exchanges in the Eurasian pandemonium*, University of Chicago Press, 2021 において、文献資料と民族誌を用い、アイルランドからインドにいたる印欧語族のさまざまな魔物の比較研究を試みている。

（51） 日本の文化人類学者による比較妖怪研究として、ほかに山内昶『もののけ』１・２、法政大学出版局、二〇〇四年がある。ただ、骨格となる議論は『魔性の文化誌』と大同小異である。

（52） Yasmine Musharbash and Geir Henning Presterudstuen (eds.), *Monster anthropology in Australasia and beyond*, Palgrave Macmillan, 2014; id., *Monster anthropology: ethnographic explorations of transforming social worlds through monsters*, Routledge, 2020; Yasmine Musharbash and Ilana Gershon (eds.), *Living with monsters: ethnographic fiction about real monsters*, punctum books, 2023. このうち二〇二〇年の論集のフォスター論文を改訂したものは、廣田龍平訳「怪物叢・覚書」として二〇二五年に出版（安井眞奈美編『グローバル時代を生きる妖怪』せりか書房）。日本語を解さない研究者にとって「妖怪といえばフォスター」になっているのは念頭に置くべきだろう。

（53） 雪男やネッシーなどを扱う未確認動物学と文化人類学のクロスオーバーも実現している。Samantha Hurn (ed.), *Anthropology and cryptozoology: exploring encounters with mysterious creatures*, Routledge, 2017.

（54） 考古学の比較研究も紹介しておこう。本文でも紹介した「天理大学考古学・民俗学シリーズ」には、考古学者が、怪異・妖怪にも見える図像解釈する論考が収められている。またデヴィッド・ウェングロウは、認知科学や進化心理学、文化人類学などを援用しつつ、最初期の都市や商業の発達のなかに、複数の動物部位を組み合わせた「合成獣」拡散の起源を見ている（David Wengrow, *The origins of monsters: image and cognition in the first age of mechanical reproduction*, Princeton University Press, 2014）。

Ⅰ　妖怪概念の深化と転回

怪異・妖怪とはなにか

小松和彦

怪異・妖怪という言葉について

最初に、本書〔二〇一三年、東京堂出版刊〕を『日本怪異妖怪大事典』と名づけた理由について述べる。「怪異」という言葉も、「妖怪」という言葉も、文字通りに理解すれば、不思議な、神秘的な、奇妙な、薄気味悪い、不安を抱かせる、といった形容詞がつくような現象や存在を意味する。したがって、怪異・妖怪と並べることは同義反復ということになる。しかし、あえて並べて記すことにした。というのは、「怪異」という語が、どちらかといえば「現象」を想起させるのに対して、「妖怪」は「存在」を想起させるからである。しかしながら、本書をひもといていただければわかるように、日本の妖怪は、現象としての妖怪がとても多いのである。そこで、おびただしい数にのぼる怪異現象の呼称をできる限り拾い上げたいとの思いから、本書ではあえて「怪異・妖怪」としたのである。このことを踏まえて、以下では、煩雑になることを避けるために、「存在」としての妖怪だけでなく、「現象」としての妖怪を含めて「妖怪」という語を用いることにしたい。

「妖怪」や「妖怪学」という用語は、もともとは怪異として把握される現象・存在を意味する用語として研究者たちが用いだしたものである。もちろん、世間ではそれに相当するものとして、「もののけ」とか「鬼」「魔物」「化け物」、その幼児語である「おばけ」、「変化」「あやかし」といった語が用いられていた。したがって、こうした通俗的な語の一つを取り出して、「化物学《ばけもの》」とか「変化学《へんげ》」といった学術用語を作ってもよかったわけであるが、通俗的には用いられていなかった「妖怪」という語によって、そうした通俗的な対象を論じようとしたのであった。その理由はいろいろ挙げることができるが、ようするに、日本文化を眺め渡し、時代を超えて、また地域を超えて、妖怪現象・妖怪存在を比較検討しようとする場合には、新しい用語を作る方が作業がしやすかったからである。「妖怪」とは、「もののけ」とか「鬼」「魔物」「化け物」といった通俗的用語・概念の上位の概念もしくは総称として、学術的に設定されたものだったのである。

当初は「妖怪」という語は研究者たちの間だけの用語であった。だが、しだいにその研究成果が学界だけでなく世間にも知られるようになり、さらには小説やコミック、アニメなどでも用いられるようになるにつれて、通俗語としても流通するようになっていった。この結果、研究者と一般の人々の妖怪概念のズレや一般の人々の間でのズレも生じることになったわけである。

次に確認しておきたいのは、世間には、幽霊を見たことがあるとか、狐の中には人をたぶらかす妖狐が実在すると信じている人がいるが、ここでは「妖怪」を「文化」と考えているということである。したがって、妖怪に関する伝承・言説はすべて「文化」なのである。このことは、他の民族・文化における怪異・妖怪現象や存在と比較すれば明らかになる。例えば、地球上には幽霊という概念をもたない民族・文化があり、また狐が化けるということを知らない民族・文化が存在しているからである。

妖怪文化の三つのカテゴリー

すでに述べたように「妖怪」とは、文字通りに理解すれば、不思議な、神秘的な、奇妙な、薄気味悪い、不安を抱かせる、といった形容詞がつくような現象や存在を意味する。しかしながら、厳密にいえば、そのままでは「妖怪」ではない。あえていえば「妖怪の種」であって、そうした出来事・現象を「超自然的なもの」の介入によって生じたとみなすとき、はじめてそれは「妖怪」となる。これが「妖怪」についてのもっとも広い意味での定義である。

こうした「妖怪」の中身をさらに眺めていくと、①現象（出来事）としての妖怪、②存在としての妖怪、③造形化された妖怪、の三つのカテゴリーに分けることができる。これらの相互の関係のなかに、日本の妖怪の特徴を見いだすことができるはずである。

・**現象としての妖怪**

①のカテゴリーの現象としての妖怪について、具体例を挙げて説明しよう。例えば、「小豆トギ」とか「小豆洗い」といった呼称で呼ばれる妖怪が報告されている。これは、夜中に小豆を洗っているような音がする怪異現象であって、そのような怪異現象を引き起こしている存在を指している呼称ではない。ところが、やっかいなことに、こうした怪異現象が「小豆トギ」といった名づけがなされると、やがて「小豆トギ」という「現象」が「小豆トギ」という「存在」へと変質するということがしばしば生じるのである。つまり、小豆をといでいるという音を立てる「妖怪存在」がいるのだということになるわけである。こうなると、それは②のカテゴリーに属することになる。

ところが、その一方では、その種の怪異現象の発生の説明として「狸」や「狢《むじな》」、「狐」「獺《かわうそ》」「鼬《いたち》」

などといった妖怪的動物の名が挙がってくることがある。これらは②のカテゴリーの妖怪である。この場合には、妖怪存在としての「狸」や「狢」「狐」「獺」等が引き起こす怪異現象の一つとして、「小豆トギ」等の怪異現象（①のカテゴリー）がある、ということになるわけである。

　視点を「狸」や「狐」等のような②のカテゴリーの妖怪存在に移すと、そうした妖怪存在は、さまざまな怪異現象を引き起こすとみなされていたことがわかる。例えば、「狸」を例にとれば、砂をパラパラとかけるという妖怪現象があり、これは「砂撒き狸」と呼ばれている。また、祭りのお囃子のような音を立てるという妖怪現象があり、これは「狸囃子」と呼ばれている等々。

　もっとも、「砂撒き狸」「狸囃子《ばやし》」のような妖怪現象は、その呼称にそうした妖怪現象を引き起こした妖怪存在がどのような存在かが指示されているので、妖怪現象と妖怪存在の相互の関係が明瞭なわけであるが、妖怪現象の呼称や現象の状態だけでは、それを引き起こした妖怪存在がわからない場合もある。例えば、「見上げ入道」という妖怪現象は、小坊主のような姿をした者が行く手を塞ぎ、見上げるとどんどん背丈が高くなるという怪異現象で、こうした怪異を引き起こすのは「獺」とか「狸」とかであると説明されることがある。この場合、「小僧の姿をした存在」は「獺」などが作り出した幻想、もしくは変化した姿にすぎない。ところが、この「小僧の姿をした者」と「獺」などとの関係が忘れられたりすることで、「見上げ入道」などと呼ばれる、「妖怪現象」にして「妖怪存在」が生まれることになる。つまり、「見上げ入道」とは、小坊主のような姿をした者が行く手を塞ぎ、見上げるとどんどん背丈が高くなるという怪異現象をもっぱら引き起こす妖怪存在がいる、というわけである。

　日本の妖怪文化の特徴として指摘できるのは、「小豆とぎ」とか「砂撒き狸」「見上げ入道」などのような、名づけられた妖怪現象がおどろくほど多いことである。これをもし「怪異・妖怪現象名彙」

っているとは言えない状態にある。しかもその全貌はまだ明らかにな

と呼ぶとすれば、本書の大半はこうした名彙で占められている。しかもその全貌はまだ明らかになっているとは言えない状態にある。

・存在としての妖怪

ところで、②のカテゴリーに属する、さまざまな怪異現象を引き起こすことができる妖怪存在は、それほど多くはない。日本では古来、あらゆるものには「霊魂」が宿っていると考えるアニミズム的観念が広く浸透している。「霊魂」(霊的存在)は、「神」「霊」「魂」「もの」などとも表現されてきた。動物はもちろんのこと、山や川、木や水、岩などにも、霊魂が宿っており、さらには人間が発する言葉にさえもそれは宿っているとなされていた。また、この霊魂は人格化されているので、人間と同様に喜怒哀楽の感情をもっている。要するに、喜んだり怒ったりするのである。こうした霊魂のさまざまな感情の動きは、神秘的なかたちでその周囲にあるものにも影響をもたらすと考えられた。人間にとっては、その怒りは天変地異や疫病などさまざまな災厄をもたらし、その喜びは豊作や豊漁をもたらすというわけである。この災厄をもたらす超自然的現象・存在が「妖怪」として把握されてきたのである。

理論的にいえば、あらゆるものが妖怪化する可能性をもっている。しかし、日本では、蛇、狐、狸・狢、蜘蛛、百足などの限られた実在動物しか妖怪化がなされなかった。またそうした動物が妖怪化するのは、百歳とか三百歳、八百歳といったように歳をとる必要があった。妖怪化した狐や狸が「古狐」「古狸」と表現されるのはこのためである。

こうした自然系の妖怪とは別に、想像力によって生み出された妖怪、独自の妖怪存在名彙をもつ妖怪として、古代では「鬼」、中世では「天狗」、近世では「河童」が生み出された。鬼は人間や馬や牛

等をモデルに、天狗は鳥や人間等をモデルに、河童は亀や獺、猿、人間などをモデルに作り出されたが、その属性は独自のものとなっている。これらの妖怪存在は長い伝統をもち、その間に数々の物語・伝承を生み出し、それらのなかでさまざまな怪異現象を示してきたのである。そしてこのような妖怪存在がいるがために、①のカテゴリーの怪異・現象の原因を示唆する、例えば、「狐火」「鬼火」「狸囃子」「天狗倒し」等といった呼称の怪異・妖怪現象名彙がたくさん存在しているのである。

ところが、こうした妖怪存在に加えて、日本では中世以降、人間が自然物を加工して作り出した道具のたぐいをも妖怪化する思想が盛んになってきた。道具に宿る霊魂も古くなるにつれて霊力を増し、百年経ったならば化ける能力を獲得するとされたのである。これを「つくも神」という。「つくも」の語源は「九十九」で、百年に一年足らなくても妖怪化したという「つくも神絵巻」の物語に由来しているようである。

道具の妖怪化は、自然物の妖怪化の延長として生まれたものである。そして日本の妖怪文化史において、この道具の妖怪化はじつに大きな役割を果たした。というのは、人間が作り出す道具を次々に妖怪化することができることになったからである。釜の妖怪、琴の妖怪、琵琶の妖怪、葛籠《つづら》の妖怪、等々。その結果、日本の、存在としての妖怪の種類を飛躍的に増加させることになったのであった。

もっとも、ここでもやはり注意しなければならないのは、こうした道具の妖怪が道具の魂魄が妖怪化したものなのか、狸や狐などの妖怪存在が道具に変化したり、その魂魄が道具に乗り移って怪異を生じさせているのか、といったことを見極めることであろう。例えば、有名な「分福茶釜」の話の茶釜は、古狸が化けた、いわば現象としての妖怪であって、古道具が妖怪化したものとはいえないからである。

・造形化された妖怪

③のカテゴリーは、造形・絵画化された妖怪である。日本では早くから妖怪存在の絵画化が進められ、長い伝統と蓄積をもっている。妖怪的存在については、『古事記』や『日本書紀』『風土記』にも、「鬼」や「大蛇」などの記述がみえるので、日本人の先祖たちが文字を用いるはるか以前から語られていたようである。しかし、そこにはそうした妖怪的存在がどのようなかたちをしていたかが語られてはいるものの、その姿かたちを描いた絵画・図像が伴っていたわけではない。したがって、断片的な説明からぼんやりと私たちなりにイメージしてみることしかできない。もっとも、そのイメージが当時の人々が思い描いたイメージと一致するという保証はどこにもない。大幅に異なっていることも、十分に予想されるわけである。

ところが、中世になると、貴族や僧侶、商人たちがたくさん住む京都では、絵と詞書の両方でもって物語を描き語る「絵巻」という表現方法が開発され、有名な物語や政治的事件の顚末、寺社の霊験譚などが絵巻として制作されるようになり、そのなかに、脇役ながらも、神秘的な存在、妖怪的な存在も描き込まれるようになった。『北野天神縁起絵巻』には、鬼の姿をした雷神や地獄の獄卒の姿が描き込まれており、『病草紙』には、「もののけ」と思われる異形の者が描かれている。また、『不動利益縁起絵巻』では、安倍晴明が病人祈禱（寿命の移し替えの祈禱）をする場面には、晴明が操る「式神」とともに、さまざまな姿をした疫病神も描かれている。この頃から、文字によって語られていた妖怪が、造形化して登場することになったのであった。

さらに、中世も後半の室町時代になると、絵巻や絵本といった形式をとった絵物語の享受層が、それまでの貴族や僧侶から庶民にまで拡大し、民間に流布していた伝説や物語もたくさん絵物語化されていった。そのなかには、鬼その他の妖怪退治をテーマにした物語もたくさん含まれていた。たとえば、すでに言及した『大江山絵巻』も大江山に本拠を置く酒呑童子を首領とする鬼の一団を退治する絵巻であり、『土蜘蛛草紙』も都のはずれの廃屋に出現した妖怪化した土蜘蛛を退治する絵巻である。そこには、多様な姿の妖怪や土蜘蛛の姿かたちが、たくさんの場面に描き込まれているのである。

妖怪の図像・造形化は、日本の妖怪文化史にとって、画期的な出来事であった。絵巻の作者やそれを享受する貴族や庶民たちは、夜の闇の奥に潜むあるいは異界からやってくる妖怪たちをなお恐れていたはずである。しかし、そのいっぽうでは妖怪退治の物語を語ることによって妖怪に対する人間の優位を示そうとした。さらにいうと、妖怪を造形化することそれ自体にもまた、妖怪に対する優位性が物語られているのであろう。この頃から、妖怪絵巻は信仰の対象としてよりも、むしろ娯楽の対象になり始めていたわけである。

妖怪の絵物語は人気があったようである。妖怪的存在が登場する伝説が次々に絵物語化され、妖怪の絵物語も新たに作りだされた。さらに木版技術が普及すると、絵入りの印刷絵本としても制作されて、都市に住む庶民を中心に広く流布していった。

造形化された妖怪は、大いに人々の好奇心を刺激し、満足感を与えたことだろう。しかしながら、造形化された妖怪は、語られただけの段階では許されていた、その姿かたちを自分たちなりに自由に思い描くという力を萎えさせてしまう側面ももっていた。絵師が造形化すると、その造形が人々に共有され、その結果、妖怪イメージは固定化される傾向をもっているからである。それは、比較的早くから造形化された鬼が、当初は「百鬼夜行」と呼ばれ、多種多様な姿かたちを示していながらも、やがて虎の皮の褌をはき、角をもった筋骨たくましい姿として固定化してしまったことに示されている。

このことは、妖怪の種類（妖怪種目）が少なければ、造形化された妖怪もやがて新鮮さを失って、飽きられる運命にあることを物語っている。

ところが、とても興味深いことに、妖怪絵師たちは主に次に述べる二つの方法によって、妖怪種目を飛躍的に増加させることに成功したのである。その一つは、すでに述べた道具の妖怪を積極的に描いていったことである。道具は人間の手で次々に生み出される。それらを興味を引くような姿かたちで妖怪化して描くことで、人々の関心を引きつけたのであった。もう一つの方法は、①のカテゴリーに属する、現象としての妖怪を、絵師の想像力を駆使して積極的に絵画化していったことである。例えば、「やまびこ」は山の中での怪音にすぎないのだが、絵師がこの「やまびこ」を絵画化するといったことがなされるようになった。この結果、現象としての妖怪が、絵画化を通じて存在としての妖怪、造形化された妖怪へと変貌を遂げていったわけである。

これによって、妖怪存在は、そのイメージを固定化させつつも、つねに増殖してゆくことになった。日本の妖怪画のおどろくべき豊富さは、このあたりに起因しているのである。

幽霊と妖怪の違いについて

最後に、よく受ける質問である、「妖怪」と「幽霊」との関係について述べておこう。「幽霊」は「妖怪の仲間」であり、「妖怪」の下位のカテゴリーである。その関係は、動物と人間の関係にたとえることができる。人間は動物の一種である。にもかかわらず、人間であるがゆえに、しばしばあたかも動物ではないかのように、他の動物から区別され特別扱いされてきた。

人間の霊魂も、狐や狸の霊魂と同様に妖怪化する。人間も歳をとれば妖怪化するという観念は古くからあって、鬼女や山姥はそのたぐいの妖怪である。死者の魂魄が怨霊となって神秘的な力を発揮して人間に災厄をもたらすとも考えられており、道具や動物に化けて出たりするということもあった。赤子を抱いて出現する「産女《うぶめ》」という妖怪の場合は、子どもは産んだが産婦は亡くなった、もしくはお腹に赤子をはらんだまま亡くなった産婦の幽霊であるとされている。幽霊はそうした妖怪化した人間の特殊形態にすぎない。しかしながら、これらの幽霊の一人ひとりに関する物語が多数生み出されてきたためであろうか、他の妖怪とは区別される存在として特別扱いされてきたのである。

幽霊には、二つのタイプがある。一つは、このタイプの幽霊とは、人間世界になんらかの未練を残したために、死者の世界に赴くことができずに、生前の姿でこの世にさまよい出てくるというものである。生前の姿で出てくるということに、このタイプの幽霊の特徴があるのである。現実の世界に現れるという幽霊の多くはこのタイプである。このタイプの幽霊の場合、幽霊と生前に面識をもっていない限り、幽霊を幽霊として認識することができない。また、未練の多くは、この世に住む特定の人物への恨みであることが多いが、深い友情や愛情を抱いていた場合でも幽霊になることがある。ようするに、幽霊とは生前の人間関係の有り様から生み出されるものだといえるわけである。

もう一つのタイプは、絵画や芝居などに登場する幽霊であって、この種の幽霊は、足がない、あるいは棺桶に納められたときの死装束を身につけているなどといった、第三者がその姿かたちを見ても幽霊であることがわかるように描かれている。現実の世界で語られる幽霊遭遇譚では、このような姿かたちで出現することはほとんどない。

ようするに、幽霊は、特定の人々を目指して出現する。その人が好きだから、その人が懐かしいから、その人が恨めしい等々の理由から出現するのである。もっとも、その過程で、「タクシー幽霊」のように、幽霊と生前なんら関係をもたなかった者が幽霊を目撃したり接触してしまうこともある。

人間がいかに他の動物と異なるかを考えるために、人間と他の動物とをしばしば対比させて考察することがある。これと同様に、幽霊と他の妖怪とがいかに異なるかを考えるために、幽霊と妖怪を対比させて考察することも大切である。そのようなときに、幽霊と妖怪とが対立する異なった存在であるかのように記述されるのであるが、幽霊が人間の妖怪化の特殊な形態なのだということを忘れるべきではない。

モノ化するコト
——怪異と妖怪を巡る妄想

京極夏彦

はじめに　～怪異を語る前に～

当然のことではあるが、「恠異」[1]なる語は日常語ではない。「怪異」と表記を一般的なものに改めたところで、それは変わるものではない。日常的な会話の中で「カイイ」なる音を耳にする機会は殆どないだろう。[補1]

では「怪異」は限定された学問の中で意味や用途が明確に定義されている術語・専門用語の類《たぐい》なのだろうか。それもまた否というよりない。現状「怪異」には精々「怪しい」という意味しか見出すことは出来ない訳だし、それ以上の意味付けをした学問分野を寡聞にして筆者は知らない。

つまり「怪異」は、現在一定の説明が加えられなければ理解し得ない特殊な言葉でこそないが、平素から頻繁に使用されるだろう普通の言葉でもない、ということになる。

そのあたりのことを、当然のこととして切り捨てないで、少し考えてみたい。現在の日本語の環境を俯瞰する限り、文語／口語、和語／漢語といった言葉の出自はほぼ無効化している。[2]特に通俗的なレヴェルに於てはそれらが適宜混用されていることは明白である。日常語、或は通俗語に於て、言葉はその出自に関わらず「使えるか使えないか」の差しか持たないのである。

そうした状況下に於て平たく述べるならば、「怪異」という語句は現在、「意味は通じるが日常的には殆ど使い道のない言葉のひとつ」であるだろう。

例を他にとろう。例えば「歩行」も「意味は通じるが日常的には殆ど使い道のない言葉」といえるだろう。「歩行する」という言説自体は然程《さほど》説明を要さずとも一般的理解を得られる範疇の言葉だと思われるが、日常会話に於て「私は家まで歩行した」という者はまずいない[3]。しかし、特殊な場面に於ては「歩行が困難になり云々」という表現は頻繁にされるだろう[4]。

つまり「意味は通じるが日常的には殆ど使い道のない言葉」の中には、日常から乖離《かいり》した特殊な場面に於ては有効な言葉となるものもある、ということになる。日常から乖離した特殊な場面とは「多少難しく表現した方が有効なプレゼンテーション」が必要になる場面であり、それは要するに公的な場や学問の場と要約してしまって良いだろう。或は「意図的にそうした場を装うことを演出として採用した」通俗的言説[5]に於て――ということにもなるだろうか。

では「怪異」の場合はどうだろうか。日常的に「私は今朝怪異に遭いました」という者はやはりいないだろう[補2]。しかし熟熟《つらつら》考えてみるに、「怪異に遭遇し云々」と説明しなければならない特殊な場面というのも、実は想定し難い。特に公的な場[6]に於てはまず想定出来ないと云って良いだろう。

過去に於いて「怪異」という言葉はしばしば公《おおやけ》に語られる言葉であった。歴史を学ぶ者は、多くの資料や文献の中に、時に正史と呼ばれる公式文書の中にまで「怪異」の二文字を見つけるだろう。しかし現代に於いて、例えば公的な場面で「怪異」という言葉を耳にする機会はあるだろうか。公式文書に「怪異」の二文字が記されることが果たしてあり得るのだろうか。

まずあり得ないといって良いだろう。そうした公的な場面に於いて「怪異」という言葉は、できる限り別の言葉に置き換えられている筈である。それは「整合性のない出来事」かもしれないし「不測の事態」かもしれない。「不可解」であるかもしれないし「誤謬《ごびゅう》」や「錯誤」であるかもしれない。どうであれ「怪異」とは表現されない筈である。何故なら「怪異」は現在、とても曖昧な領域しか指し示さない言葉だからである。「歩行」は「歩く」以外の意味を持たない。「歩行困難」は「歩くことができない」以外の何をも指し示さないし、「歩行禁止」は「歩いてはいけない」という以外の何をも指し示さない。だが「怪異」はそうではないのである。

少なくとも「怪異」は現在、公的な場では何も指し示せない言葉ということが出来るだろう。(7)

そうすると、現代に於て「怪異」なる言葉は、日常語でもなく、術語・専門用語でもなく、また公的な場面で語られることもない言葉——ということになる。「怪異」が言葉として、取り敢えず有効に機能し得る場面は、現状に於ては非常に限定されてしまうのである。にもかかわらず——昨今「怪異」という言葉を目にし耳にする機会は少なくない。では、どのような局面で私達は「怪異」という言葉を受容して（或はさせられて）いるのだろうか。

ひとつは、「日常から乖離した特殊な場面」の一方である学問の場であり、もうひとつは「意図的にそうした場を装うことを演出として採用した」通俗的言説の場であるだろう。

しかし既述の通り、前者は「怪異」に対して幾許《いくばく》かの定義も施していない。術語・専門用語的に扱われている様子も見受けられない。(8) 学問の場に於ける「怪異」は、通俗的言説に追従する形で使用されているに過ぎないのである。そこで語られる「怪異」は「通俗的理解」の範疇から逸脱するものではない。それでは現状に於ける「怪異」の「通俗的理解」とはどのようなものなのか。

通俗的なレヴェルで見る限り、「怪異」は「怪奇」のやや高尚な言い換えとしてしか機能していないようである。そして、その言い換え自体にも大きな意味はないと思われる。「怪奇」なり、それに類する言葉の多くは、戦前・戦後の通俗的娯楽的言説に於て消費され尽くした感がある訳で、ほぼ同じ意味を持ち、且つそれ程手垢のついていない「怪異」が、今更ながらにとって代わったというだけなのであろう。「怪奇現象」と「怪異現象」のニュアンスの差が[9]、単なる大衆に向けたプレゼンテーションの差——流行的言説——であることは、いうまでもないことである。探偵小説を推理小説に、あるいはミステリに言い換える商業的戦略[10]と、それは根を同じくする行為である。

繰り返すが、学問の場で用いられる際にも、「怪異」なる言葉に対する了解はその域を出るものではない。民俗学であれ国文学であれ、「怪異」という言葉をなにがしかの修辞として使用する際にそうした通俗的理解以上の意味が付加されているとは到底思えないのが現状であろう。唯一歴史学だけが「怪異」という言葉に対して特異な立場にあったと考えられる訳だが、残念ながら今のところ歴史学的アプローチによる「怪異」の方法論的説明がなされた形跡はない[11]。

いい直そう。

過去に於いてどうであったかは別にして、「怪異」という言葉は現在、「意味はなんとなく通じるが日常的には殆ど使い道のない言葉のひとつ」であり、「多少難しく表現した方が有効と思われる通俗的プレゼンテーションの際に演出として適当に使われる程度の言葉」でしかないのである。

そうした状況下であるにも拘らず、学問に於ける「怪異」研究はどうやら活況を呈している。

正体不明の語句を冠した研究は、なぜ行われるのか。なぜ今、学問の場で「怪異」が語られ始めたのか。まずは「妖怪」というキーワードと比較することで考えてみたい。

怪異研究という流行、妖怪研究という流行

ここで、まず「妖怪」という言葉に就いて述べておかなければならないだろう。

「妖怪」という言葉——概念は民俗学的言説と通俗的言説の中で、まさしく宙づりにされるようにして醸造《じょうぞう》されたものである。通俗的な「妖怪」概念は民俗学的な成果を援用し、敷衍《ふえん》することで成立したという側面を持っている訳だが、[12]一方で民俗学自体が、その通俗的「妖怪」概念に半ば「振り回されて」しまっているという現状も見過ごす訳には行かないだろう。

筆者は以前、そうした状況を招いた原因のひとつとして民俗学が結果的に「妖怪」を定義づけられなかったという事実を挙げた。[13]しかしこの場合問題にすべきなのは、民俗学が「妖怪」の定義をなし得なかったという事実そのものではない。民俗学は「妖怪」の定義づけを放棄していた訳では決してないからである。民俗学やその周辺学問は幾度も「妖怪」の定義づけを試みている。それは十分なものでこそなかったかもしれないが、必ずしも的外れなものでもなかった筈である。ここで考えるべきことは、民俗学が「妖怪」という概念を自らの学問体系の中でツールとして位置づけることに成功しなかったにも拘らず、[14]完全に捨て去ることもしなかった——という点にある。

一時期民俗学は括弧付きで語る以外に「妖怪」を語ることを止めてしまう訳だが、それは単なる言葉の締め出しでしかなかったように窺える。民俗学は「妖怪」に代わる別のラベルを提示することなく、「妖怪」というラベリングとのみ距離を置かざるを得ない状況に到った訳である。しかし学問の内部の動向とは全く乖離した場面で、それは益々結び付いていった。通俗的な言説の中で肥大してしま

った（或は矮小化してしまった）「妖怪」概念は、やがて民俗学の枠組みを超えてしまう訳だが、それは民俗学の在り方自体を外部から規定するような役割まで果たすことになってしまうのである。

学問を憑拠《ひょうきょ》として成立する通俗的言説が、憑拠とする学問自体を変質させてしまうというループした共犯的構図は、通俗的言説の自己増殖にのみ貢献する格好になったと考えられる(15)。

最終的に「妖怪」という言葉は、ある部分で民俗学に足場を残したまま、学問の場から姿を消すことになる。民俗学以外の学問分野に於て「妖怪」という言葉は完全に封殺されてしまうのである。「妖怪」という言葉――概念は通俗語としてのみポピュラリティを獲得し、それに対応するモノゴトは各分野に於けるそれぞれの用語に言い換えられることになる。

それは勿論、それぞれの学問分野の在り方としては健全な方向ではあった訳だけれども、一方である「面倒な局面」をも招く結果ともなった。細分化され、専門化されたが故に、個々の事象の接続が難しくなり、通俗的「妖怪」概念によってカテゴライズされる雑多なモノゴトの総体を、学問的に捉えることが「極めて困難な状況」が現出してしまったのであった(16)。

そうした状況下に於いて、ジャンルを横溢《おういつ》する形で表出する「妖怪」的モノゴトを俯《ふ》瞰《かん》するために採用された「妖怪」に代わるラベルが、実は「怪異」なのである(17)。

怪異というラベル、妖怪というラベル

但し、これは特定の学問分野により提言されたラベリングではなかった。前述の通り、先行する通俗的言説に追従する形で、半ばなし崩し的に採用されたものと見るべきであろう。

再び繰り返すが、「怪異」なる言葉は術語として未だ定義されていない。即ち「怪異」に対する学問

的了解は通俗的言説に於けるそれとなんら変わるものではないと考えられるのである。冠として採用されたといっても、それが領域化すると思われるモノゴトは極めて曖昧なままである。

そうした観点から眺めるなら「怪異」という言葉と「妖怪」という言葉は大差がないようにも思える。いずれも通俗的言説が先行使用していた曖昧な言葉であることに変わりはない訳だし、語義から考えても大きく差異がある訳でもないのである（この点に関しては後述する）。

事実、「怪異」研究として再スタートした民俗学及びその周辺学問による「妖怪」的モノゴトの研究の一部は、その全体像が明確になるに従って「怪異」研究から、本来の「妖怪」研究へと、その名称を変えつつあるのである。[18]

では――なぜ一時的とはいえ「妖怪」は「怪異」にすり替えられなければならなかったのか。看板が「妖怪」から「怪異」へと書き換えられた背景には、必ずそれなりの事情があった筈である。

まず挙げられるのは「妖怪」が民俗学以外の学問から締め出されてしまった言葉であった、という事実であろう。前述の通り、民俗学以外の学問の場で「妖怪」という言葉が使われることは、まずなかったのである。「妖怪」は民俗学用語であり、それ以上に、既に日常語と呼んで差し支えのない程に大衆に浸透した、筋金入りの通俗語であった。「妖怪」的モノゴトの研究が民俗学の内部だけでは御《ぎょ》しきれなくなってしまった状況下に於いて、他ジャンルと平仄《ひょうそく》を合わせるという意味でも、「妖怪」なる言葉は甚《はなは》だ相応しくない代物となっていたのである。

一方、「怪異」はそうではなかった。「怪異」もまた通俗的言説の中で流通する言葉ではあったのだが、「妖怪」程「通俗に塗れて」はいなかったのである。冒頭でも述べたように、「怪異」は日常的には寧《むし》ろ使用されない言葉であった。加えて「怪異」は特定の学問ジャンルが定義する術語・専門用語でもなかったのである。それは、学問体系の中で明確に何かを指し示す言葉ではなかったものの、学問の場で「全く使われない」言葉でもなかったのである。[19] いや、寧ろ明確に何かを指し示す言葉ではなかったからこそ、学際的展開を前提とした研究に於ける共通言語として採択するのに相応しい言葉となり得たのである。「怪異」という言葉の持つ曖昧さが、この場合は寧ろ有効に作用したと考えるべきだろう。そうした条件を満たす言葉の選択肢は、他に殆どなかったと思われるからである。

ただ、ここで本当に注目しなければいけないのは、そうした消極的な「事情」ではない。詮索すべきは「妖怪」であってはならなかった「理由」であり、敢えて「怪異」でなくてはならなかった積極的「理由」なのである。

例えば民俗学が再び「妖怪」研究を標榜する流れを示す中、枝分かれするような形で「怪異」という言葉に固執し続ける研究者も依然としているのである。[20] そうしたことからも、たとえなし崩し的ではあったにせよ、「怪異」が選択された理由を詮索することは無駄ではあるまい。

留意すべきなのは「妖怪」→「怪異」の移行が単なるすり替えに留まらぬ側面を持っている、という点であるだろう。民俗学用語である「妖怪」が指し示すモノゴトが短絡的に「怪異」とラベリングされ直したという理解は間違っているだろう。「怪異」は、先に述べた通り、ジャンルを横溢する形で表出する「妖怪」的モノゴトを俯瞰するために採用された言葉——つまり民俗学の枠組みを超えてしまった通俗的「妖怪」概念にも対応すべく貼られたラベル——なのであった。

つまり「怪異」は、通俗的言説によって肥大してしまった（或は矮小化されてしまった）「妖怪」の上位概念として採用された、と考えるべきなのである。

民俗学に例を採る限り、その推測は強《あなが》ち外れてはいないようである。例えば「怪異」→「妖怪」という移行の渦中に出版された『怪異の民俗学』（小松和彦責任編集）は、「妖怪」的モノゴトを取り扱った過去の民俗学論文を集大成する目論見《もくろみ》で編まれた大部の全集である訳だが、シリーズタイトルに「怪異」が採択され、「妖怪」は第二巻の表題とされるに留まっている。「怪異」という大きなカテゴリの中に「妖怪」というジャンルがあるかのような扱いになっている訳である。(21)

この扱いに関して我々はそれ程違和感を持たない。しかしよく考えてみると、このカテゴライズはあまり意味を持たないことが判る。本来的な語義を比較するなら、「妖怪」も「怪異」も（それはまた怪奇も奇異も妖異も——ということになるのだが）大きな違いはないのである。現在流通している辞書の類を繙いてみても、それ程の違いは確認出来ない。

一例として『日本国語大辞典・第二版』(22)の「妖怪」の項を引いてみよう。

①人の知恵では理解できない不思議な現象や、ばけもの。変化。ようけ。妖鬼。
②あやしい感じのすること。わざわいを招きそうな不吉なさま。ようけ。③わざわいと危険。

では「怪異」はどうだろう。

①現実にはあり得ないと思われるような不思議な事柄。また、そのさま。あやしいこと。
②（——する）変だと思うこと。不審。③ばけもの。へんげ。

表現が違うだけで、殆ど同じことが繰り返されているといって良い。

この説明を鵜呑《うの》みにする限り、「怪異」が「妖怪」の上位概念と見做《みな》された理由（それを我々が受け容れてしまう理由）は、まったく判らない。勿論、辞書に書かれていることが普《あまね》く正しいとは限らない訳だが、それを一般的な了解と見做すことは間違いではないだろうし、ならばそれは取り敢えずの指針とはなり得るだろう。この記述を手掛かりに若干の検証を加えてみることにする。

まず、「妖怪」の項の②と③に注目したい。

②あやしい感じのすること。わざわいを招きそうな不吉なさま。ようけ。③わざわいと危険。

これは、古典的用例としては勿論あり得るものだろう。例を挙げて傍証する作業は省略するが、本来的にはこちらの方が本義であったと思われる。

しかし現在「妖怪」という言葉はこうした使われ方をしていない。「怪しい感じ」や「禍を招きそうな不吉な様」を「妖怪だ」と表現することは、現在に於いてはまずあり得ないと思われる。「奇怪だ」や「面妖だ」の方がまだ通りが良いだろう。況んや「危険」を指して「妖怪」とはいわない。語義として②③に退けられているのはその所為《せい》であろう。

それは「怪異」の②と③に就いてもいえることである。

②（――する）変だと思うこと。不審。③ばけもの。へんげ。

現代語において「怪異する」という使い方は殆どしないだろう。名詞の後に「する」を接続する通俗的な用例は後を断たないが、なぜか「怪異」に関してはこうした使われ方はされなくなってしまったようである。「心配する」「懸念する」などと同じように「怪異する」——不審に思う——と使うのであろうが、今や意味が通じるとは思えない。

　また③の「ばけもの、へんげ」の意味を見出すことも、実は難しいのである。[23] 勿論、化け物や（妖怪）変化は「怪異」に相違ないのだろうが、それ自体を指して「怪異」と称することは、現在に於ては少ないだろう。[補3] 但し、例えば「蝦蟇《がま》の化けた怪物」を指して「蝦蟇の怪異」と表現することはあり得るし、また過去には多くあっただろう。ただその場合、現代語として了解される「怪異」は、「蝦蟇の化け物」そのものではなく、「蝦蟇が化けたこと」の方なのであり「蝦蟇が化けるようなことが起きた事態」「蝦蟇が化けたことによって齎《もたら》された事態」の方であると考えられる。[24]

　そこで「妖怪」の項の①に目を転じて見よう。全く逆のことがいえる。

①人の知恵では理解できない不思議な現象や、ばけもの。変化。ようけ。妖鬼。

　この説明は間違ってはいない。しかし、現在巷間《こうかん》に流通している通俗的「妖怪」概念に照らす限りは、どうやら不具合が生じてしまう。過去の例はともかく、現在「人の知恵では理解できない不思議な現象」は、「妖怪」と呼ばれないのである。それは、時に「妖怪現象」などと呼ばれる。「妖怪」という言葉はそもそも「現象」を指し示していた訳だから、これは表現としては重複でしかない。「馬から落馬」の類の言葉であろう。

　しかし通俗的言説に限らず、学問の場でもそれはまま聞かれる表現なのである。[25] つまりこれは、現状「妖怪」という言葉が領域化する事象の中に「現象」は含まれないということなのである。
通俗的「妖怪」概念に沿った形で言い換えるなら、それは次のようになるだろう。

①人の知恵では理解できない不思議な現象そのものが人格化されたモノ。或はそうした現象を起こすと考えられているモノ。ばけもの。変化。ようけ。妖鬼。

その上で「怪異」の①と比較してみよう。

①現実にはあり得ないと思われるような不思議な事柄。また、そのさま。あやしいこと。

この形で比較してみると、差異は明瞭である。通俗的「妖怪」概念からは「現象・事象」が追い出されている。一方で「怪異」は「事柄」であり「さま・こと」とされるのである（但し、厳密に述べるならば、現在「怪異」はコト自体ではなくコトの有り様を表わす言葉、或はコトを修飾する言葉として機能していると思われる。歴史的には「怪異アリ」と記されていた事柄も、現在では「怪異現象発生」「怪異な出来事が起きた」などと記されることが多いのである）。

現在の通俗的言説に於いて、「妖怪」は限りなくモノに寄った言葉であり「怪異」は多くコトに関わる言葉なのである。[26]

怪異というコト、妖怪というモノ

論を進める前にモノ、コトという曖昧な言葉をある程度定義しておかなくてはならないだろう。本稿内に於いて、モノとは概《おおむ》ね「物／者／霊」などと書き表される「或る対象」を指す。これは主に概念としての「世界内存在」という意味である。

コトとは、その「存在」の「運動」、または「存在」が「運動」することで齎される「変化」、更には「変化」する「世界」そのものを指すと、仮に定義しよう。

その仮定に則《のっと》って見るならば、「怪異」が「妖怪」の上位概念として受け容れられた経緯は或る程度明らかになるだろう。

民俗学的事例から具体例を挙げる。

> ヌリカベ　筑遠賀郡の海岸でいふ。夜路をあるいて居ると急に行く先が壁になり、どこへも行けぬことがある。それを塗り壁といつて怖れられて居る。棒を以て下を払ふと消えるが、上の方を敲いてもどうもならぬといふ。（後略）

柳田國男[27]の「妖怪名彙」[28]からの引用である。「妖怪名彙」は御存知の通り柳田が全国のインフォーマントより採集した「妖怪」[29]（勿論その当時柳田が想定した「妖怪」であり、現在の通俗的「妖怪」概念の枠組みとは異なるのだが）の「名前」とそれに関わる説明を羅列した文書である。おそらく「ヌリカベ」なる名称とその伝承は、この一文によって初めて全国に紹介されたものと考えられる。

さて、この一節から、我々は何を汲み出すことが出来るだろうか。例えばこの一文を、我々は多く次のように要約する。

（A）福岡県の海岸には夜、歩行中に突然前方を塞ぐぬりかべという妖怪が出る。

この要約は、子供向けの「妖怪図鑑」[30]的な書物に多く見られる「ぬりかべ」に対する説明と大同小異のものである。否、子供向けならずとも、一般に向けた民俗学の紹介本などにも、それ程変わらぬ記述を見つけることは容易である。こうした言説は何の疑いも持たれずに巷間に流布している。

この要約文（A）を「モノ」と「コト」に分解してみよう。

（A）福岡県の海岸には夜、歩行中に突然前方を塞ぐ（というコトをする）ぬりかべという妖怪（＝モノ）が出る（というコトが伝わる）。

「歩行中に突然前方を塞ぐ（塞がれる）」というのはひとつの「現象」として表現されている。これは「コト」である。塞ぐのはぬりかべという「モノ」である。そしてこの文は、全体として「ぬりかべに塞がれる」というコトを報告している文章である。「コト」は「モノ」によって起こされる訳だが、最終的には「モノ」を含む「コト」として提示されるのである。「ぬりかべ」＝「モノ」の「運動」が塞ぐという「コト」、それによって齎された「変化」が塞がれて動けないという「コト」、変化する「世界」そのものはぬりかべに行く手を塞がれてしまうという「コト」ということになる。

「モノ」を「妖怪」、「コト」を「怪異」に置き換えてみよう。

(A)福岡県の海岸には夜、歩行中に突然前方を塞ぐ(という怪異現象を起こす)ぬりかべという妖怪が出る(という怪異が伝わる)。

「怪異」を「妖怪」の上位概念と規定することに対して、我々がそれ程違和感を抱かないのは、「モノ」と「コト」=「妖怪」と「怪異」がそうした関係性を持っているからに他ならない。「妖怪」という「モノ」は「怪異」という「コト」に最終的に還元されてしまうのである。

ただ、実はこの関係性には大きな落とし穴があるということに我々は気付くべきであろう。

そもそもこの要約(A)は、果たして正しい要約なのであろうか。その点を検証して見る必要があるだろう。更に単純化したとき、「ぬりかべ」に対する説明は次のようにされるだろう。

(B)九州にはぬりかべという妖怪がいる。

「モノ」と「コト」の関係性を示す形で書き改めてみる。

(B)九州にはぬりかべという「モノ」がいる(という「コト」)。

よく読んでいただきたい。この説明は、やはりおかしいのである。しかしどこがおかしいのか、たぶん一般には判り難いだろう。

要約（A）（B）ともに「出る」「する」「起こす」「いる」という言葉が使われていることに注目していただきたい。

実は――九州にはそんな「モノ」は出ないし、そんな「モノ」はいない。だから何か「する」ことも「起こす」ことも出来ない。「ぬりかべ」は「起こす」のではなく「起きる」が正しいのである。

この要約（B）は、実は次のようにされるのが正しいのである。

（B）九州ではぬりかべという「コト」が起きる。

モノからコトへ、コトからモノへ

民俗学に興味を持たぬ層でも妖怪「ぬりかべ」を知っている可能性は高い。水木しげる(31)によってキャラクター化された「ぬりかべ」は、コミックやアニメーション、更にはキャラクターグッズやコンピューターゲームにも登場し(32)、およそ三十年に亙り(補4)、様々な娯楽媒体に乗って繰り返し大衆に供給され続けている。はんぺんのような愛嬌のある容姿は認識し易く模倣もし易いため、雑誌連載やアニメーション放映が終了した現在も忘れられることなく人気を保っている。容姿と結び付いた判り易いネーミングは浸透度も高い。「ぬりかべのような」という形容は、然程説明を加えずとも一般的に通用してしまう程である。その「ぬりかべ」が、本来は福岡の海岸沿いに古くから伝えられる「妖怪」だったと、要約（A）（B）は述べている。

だが、柳田の文章をもう一度読んでみると、そんなことは一言も書かれていないことが判る。

柳田は「筑前遠賀郡の海岸で夜に突然行き先が壁になりどこにも行けなくなることがある」と記しているだけなのである。地域の住民は当時、その不可解な現象を「塗り壁と呼んで怖れていた」のである。「妖怪ぬりかべが出て行く手を塞いだ」などという伝承は、柳田の許に報告されていないと思われる。(33)

つまり、柳田の文の要約をするなら、

(A) 福岡県の海岸では夜、歩行中に突然前方を塞がれる現象をぬりかべと呼んでいる。
(B) 九州ではぬりかべと呼ばれる不思議な現象が起きる。

とするのが正しいということになる。

この要約に「モノ」は登場しない。「コト」が起きているだけである。

その「起きたコト」を柳田は「妖怪」とカテゴライズした訳である。少なくとも柳田の報告文の中に、「ぬりかべ」なる「モノ」は登場していない。そこに登場する「モノ」は「歩行中に壁が現れ動けなくなる体験をした者」であり、それを報告する者である。そこでは「歩行中に壁が現れて動けなくなるコト」が起きているだけであり、それが「ぬりかべ」と名付けられているという「コト」が報告されているだけなのである。

柳田の記したテクストを忠実に読み解く限り、夜の海岸にはんぺんのような怪物が現れて行く手を塞いでいるような情景を想像することは出来ない。否、少なくとも研究者はそのような絵面を想い描いてはいけないだろう。

キャラクターとしての「ぬりかべ」のビジュアルは、勿論水木しげるの創作である。(34) 巷間に広まっている妖怪「ぬりかべ」は、柳田の記述した「コト」を水木が漫画的に表現した「モノ」であり、つまり「歩行中に壁のようなものが現れ動けなくなる体験」という「コト」を記号化した「モノ」なのである。

「モノ」を呑み込んでしまう筈の「コト」が、ここでは「モノ」化している訳である。

モノ化していくコト、妖怪化して行く怪異

ある時期を境にして「妖怪」は「起きるコト」ではなく「現れるモノ」に変わってしまった。「塗り壁というコト」が「ぬりかべというモノ」にすり替わってしまった訳である。

我々は、ときにこうしてテキストを読み違えている。

ただ、通俗的言説には正否の区別などない。たとえどれ程不可解な見識が提示されようと、通俗的言説自体は批判の対象になるものではないだろう（つまり「ぬりかべ」は「妖怪」だという通俗的言説自体は間違ってはいないのである）。だが、少なくとも柳田の記したテキストは現在、「コト→モノ」という、一見して判り難い転換の中で、多く読み違えられているのである。

しかし、この「読み違え」を、通俗的言説の送り手達――例えば水木しげる――の責任とする訳には行かない。通俗的言説の多くはアカデミズムの成果を憑拠として成り立っている訳だし、それを構築するのは文化というシステムなのであって、決して個人ではないのである。大衆なり社会なり（それは色々の呼ばれ方をするのだろうが）といった文化的集団が認知しない限り、それは成立もしなければ浸透も維持もできないものである。それは――たとえどれ程社会的影響力が強い人物であったとして

も——一個人の意図によって方向性が決定されるようなものではない。

娯楽の送り手としての水木の仕事は、先行しつつも忠実にそれをなぞったという点で、寧ろ評価に値するものと考える。

「コトのモノ化」は、寧ろ起きるべくして起きたと考えるべきなのである。「妖怪」的なモノゴトに関する「コトのモノ化」は、既に民俗社会に於て始まっている。「歩行中に壁が現れ動けなくなる体験」を「塗り壁」と名付けた瞬間、「コト」は「モノ」化を開始している。(35)

柳田がその点に自覚的であったかどうかは知る由もない。しかし「妖怪」的モノゴトを名称・語彙として収拾し羅列して行く柳田の手つきが、「コトのモノ化」に拍車をかけるに等しい行為であったことは間違いない。(36) 柳田から半世紀を経た現在、既に「妖怪」というラベリングでは「起きているコト」を掬《すく》い上げることが不可能になってしまったのだ。

学際的且つ網羅的に「妖怪」的なモノゴトを取り扱おうとする際、「妖怪」というラベリングが相応しくないという判断が下された本当の理由はそこにあるのだろう。事実、通俗的言説の場に於いては「妖怪」というラベルを貼った時点で現象や習俗といった「コト」が瞬時に「モノ」化＝キャラクター化してしまうという状況が頻繁に発生しているのである。(37)

そして、そうした状況に対する危惧感の発露として「怪異」という言葉は選び取られたのではないだろうか。「妖怪」というカテゴリーからこぼれ落ちてしまう多くのコトを掬い上げるために、コトを表わし、またコトを修辞する機能を持つ「怪異」という言葉は相応しいものだった筈である。そして「妖怪」が領域化する「モノ」と、「妖怪」が領域化し得ない「コト」の双方を取り扱うために、更にいうなら「妖怪」にカテゴライズされてしまったが故に「モノ化してしまったコト」を「コト」として取り扱い直すために、それは、「妖怪」の上位概念として位置づけられるしかなかったのではないか。しかし、ここで思いだしていただきたい。「怪異」は、術語・専門語ではない。明確に定義もされていない。「怪異」という言葉は現在、「意味はなんとなく通じるが日常的には殆ど使い道のない言葉のひとつ」であり、「多少難しく表現した方が有効と思われる通俗的プレゼンテーションの際に演出として適当に使われる程度の言葉」でしかなかった筈である。

これまで述べてきた経緯のすべてが通俗的了解に基づいているものなのだ——ということを忘れてはならないだろう。「怪異」とは何なのかということを問う以上に、「怪異」とは何だったのかという問いはなされなければならない。(補5) 歴史学に例を取るなら、文献上に記される「怪異」の二文字を通俗的理解から解放することを眼目に据える以外に「怪異」研究を標榜する学問的意味はあまりない、ということになるだろう。

それをしない限り、本当の意味での「妖怪」的なモノゴトを俯瞰する「妖怪」の上位概念は形成し得ない。そしてそれをしない限り、「怪異」という言葉を扱う学問は（「妖怪」と民俗学がそうであったように）必ずや外部から通俗的な規定を受けることになるだろう。

否、通俗的な規定は既に発生している。

例えば我々は「怪異」と「恐怖」をどこかで結びつけて了解している。しかしそれが通俗的幻想に過ぎないということに気付く者は少ない。前述の通り、通俗的言説に於ける「怪異」とは、精々「怪奇」の言い換えなのである。「怪奇」は長い間「恐怖」を伴う言葉として通俗的プレゼンテーションに使用されてきた言葉である。その代替である「怪異」もまた、「怖い」というイメージをどこかで想起せしめる言葉として流通していることは間違いあるまい。だが——良く考えてみて欲しい。

「内裏に怪異あり」という記述の中に、果たして恐怖はあるのだろうか。あるかもしれないし、ないかもしれない。しかし通俗的な規定を受けた場合、後者は想定されないのである。

再び思い起こしていただきたい。冒頭、現在に於ては公的な場で語られる「怪異」は別の言葉に置き換えられてしまう——と述べた。そうした場面で「怪異」は多く「不整合な出来事」として置き換えられる。「恐ろしいこと」と置き換えられることはないのである。

「怪異」は「怖い場合もある」というだけで「怖いこと」ではないのである。理屈に合わぬことや理想的でないこともまた「怪異」である。「そうあるべきなのに、そうではなかった」場合——それは不吉と捉えられたのだろうが——も、「怪異」という言葉は使用された可能性がある。いずれにしてもそれは短絡的に恐怖と結び付くものではなかった筈である。

更に、通俗的了解では「怪異」は「コト」——「現象」として捉えられる。しかしこの「現象」というのも、実はまやかしである。

厳密に考えるならば「怪異」の多くは「現象」ではあり得ないだろう。「怪異あり」という記述から、何らかの現象が起きたのだと理解することも、実は「通俗的な規定」に他ならないのである。

怪異に還元される妖怪、妖怪に解体される怪異

ここで民俗学や歴史学から離れて「モノ」と「コト」から「怪異」を眺めてみることにしよう。

「怪異」は要するに「不整合」な出来事である。何に対して整合性がないと判断するのかは、その時々によるだろう。王権に対して不整合なのかもしれないし、民俗社会の常識に対して不整合なのかもしれない。或は自然科学に対して不整合なのかもしれない。民俗学や歴史学から離れて、と断った

のは、そうした個々の条件を外した概念モデルとして「怪異」を考えてみようということである。「不整合」と判断される理由は、鯔《とど》の詰まりは「理解出来ない・理解しにくい」「容認しにくい・容認したくない」であろう。そうした出来事が発生した際、それは「あるプロセス」を経て、「整合性のないこと」として処理されるのである。

判り易くするために、先程の「ぬりかべ」を例に採って話を進めよう。

夜歩いていて突如壁が出現し、身動きが取れなくなる――これが「ぬりかべ」である。

これは「神秘体験[38]」と考えることが出来る。

神秘体験とは必ずや個人的体験である。「あり得ないコトが起きる」ことはあり得ないのだ。しかし個人の内部に於ては、「あり得ないコト」は容易に起こり得る。集団が神秘体験をするような場合も、それは個人的体験の集積に過ぎない。そうしたコトは本当は起きていないのであって、起きたように個人が感じるだけである。

「ぬりかべ」の場合も同様である。どう考えても、突如眼前に壁が出現することはあり得ない。しかし体験者個人は「そう感じて」いるのである。これは個人的には明らかに「不整合」な出来事である。しかし体験者はそれが何に対して「不整合」なのか判断することは不可能である。

ここで体験者には二つの選択肢がある[39]。

（ア）不整合の原因を内部に求める。

（イ）不整合の原因を外部に求める。

（ア）は要するに「物理的には何も起きていない」と判断する、ということである。「何か起きていると自分が感じているだけだ」と体験者は理解する。この場合、いわゆる「現象」は起きていないことになる。それは更に二つの選択肢を体験者に強いる。

（ア－1）個人的問題として処理する。
（ア－2）個人的問題として処理しない。

（ア－1）は、要するに「錯覚だ」と理解するということである。この場合は、当然「怪異」と理解されることはない。少し前の流行り言葉でいうならば「脳内体験」ということになるだろうか。幻覚・錯覚として問題は処理されてしまう。

（ア－2）の場合はそうではない。これは、たとえ錯覚であったとしても「錯覚を引き起こした原因」は外部にあると理解するということである。勿論外部に「現象」らしきコトは起きていないのだが、内部に変化を齎すような「現象」が起きていると理解する訳である。この場合、その原因が何であるのかを個人が特定することは難しい。問題は外部に持ち出され、「何に対して不整合であったのか」を第三者に判定して貰わなければならなくなる（民俗社会の場合、その役割を担うのは「共同体」ということになるだろう）。

ジャッジメントは二通りである。

（ア－2－a）個人的問題として差し戻す。

(ア－2－b)社会的問題として処理する。

(ア－2－a)は(ア－1)へと引き戻す、つまり錯覚の類だとする判定である。この場合は何も起こっていないことになる。問題の処理は個人の内部で行わざるを得ない。

(ア－2－b)で、初めて「怪異」は発生する(と当事者が認識する)。

この場合は体験者個人の内面に「ある変化」を齎した原因が、体験者の外部にある(或は居る)と外部の者が認定することで問題を処理することになる。結果的に原因は外部に求められる。ここで初めて体験者は「化かされた」「憑かれた」「祟られた」——ということになるのである。

最初に立ち戻ろう。

(イ)の場合はどうだろうか。この場合、物理的に「現象」が起きたことを前提としている。つまり体験者は最初から原因を外部に求めるという選択をしているのである。実際に起きているかどうかは別として、「外部に何らかの現象が起きている」と体験者は考えている。しかしこの場合でもすぐに「怪異」と判定される訳ではない。やはりこの場合も枝は二つに分かれるだろう。

(イ－1)個人的に原因を解明する。

(イ－2)個人的に原因は解明できないと考える。

(イ－1)はその状況下に於て体験者が論理的に原因解明を為し得た、ということである。それが正しいか正しくないかはあまり関係ない。どのような説明体系を用いようとも、体験者が「不整合を整合に変えた」ということである。説明を施すことで問題は処理されている。この場合は、何か「現象」は起きているのだが「怪異」は起きていない、ということになる。

ぬりかべに当て嵌めるなら、「足下が泥濘《ぬかる》んでいた」「暗くて道を間違えた」「何者かが悪戯《いたずら》をしていた」と理由は幾らでもある。（ア－1）と組み合わせることも可能である。「酔っていたので段差が超えられなかった」「疲れていたので生け垣が壁のように感じられた」と、何でも良い。

（イ－2）の場合は、やはり「現象」が実際に起きたことを前提にするが、原因究明は第三者に委ねられるということになる。ここで第三者が下す判定はやはり次の二つである。

（イ－2－a）個人的問題として差し戻す。
（イ－2－b）社会的問題として処理する。

（イ－2－a）は、第三者が体験者に（ア－1）及び（イ－1）のいずれかの選択を強いる、ということである。外部では「何も起きていない」という第三者の判断がなされた以上、たとえ納得が行かなかろうと体験者はそう理解するよりない。何も起きていないのだから、勿論「怪異」はない。

（イ－2－b）は、何か現象が起きたことを前提にして、整合性ある回答を第三者が施す、ということである。（イ－1）で行われる作業を第三者が代行するということになるだろうか。この場合第三者によって行われる「処理」は更に二つに別れるだろう。

（イ－2－b－甲）一般的な例として特殊化する。

（イ－2－b－乙）特殊な例として一般化する。

判り難いかもしれない。（イ－2－b－甲）の一般的な例として特殊化する、とは要するに「一般にあり得ること」として第三者が説明を施すことである。但し、体験者周辺で頻繁に起こっている事象でないことは明らかであるから、「ここではあまり見られない」などの説明が付加される。

この場合、「それは某地域で某と呼ばれる自然現象だ」と説明されたなら、それはもう「怪異」ではなくなる。その説明がどれ程無根拠なものであっても、第三者が説得力さえもっていればそれで終りである。たとえ名付けられていなくとも、何も解明されていなくとも、「それは未知の自然現象だ」という言説が説得力を持っていたならば、問題は処理されたことになる。また、「それは某地域で某と呼ばれる怪異だ」という説明をすることもあり得るだろう。その場合不整合はそのまま外部の問題として申し送られ、原因は（理由なしに）強引に外部化されてしまう。これは「怪異」と見做される訳だが、体験者の内部での不整合は処理されたことになる。

一方、（イ－2－b－乙）の特殊な例として一般化する、とは、体験者及び第三者が所属する文化集団、或は住んでいる地域などの属性を特殊化することで説明に替える、ということである。簡単にいうなら「この辺りではそういうことが起きるのだ」と言い切る、ということになるだろう。これも原因の強引な外部化によって体験者内部の処理は完了する――つまり「怪異」が「起きている」ことが第三者によって認定されることになる。

さて、「現象」としての「怪異」は（ア－2－b）と（イ－2－b－甲／乙）の二つに於て発生していることになるが、この二つは同じ「怪異」ではない。[40]（ア－2－b）を「怪異A」、（イ－2－b）を「怪異

B」とし、その差異を比較してみよう。

「怪異A」に於て、いわゆる「怪異／現象」は起きていない。

ぬりかべの場合は「行く手に壁」など出現してはいないと判断されている。そこで起きたとされているのは、「壁が現れた」コトではなく、「錯覚を起こして体験者が進めなくなった」というコトである。この場合、体験者の外部にそうした作用を及ぼす「モノ」が想定されていることになる。

それは狐狸である場合もあるだろうし、怨霊であるかもしれない。それらの「モノ」が、化かすなり憑くなりという「何らかの運動」をして体験者に「ある変化」を齎したと考えるのがこのタイプである。

「怪異B」の場合はそうではない。こちらは「怪異／現象」が実際に起きている、とされる。

体験者の行く手には、確かに壁が現れて行く手を塞いだのだ――と判断されているのである。その現象――「コト」自体が「怪異」として「ぬりかべ」と名付けられるのである。先に述べたように名付けられた「コト」はその段階で「モノ」化を始める。

なぜ「モノ」化するのだろうか。それは「怪異A」と比較することで明らかになるだろう。

「怪異A」は「モノ」が起こす「コト」である。しかし「怪異B」の場合は、「運動」や「変化」という「コト」しかない。つまり「怪異」を起こす主体が欠落している訳である。それを補う意味で起きたとされる「コト」自体が「モノ」化されると考えることが出来るだろう。

これは、条件を無視した概念モデルである。実際には様々な条件が加味されるのであろうし、より複雑な様相を呈するであろうことは想像に難くない[41]。

例えばこのモデルでいう「怪異A」を採用する場合は、信仰や俗信など、説明体系となり得る文化的背景が必ず必要になる。それがなければ「不可知領域」で起きている問題を「可知領域」の問題として捉えさせることは不可能である。「不可知領域」から「可知領域」に侵食してくる「モノ」の存在が、なんらかの説得力を持っていることこそが、「怪異A」を成立させる最低限の条件になるのである。そうした、一種境界的な存在を「操作する」ことが、様々な局面で重要な様相を示していることはいうまでもないだろう。

それは「怨霊／祭祀」に始まり、「物の怪《もののけ》／幽霊」、「神降ろし／神懸かり」、「憑物／呪術」、「狐狸などの化かすモノ達」に到るまで敷衍されるだろう。これは、そうした多くの事柄と組み合わせて考えて行かなければならないものである。

また、「怪異B」に於てはそうした説明体系よりも、「場所」や「習俗」と結び付いた特定条件の絞り込みが必須になると思われる。「この場所でこの時間、この条件下で」起きるコトだと説明しない限り、主体を欠いた特殊な出来事を「現象」として認めさせることは難しい。これは柳田國男が提示した妖怪の定義と重なり合うものでもあるだろう。(42) これを統御不能の対象（自然や災害など）に「人格」を与えることで疑似的にコミュニケーションを計り統御して行く姿勢として捉えるならば、日本の神観念を形成する「ある部分」と強く結び付いている在り方であるようにも思える。

当然ではあるのだが、このモデルは「モノ／コト」という側面から一方的に導き出したモデルである。「怪異」なる言葉の「ある側面」しか表わしていないし、非常に不完全なものでもある。

しかし、こうした一見馬鹿馬鹿しく思えるようなアプローチでも、通俗的了解とは多少異なった見解は導き出せるのである。

京極夏彦

おわりに　～やはり怪異を語る前に～

筆者は研究者ではない。しかし言葉を扱う者ではある。
「怪異研究」や「妖怪研究」が盛んに行われ、またそれなりに成果を上げ始めている現状に就いては心から喝采を送りたいと思う。これは「今」行われなければならないものなのであろうし、将来的には必ずや意義ある成果を生むと信じてもいる。

しかし一方で、やはり「怪異」や「妖怪」という言葉が研究の場で安直に使用されることには抵抗を覚えるのである。いまのところ、それはどちらも「通俗語」である。そして通俗的言説の足は学問の歩みよりも遥かに早い。今後それがどのように変質して行くのか、学問は多分予想出来ない。

過去、通俗的な「妖怪」はある時点で民俗学を追い越してしまった。それを予想し得た民俗学者はいなかっただろう。しかし「妖怪」なる言葉が通俗的「妖怪」概念を形成し得た背後には、やはり真摯な「妖怪」研究があったことも事実である。通俗的文化の豊穣は常に学問的成果を糧とし、それを追い越す格好で結実するのである。学問が最初から通俗に追従する形で存在するという在り方は好ましいものではない。

例えば民俗学が「怪異研究」を通過する形で「妖怪研究」という過去には忌避されていた看板を掲げるに到った経緯には、それなりの覚悟があったのだろうと考えるが、こと他ジャンルの「怪異」に対するスタンスにはそうした緊張感はあまり見受けられない気がする。

過去、「妖怪」を忌避してきた学問分野の姿勢は正しいものと考える。しかしこの期に及んで「妖怪」は幼稚な感じがするから「怪異」にしてみました、ではいけないだろう。

「怪異研究」は再び、否、更に細分化されるべきなのかもしれない。「怪異」に関しては、より精緻な分析と、各分野なりの再構築こそが望まれるのである。すり寄せや統合はそれが完成してからでも遅くないのである。

註

(1) 恠は怪の異体字ではあるが、旧字や正字に相当する文字ではない。本来は圣を在と書き誤った俗字であるとされ、結果的に字義に差異はないと考えられている。恠↓怪という変遷があった訳ではないし、歴史的に見ても使い分けられた形跡はない。つまり単に現在は使用しなくなった異体字として捉えるのが妥当のようである。現代に於て使い分ける意味があるとするならば「見た目の目新しさ」「衒学的な粉飾」に尽きるであろう(※補足/本稿初出である『怪異学の技法』[二〇〇三年・臨川書店刊]が東アジア恠異学会編であることに依る記述である)。

(2) 勿論、文語体で会話する者はいない。ただ、例えば言文一致運動が書き言葉だけの変革でなかったことは明らかである。外来語や造語を違和感なく組み込むことが可能な現代語には、当然のように古語も漢語も混入する。より効果的に表現——伝達するために、ことばは手段を選ばないのである。

(3) しかし「歩行」も、例えば「歩行禁止」という形に「加工」されてしまえば、それは日常会話の中に登場し得る言葉となる。「ここから先は歩行禁止らしい」という会話は、通常会話としてなんら違和感のあるものではない。

(4) そうした局面に於て「歩行」が有効なのは「多少難しく表現した方が有効なプレゼンテーション」に於て、文書にそう「表記される」からであると思われる。例えば一般に「ビジネス文書」と呼ばれる類のものは、約款や公文書とは明らかに異なる、口語的な表現が多用される。そこで用いられる言葉はそのまま口語に移植されている。

（5）それは小説や広告に限らない。テレビであれ演芸であれ、学問的粉飾を纏うことによって成立する通俗的・娯楽的表現物は多数確認出来るだろう。

（6）理由を述べるスペースはないが、便宜的に学問の場とは区別している。

（7）そうした場面に於てはより具体的な説明が求められることは間違いないだろう。

（8）あくまで筆者の知る範囲でという意味である。そうした定義めいたことが過去に於てなされており、それが某かの学問ジャンルの中で「定説」的に扱われているという事実があるのであれば、それは筆者の無知としてご海容いただきたい。

（9）「怪奇スペシャル特番」と「怪異スペシャル特番」は一見同じようだが、やはり大きく違うものなのである。但し違うのは装いだけなのであるが。

（10）これは同じものである。付け加えるなら、商業的戦略というより大衆の動向に迎合しただけの「商業的無策」といえないこともない。

（11）少なくとも歴史学に於ては、それはある程度定義づけられていて然るべき言葉ではあっただろう。六国史の中に記述される「怪異」の二文字は「意味はなんとなく通じるが日常的には殆ど使い道のない言葉」でも「多少難しく表現した方が有効と思われる通俗的プレゼンテーションの際に演出として適当に使われる程度の言葉」でもなかった筈である。それはやはり書かれるべくして書かれた言葉であった筈だし、必ずや何かを指し示していた筈なのである。

（12）詳しくは小松和彦編『日本妖怪学大全』（平成十五年・小学館刊）に収録されている拙稿「通俗的「妖怪」概念の成立に関する一考察」（※補足／本叢書第5巻「娯楽としての怪異・妖怪」に再録）、雑誌『怪』連載中の「妖怪の理・妖怪の檻」（※補足／後に同名で書籍化、二〇一一年に角川文庫化されている）を参照のこと。

（13）前出「通俗的「妖怪」概念の成立に関する一考察」。

（14）例えばそれは「妖怪」は江戸期に成立した「化け物」の言い換えである——というような簡単な定義

を徹底するような姿勢でも良かった筈である。そこから逸脱する「モノゴト」に対しては民俗学として別のカテゴライズを施し、別の名称を与えれば済んだことであるようにも思う。事実「憑物」や「他界」といったタームは「妖怪」から切り離す形をとることで研究対象となり得たのである。

(15) この共犯的構図は、そのまま「怪異」と歴史学の関係に引き写すことが可能であろう。このループから脱出するには、そうした現状自体を研究対象とする以外に、道はないと思われる。

(16) 平成十年より五年間、国際日本文化研究センターに於て開催された「日本における怪異・怪談文化の成立と変遷に関する学際的研究」(小松和彦主催)なる研究会は、そうした困難な状況を睨んで行われたものである。

(17) 同研究会の名称に「妖怪」なる言葉が使用されていないことは象徴的である。

(18) 研究会終了後、プロジェクトの名称は「日本における怪異・怪談及び妖怪文化に関する総合的研究」に変更された。また、研究成果を纏めた出版物は前出の『日本妖怪学大全』である。「妖怪文化」「妖怪学」という言葉が通俗的な場面以外で用いられたことはある意味で画期的なことであったかもしれない。

(19) 古典籍に見られる語句なのであるから、文献を扱う分野の研究者にとっては取り分け「特殊な言葉」ではなかったものの「普通の言葉」ではあっただろう。フィールドワークを基調とする民俗学のような分野にとってはある意味「特殊な言葉」であったかもしれないが。

(20) 例えば西山克主催(二〇〇三年当時)の「東アジア恠異学会」もそのひとつではある。

(21) ちなみに、『怪異の民俗学』(平成十二年・河出書房新社刊)に挙げられる「妖怪」以外の項目、「憑き物」「河童」「山姥・天狗」「鬼」「幽霊」などは、現在通俗的な「妖怪」品目として捉えられているものといえるだろう。これを見る限りシリーズタイトルを「妖怪の民俗学」としてもなんら差し支えなかったように思える。勿論「異人・生贄」「境界」といった、現在流通している通俗的「妖怪」概念から逸脱する項目も含まれてはいるのだが、それはあくまで通俗的「妖怪」概念から逸脱しているのであって、「妖怪」の本来的語義からは大きく逸脱するものではないのだし、そうしたものも含むカテゴリーを民俗学が「妖怪」としてプレゼンテーションすることにそれ程の障害はなかったと(今となっては)思われるのだが。

（22）小学館（平成十三年刊）。

（23）しかし、辞書によっては「妖怪・化け物」を第一義とするものもある。

（24）この稿を起こしている時点では未確認であるが、「妖怪」がそうであったように「怪異」にも「ばけもの」とルビが振られた事例があるのかもしれない（※補足／例を挙げることはしないが、本稿発表後に複数確認されている）。

（25）一方で「妖怪現象」という用法は、「妖怪」という言葉のより本義的な使い方であると考えることも出来る。但し、通俗的な場面で使用される場合は「妖怪の引き起こす現象」的な意味合いで用いられるケースが殆どであり、そうであるならば、通俗的「妖怪」概念の枠組みに沿った用例となってしまう。

（26）コト、モノという物言いはときに民俗学的なタームとして捉え得る。そういう意味ではここで持ち出すべき言葉ではないのかもしれない。この表現は便宜的なものであり、勿論、より妥当な言葉があるならば、それに換えることは吝かではない。

（27）柳田國男　やなぎた・くにお（一八七五～一九六二）民俗学者。日本民俗学の創始者。

（28）『妖怪談義』（修道社・昭和三十一年刊）収録。雑誌「民間伝承」などを中心に収拾された民俗語彙を纏めたものである。

（29）柳田は大正三年発行の雑誌「郷土研究」社告に於て「妖怪など丶言ひて神佛以外に人の怖る丶物の種類名稱」を早々と募集している。

（30）昭和四十年代以降繰り返し訪れるいわゆる「妖怪ブーム」に便乗して数多く出版された児童書中心の出版物を指す。先行する「怪獣図鑑」のスタイルを踏襲したカタログ風の読み物である。藤沢衛彦などの仕事を継承する形で通俗的「妖怪」概念の形成をリードして来たのは、実にこの児童書群であった。研究対象となるようなものではなかったが、通俗的「妖怪」を視野に入れた「妖怪」研究をする上では無視することが出来ないものだろう。

（31）水木しげる　みずき・しげる（一九二二～二〇一五）漫画家・冒険家・世界妖怪協会会長。妖怪画・

妖怪漫画の第一人者として知られる。

(32) ぬりかべが登場する漫画は水木の代表作である「ゲゲゲの鬼太郎」。紙芝居、貸本漫画、週刊誌、テレビ、映画、ゲームと、時代に合わせてリニュウアルを繰り返し、三十年以上に亘って読み継がれている。最近ではパチンコやスロットマシンとして復活している。ぬりかべの漫画初登場は、貸本『鬼太郎夜話2／地獄の散歩道』(昭和三十六年・三洋社刊)である。これは『妖怪談義』刊行から僅か五年後のことであった。

(33) 「ぬりかべ」に関しては、「妖怪名彙」収録以前の経緯が詳らかになっていない。

(34) 勿論、「ぬりかべ」は「妖怪」ではあるが、そのビジュアルには著作権が発生する。

(35) モノ化の第一歩は名付けから始まる。その後、様々な属性の付加／削除が繰り返され、最終形態としてキャラクターが完成する。

(36) 属性の分類・整理・数値化が不完全であったことが主な原因であろう。名称を羅列して行くスタイルは、特異な例の抽出には有効であるが、そうした手法は「少数例の大量収集」にのみ終始してしまうという、本末転倒な結果をまま招くのである。凡百の例は寧ろ「同一の例」としてひとつの名称の中に埋没してしまう。結果、数量として総体を把握することが出来なくなり、一般的なモデルを抽出することが難しくなる。名前は既に「モノ」なのである。

(37) 神であろうと習俗であろうと憑物であろうと、それらしい名前を持ってさえいれば「妖怪図鑑」に載る資格を得てしまう。姿形が与えられれば、次の瞬間それは通俗的「妖怪」となってしまうのである。

(38) 体験者の経験則では計りきれない体験という意味である。「超常・超自然」(勿論通俗的な意味での、という意味だが)体験を指している訳ではない。宗教的神秘体験も「体験者の経験則では計りきれない体験」に還元出来るものと考え、敢えて区別はしていない。

(39) 初めて体験したことを前提としている。二度目の場合はどれだけ不思議であろうとも「経験則で計り切れない体験」とはならない。

(40) 「怪異A」と「怪異B」が複合して理解されるケースもあり得る。例えば「ぬりかべ」と全く同じ現象である「衝立狸」（徳島県）は、その名の通り狸の仕業とされ、額面通りならばこれは「怪異A」のパターンなのだが、実は「狸が化かす」のか「狸が化ける」のか判然としない。「化ける」のだとすると「狸が変形した壁」が「実際に現出した」と理解されていることになり、そうであるなら「怪異B」ともなり得る。この場合はA→Bという移行があったのかB→Aという移行があったのかを決定することは難しい。二種類の言説が併存し、無矛盾的に統合されたのか、或は最初から区別なく複合的に語られていた可能性もある。

（41）例えば「衝立狸」の場合は、徳島県という「特殊な場所」が大きく関わっていると思われる。徳島県の場合殆どの「怪異／現象」「妖怪／現象」が狸に関わる形で了解されている訳で、「怪異B」のような主体を欠く在り方がそもそも成り立たなかったという可能性がある。スタイル的には「怪異B」が採用された場合でも、欠けた主体の座には最初から狸が嵌め込まれていることが予想されるのである。「衝立狸」を「モノ化されたコト（衝立）」＋「モノ（狸）」と理解することも可能だろう。

（42）些かこじつけめいたことを付け加えるならば、「怪異A」が「化かすモノ」であるのに対して「怪異B」は「化けるモノ」ということができるだろう。そして、名付けられた「怪異B」の多くが、後に「化け物」と呼ばれることになるのである。

補註

（補1）あくまで本稿執筆時（二〇〇三年）の状況である。

（補2）現在（二〇二五年）に於ては、本稿で記したことを置き去りにしたまま「怪異」は日常語として定着してしまった感がある。「今朝怪異に遭った」という表現は違和感なく使われているようである。

（補3）現在（二〇二五年）に於ては、「怪異」という言葉が「妖怪」という言葉のほぼ同義語として使用されるケースも散見するようになっている（「妖怪」という言葉の用例に大きな変化はない）。「怪異」という言葉もまたモノ化しているのである。

（補4） すでに五十年を超しているわけだが、水木しげるデザインの「ぬりかべ」は変わらず供給され続けている。その影響力・浸透度の高さは計り知れない。

（補5） 東アジア佐異学会二十余年の軌跡はまさにその点に費やされたと言ってもいいだろう。少なくとも史学用語としての「怪異」はある程度定義されたと考えて良いと認識している。

※補足・及び補註は再録にあたって補ったものである。

妖怪の、一つではない複数の存在論
――妖怪研究における存在論的前提についての批判的検討

廣田龍平

序論

本稿の目的は、民俗学的な妖怪研究における存在論的前提が抱える問題とその起源を明らかにしたうえで、問題を解決するための枠組みを提示することである。中心的に検討されるのは、「妖怪は超自然的である」と「妖怪は実在しない」という二つの前提である。

ここで「存在論」という用語を用いるのは、「どのような種類のものが存在するのか」［倉田 2009］および「実在していると主張されているもののうち、どれが、実際に実在するのか」［ハッキング 2012: 2］という存在論の伝統的な問いが、妖怪研究においてどのように扱われているのかを議論するためである。しかし、普通は、この問いに対する答えは言うまでもなく決まっているはずだし、そもそも民俗学が論じるものではないと思われているだろう。妖怪研究においても、二つの前提は、議論の対象ではなく、議論の前提になるものだった。

妖怪の超自然性は、小松和彦の妖怪論に明確にみることができる。小松の構築する分析概念としての「妖怪」（以下「妖怪概念」）では、妖怪は、人間や動物などの自然な存在とは異なる「超自然的存在」だと定義されているのだ。小松の妖怪概念は、現代の妖怪研究においてほとんど無批判に受け入れられている。また、妖怪の非実在性は、柳田國男の時代から小松妖怪論を経て現在にいたるまで幅広く主張され、共有されているものである。妖怪が実在しないことは、現代の研究者にとっては疑う余地のない事実だと思われる。

その一方で、「自然と超自然」や「実在と非実在」といった存在論的な区分が時代や社会文化によって大きく異なっているという点を見過ごしてしまうことへの批判も、さまざまな分野でなされている。たとえばモーリス・ブロックは、認知科学的な宗教研究が、あらゆる社会文化における宗教的対象の特性として「超自然性」を想定し、それが人間に生まれつきの認知的な「反直観性」と大きく関わると主張していること［ボイヤー 2008: 70-122］に反論する。社会人類学的に検討するならば、宗教的対象が超自然的だったり反直観的だったりするのは現代欧米の研究者による認識でしかなく、非欧米においてはそのように認識されていないことも多い（ブロックの例では、マダガスカルにおける祖霊）、というのである［Bloch 2005: 103-121］。また、ヨーロッパ心性史研究においては、妖精や怪物、幽霊、奇妙な現象などをまとめて意味する中世の「驚異」という民俗概念を、単純に「超自然的なもの」や「ありえないもの（非実在的なもの）」と定義することに対する批判がみられる。現代の研究者にとって「超自然的」「非実在的」だからといって、そうした特性を単純に「驚異」概念の定義に用いるのは、「中世における超自然や（非）実在とは何か」という問いを放棄するものでしかない［ルゴフ 1992; Bartlett 2008; Daston & Park 2001］。研究者の観点から、固定された存在論的な区分を一律に適用してしまうと、人々の生きる世界を捉えそこねる恐れがあるのだ。

第1章で論じるように、近年の妖怪研究においても、実際に伝承している人々（以下「伝承者」）にとって超自然的なものではない妖怪がいることが、個別事例の分析から明らかになってきている。加えて、伝承者にとっては、妖怪は実在し、自分たちの生活に影響を与えるものだ[1]。そうだとすれば、超自然性および非実在性という前提は、本当に適切に研究対象である妖怪を捉えられているのだろうか。この二つの特性を自明の前提としてきたことが原因で、伝承者の生きる世界や妖怪を捉えることができていないのならば、妖怪を適切に理解するための枠組みをあらためて構築する必要がある。

以上の問題意識をふまえて、本稿は以下のように論述を進めていく。第1章では、存在論的前提が妖怪研究の根幹にどのように関わるのかを検討する。そして、この前提にもとづく妖怪研究が、伝承者にとっての妖怪を捉えきれていないことを論じる。第2章では、なぜ妖怪研究が、問題のある前提を自明のものとしたのかを検討する。そして、江戸期から大正昭和期にいたる思想史的な展開のなかで、妖怪に非実在性や超自然性が付与されていったプロセスを論じる。最後に、単一の存在論ではなく複数の存在論を想定することが、妖怪を適切に把握するために必要な枠組みであることを論じる。

1　妖怪研究の存在論的前提

（1）分析概念と超自然性

現在通用している分析概念としての「妖怪」は、小松和彦が構築したものである。小松は、一九九〇年代以降、広く人文・社会科学において活況を呈している妖怪研究の基礎を築き、今なお中心的な役割を担っている存在だ。彼の業績は、柳田國男の妖怪論以降、理論的にはほとんど進展のなかった妖怪研究を一新したものと評価されている［香川 2011: 50-51, 54-55］。

小松の構築する妖怪概念は「妖怪現象」「妖怪存在」「造形化された妖怪」という三つの意味領域にわけられる。第一の意味領域である妖怪現象とは、不思議な現象のうち、超自然的な原因が想定され、さらに人間にとって好ましくないと判断されたものである（好ましいものは「神による現象」とされる）。第二の意味領域である妖怪存在とは、妖怪現象を引き起こすとされた超自然的存在であり、祭祀されない神霊のことである（祭祀される神霊は「神」とされる）。第三の意味領域である「造形化された妖怪」は、妖怪存在をモデルに絵画化・キャラクター化されたものである。現在、イラストや映像、文学作品などを通じて一般に流通している妖怪イメージは、基本的にはこの「造形化された妖怪」のことである［小松 2011: 10-12］。

このように、妖怪概念は民俗学から宗教学、歴史学、表象文化論まで幅広く使えるものである。しかし、概念構成の基盤にあるのは、あくまで民俗学が伝統的に研究対象としてきた妖怪現象と妖怪存在だ。

この妖怪概念が前提としているのは、あらゆる対象を二つのカテゴリー（自然と超自然）に区分する存在論的な枠組みである。このことは小松が妖怪概念を図式化したものに明らかに見て取れる（図1）。妖怪と神は、人間や動植物などの「自然的領域」とは異なる「超自然的領域」に位置づけられているのだ。あらゆる対象が固定された位置にあるわけではなく、人間や動植物などは、場合によっては妖

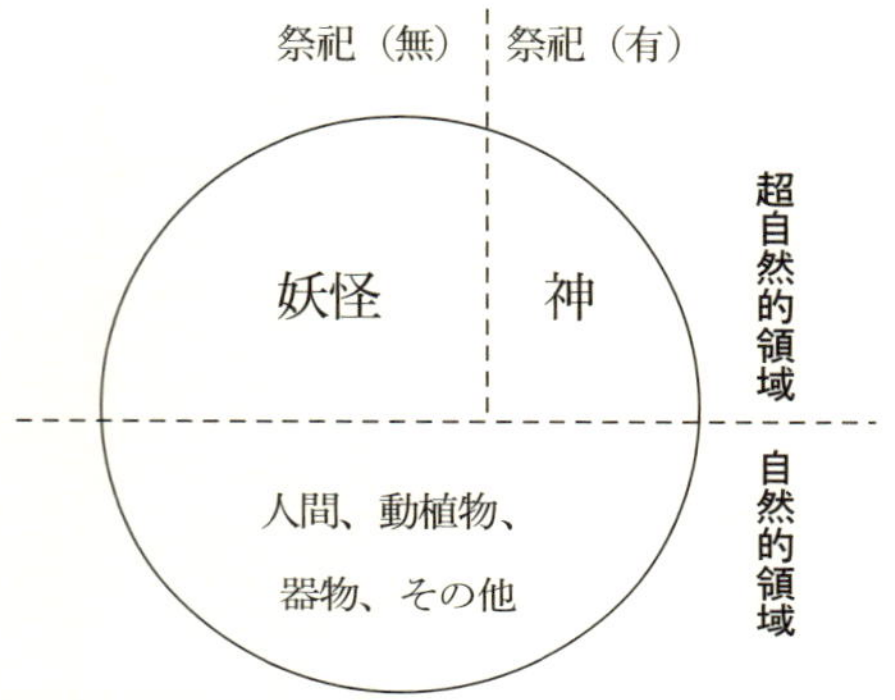

図1　妖怪概念の存在論（［小松1994: 36］より作成）

怪や神へと変化することもあるが、その変化は「自然から超自然へ」という存在論的なカテゴリーの移行が前提となっている。

妖怪概念は、近世都市社会や現代社会の妖怪を重点的に論じた宮田登にも継承された［宮田 2002: 12-14］。宮田は、妖怪概念を、都市化による自然破壊にともなって神霊が妖怪として現れてくるという自身の妖怪論に組み込んでいる［宮田 2002: 243-249］。江戸期の「造形化された妖怪」を論じる香川雅信も、基本的には妖怪概念や妖怪の超自然性を受け入れている［香川 2005: 27-29; 香川 2006: 18-19］。小松の妖怪概念に直接は言及していない『精選日本民俗辞典』でも、「妖怪」は「不安や恐怖をかりたてる不可解な出来事や不思議な現象、またそうした現象をもたらすと考えられている超自然的な存在」と定義されている［常光 2006: 591］。そのほか、民俗学や妖怪研究のなかで、妖怪概念の存在論的前提には問題があるといった類の主張はほとんど見られない。妖怪に超自然性を認めることは、ほとんど問われることのない前提として確立しているのだ。

「超自然」という用語は多義的なので、ここで明確に定義しておく必要がある。学術的に使われる「超自然」概念には大別して二つの系統がある。一つめは、現代欧米で通俗的にいう「超自然」（異界や精霊など）のカテゴリーを、通文化的に割り当てたものである。たとえば、非欧米文化のなかで spirit

に翻訳可能な対象は「超自然的」であるとされる。二つめは、語源的にも存在論的にも「自然なもの」を前提として、「超自然的なものとは、自然なものを超えたもの」とするものである。ベンソン・セイラーは後者の系統について、実質的には「超越」と同義である、と論じた［Saler 1977］。小松は「超自然的」を各所で「超越的」と言い換えているため［e.g. 小松 1994: 160］、妖怪概念でいう「超自然」が二つめの系統に属することがわかる。

しかし、超越的なものという意味での超自然の用法は、時代や社会文化によって大きく制約されている。エミール・デュルケムによると、この概念は「事物の自然的な秩序が存在する」と認識され、かつ、そこから外れた現象が存在する、という近代的な思考プロセスがなければ発生しないのである［デュルケム 1975: 51-58］。

妖怪研究のなかでこのことにもっとも自覚的なのは、おそらくマイケル・フォスターだろう。彼は、デュルケムの指摘を念頭におきつつ［Foster 2009: 15-16］、江戸期の百科事典（一六六六年の『訓蒙図彙』、一七一二年の『和漢三才図会』）のなかで、妖怪がどのような位置づけにあるかを検討し、「妖怪が存在論的にその他の［自然な］現象と区別されたものとして考えられていたわけではない」と論じた。また、『和漢三才図会』のキツネの項目は、「今日生物学的と考えられる特徴（体色、形態、鳴き声）と、超自然的か、少なくとも超常的と理解される特徴（長命、変身・憑依能力）とのはっきりとした区別をつけていない」とも指摘した。フォスターはこうした分析を前提に、「どの時代においても［民俗学的には妖怪とされる］存在や現象は「自然」の境界内に入るだろう」と述べる［Foster 2009: 35-48］。フォスターは、小松の妖怪概念には触れず、「妖怪」に独自の暫定的な定義（「奇妙で不思議なもの」）を与えていることもあり、妖怪概念への批判には向かっていない。しかし、この事例分析は、超自然性を前提とする妖怪概念の限界をはっきりと示している。

また、香川は、一九九〇年に奥能登で調査をしたとき、老人に「カッパの学名」を問われたことを事例として、老人にとってカッパは「その存在が自明である「動物」なのであった」と述べる。さらに、「それをわれわれが〔虚構というニュアンスのある〕「妖怪」という名称で分節化する時、重大な何かがこぼれ落ちてしまう」と問題提起した［香川 2005: 9-10］。また、江戸期の博物学においてもカッパが「超自然的な現象をひき起こす超自然的な存在ではなく、自然のなかに存在する珍しい「生物」にすぎない」ことを指摘した［香川 2005: 142］。

カッパについては『遠野物語』第五七話からも同じような指摘ができるだろう。

川の岸の砂の上には川童の足跡というものを見ること決して珍しからず。雨の日の翌日などはことにこの事あり。猿の足と同じく親指は離れて人間の手の跡に似たり。長さは三寸に足らず。指先のあとは人ののように明らかには見えずという［柳田1989: 36-37］。

この記述からは、伝承者がカッパを、不思議でも非合理的でもない、自然な動物の一種だと捉えていることが読み取れる。『遠野物語』のカッパは、江戸期の博物学書や二十世紀末の奥能登と同じように、自然的領域に位置づけられているのである。

フォスターらによる問題提起は、ある特定の社会文化的コンテクストにおいて「自然な秩序」がどのように認識されていたかという問題につながっている。デュルケムは超自然を近代に特有の概念だと考えていたようだが、たとえばヨーロッパ中世盛期にもこの概念を認めることができる。一見して不思議な現象は、実際は自然な法則に従った「驚異」と、それを超えた（つまり超自然的な）神の所業である「奇跡」に区分されており、怪物、亡霊、異常気象などは前者に分類されていた。だから、それらは超自然ではなかったのである（現在でも、異常気象は一般的には自然現象とされる）［ルゴフ 1992: 3-36］(2)。

日本では、中世以降、「この世」とは別に想定されていた「彼岸」の思想が広く普及していた［佐藤 2008: 100-128］。神仏の霊験は、その意味でたしかに超自然的なものだったといえる。しかし、カッパやキツネなど妖怪研究で扱われる個別の妖怪種目が神仏のように彼岸に本拠をおくとされている例は滅多に見当たらない（「幽界を本拠地とする天狗」伝承については第2章第2節参照）。また、たとえある経験が不思議で非合理的であると感じられていたとしても、想定される対象が神仏のようにもとから超自然的であるとされているのでもないかぎり、それが「自然的な秩序」の外部にあることが明確にならなければ、伝承者にとって超自然的だとみなされている、と言うことはできない。

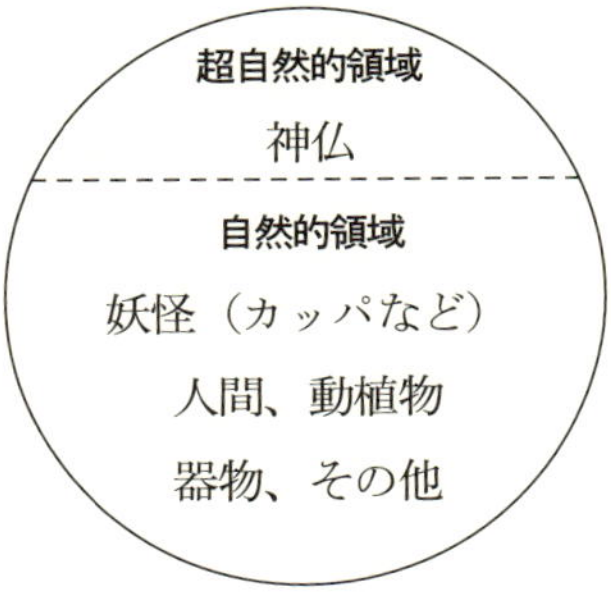

図2　伝承者の存在論

妖怪の実在を疑わないコンテクストにおける存在論を図示すると、**図2**のようになる。スペースの都合上、「妖怪」を「動物」など分けているが、実際には「動物である妖怪（カッパ）」という表現のほうが適切だろう。

超自然と自然の区分が社会文化的なコンテクストによって異なる以上、これまで妖怪とされてきた対象がそのどちらに位置づけられるのかは個別に検討しなければならない。そして、フォスターおよび香川の研究などから確認できるように、カッパや（化かす）キツネなど、これまで多くの研究者が妖怪として扱ってきた対象は、妖怪概念では必ずしも適切に捉えることができるわけではない。妖怪研究を行なうとき、超自然性を自明の前提とすることはできないのである。

（2）方法論・対象規定と非実在性

妖怪研究者は、自分たちは「妖怪は実在する」とは考えていない。いくつか実例を挙げてみよう。民俗学的な妖怪研究の端緒とされる論文「妖怪談義」（初出は一九三八年）のなかで、柳田は「オバケ」の実在性について「そんなことはもう疾くに決していているはず」と述べている［柳田2013a: 16-17］。柳田は、後の『民俗學辭典』では、もっと明確に「妖怪は人間の不安な環境と精神から生じてくる耳の迷い・目の迷い・目のまぼろし以外は物理學の舊式な解釋であり、誤認に違いない」と断言している［民俗學研究所編 1951: 654］。小松は、妖怪論における主著である『妖怪学新考』において「妖怪存在は、……つねに人間との関係のなかで、人間の想像世界のなかで、生きているものである」［小松 1994: 8］と主張する。宮田も『妖怪の民俗学』（原著は一九八五年）で簡潔に「そもそもお化けとは人間のつくり出した文化の産物である」と指摘する［宮田 2002: 9］。また、『妖怪談義』以前の時代にはなるが、香川が「人文科学的な妖怪研究」の始まり［香川 2004: 173-174］と評した江馬務の『日本妖怪変化史』（原著は一九二三年）は、「妖は人によりて起こるといふ金言や、幽霊の正体見たり枯れ尾花という俳諧はけだし這般の消息を喝破し尽くしていると思ふ」［江馬 2004: 5］と記している。

これらの引用は、（『民俗學辭典』を除くと）いずれも妖怪を専門に論じる著作の冒頭付近から採ったものである。妖怪の実在否定は、妖怪を研究するというときにまず宣言しなければならないものなの

だろう。こうした研究者の記述から、妖怪は想像力の産物であり実在しないという、妖怪研究の基本的な前提が確認できる。(3)

しかし、妖怪研究においては「妖怪の実在性は問題にならない」とも主張されている。柳田は上に引用した箇所の直後で「無いにもあるにもそんなことはもう問題ではない」と述べる［柳田2013a: 17］。また『民俗學辭典』では「民俗學上の妖怪研究の本意は、個々の妖怪が實在するか否かという解明ではな」い、と述べている［民俗學研究所編 1951: 654］。近年になっても、妖怪が実在しようとしまいと「論旨には一切影響がない」［伊藤 2008: 9］、「人文科学的な妖怪研究にとって、妖怪が実在しているかどうかという問題はほとんど何の意味も持たない」［香川 2005: 293］という主張は繰り返されている。また、香川が江馬の著作を「人文科学的な妖怪研究」の嚆矢としたのは、江馬がこの点を明記していたからだった［香川 2004: 173］。江馬は、上に引用した箇所の直後で「これが実在しょうがせまいが、かくのごとき枝葉の穿鑿は無用のこと」とも宣言しているのだ［江馬 2004: 5］。

こうした民俗学的な妖怪研究の立場は、基本的には一九七〇年代以降の宗教学でいう「方法論的不可知論」と同じものだ。方法論的不可知論（以下「不可知論」）とは、端的に定義すれば、神々（超越的対象）の実在について肯定も否定もしない立場のことである［Smart 1973: 54］。不可知論は現在の宗教学方法論における主流派と目されている［Cox 2004: 259］。

しかし、近年、不可知論を採用することの問題点も指摘されている。それによると、不可知論は、研究対象としての「宗教」を「社会」や「文化」などの他のものに還元できない固有なものとして扱っているという。人文・社会科学のなかで唯一、超越的領域（神々、聖性など）を扱うから、というのがその理由である。超越的領域は経験的な探究が不可能だから、「研究」という実証主義的営為では、それが実在するともしないとも証明することができない。ゆえに、宗教学はほかの学問分野の方法論を用いて研究することはできない、ということになる。しかし、研究対象を超越的なものと想定し、実在の有無を問わないことで、宗教学は人文・社会科学ではなく一種の神学に陥っている、というのである［Fitzgerald 2000: 56-58］。

日本の妖怪研究では、なぜ妖怪を研究するとき不可知論の立場を取るべきなのか、なぜ取ることができるのか、ほとんど問われてこなかった。確かに、不可知論を採用する理由として香川は妖怪研究が「表象あるいは想像力の産物」を扱うから［香川 2004: 173］と主張し、伊藤龍平は「心意伝承」を扱うから［伊藤 2008: 9］と述べている。しかし、民俗学の多くは心意伝承を扱うし、表象や想像力の産物は人文学全体の対象でもある。だから、宗教学と同じように、妖怪研究が「実在の有無は問題にならない」とあえて宣言するとき、自らの研究対象が、実在性について際立った特徴を持っていることを暗黙の前提としていることになる。

その特性は、すでに述べた「非実在性」だけではない。たとえば、同じように実在しない対象を扱うフィクション作品の研究において、不可知論が宣言されることはない。おそらく、妖怪研究がそうした他の研究と大きく違うのは、自らの研究対象の実在性に関して、かつて自然科学的な論争が行なわれ、さらに否定派が勝利した点だろう（第2章第1節参照）。人文・社会科学の一分野として、こうした実在性論争と距離をおくことを宣言するために、妖怪研究は不可知論の立場を取るべきだ、というわけである。このことは、柳田が「妖怪談義」の冒頭で、伝承者に妖怪の実在の有無を問われたとしても、すでにその結論はでているはずだが、いずれにしても自分はその問いに答える適任者ではない、と述べていることから推測できる［柳田 2013a: 16-17］。

ここには大きなパラドックスがある。それは、妖怪研究が、実在性論争のなかで否定されるだろう対象を、研究対象として想定していることになるからである。ある対象が実在性論争に巻き込まれる可能性がなかったり、結果として実在が肯定されたりするのならば、それは当然のごとく妖怪研究の対象から排除されてしまう。実在性論争と、その結果としての非実在性は、陰ながらに妖怪研究の対象範囲そのものを規定しているのだ。非実在性という前提は、妖怪研究の根幹に存在しなければならないのである。

次に、「不可知論の立場を取ることができる」という主張について検討してみよう。このことを、宗教学を補助線に考えてみることができる。上述した宗教学の不可知論についての分析が妥当ならば、不可知論は神々など超越的対象を研究する宗教学だけの特権である。そして、妖怪研究においては、妖怪は超自然性（前節で述べたように、超越性と同義）を持っている点で、神々などと同様の特性を保有している。妖怪と神々の存在論的な同質性は、たとえば柳田妖怪論の白眉が「前代の神々への信仰が零落したものが妖怪」というものだったということから確認できる［cf. 柳田 2013a: 105-108］。この柳田妖怪論を「妖怪が神になることもある」として批判した小松もまた、妖怪と神との連続性については無批判に受け継いでいる［小松 1994: 154-168］。同じことは、小松の妖怪概念をそのまま受け入れる宮田についても言える［宮田 2002: 12-13］。柳田妖怪論や妖怪概念において神々と妖怪の違いは人間との関係性（信仰心の強度、祭祀の有無など）であり、存在論的なものではない。妖怪研究における妖怪は本質的には神々と同じ存在論的な位置を占めており、超自然的存在と規定されているのだ。宗教学的対象と同じ条件が存在することこそが、「なぜ不可知論の立場を取ることができるのか」の隠れた理由である。

妖怪研究が宗教学と大きく異なるところがあるとすれば、それは、超自然性が研究者にとっての非実在性と一致していることだろう。すでに妖怪研究が非実在性を前提としていることは指摘した。加えて、対象の超自然性に必然的にともなう非実証性を受け入れるならば、近代的な学術研究に従事する妖怪研究者は、その実在を肯定することはできない。むしろ実在を否定することが近代的主体としては妥当な態度である。超自然性と非実在性が表裏一体にあるとする近代的な立場を取る点で、妖怪研究の不可知論は不徹底だ。これを「弱い不可知論」と呼ぶことにしよう。しかし、そのおかげで妖怪研究は「神学化」の批判を回避しているともいえる。

本節をまとめよう。妖怪研究は、妖怪の実在性については問わないという方法論的不可知論を採用している。あえてこの立場を宣言する理由は、かつて妖怪の実在性を巡る論争があり、妖怪研究はそれに関与しないことを主張するためだと考えられる。しかし妖怪研究は、この論争において実在しないと結論付けられる対象を妖怪として扱い、その実在性を問わないという点でパラドックスに陥っている。妖怪研究は暗黙のうちに、妖怪の非実在性を対象規定の根拠にしているのである。伝承者にとっての妖怪が人間や動植物などと同じく実在的なものである以上、研究者にとっての非実在性をもとにしたカテゴリーの構成は、伝承者の観点とは無関係なものでしかない。超自然性についての議論と同じように、非実在性を前提とすること（そこには弱い不可知論も含まれる）をやめ、新たな枠組みを模索する必要がある。

(3) 小括

超自然性と非実在性についての批判的検討を総合すると、妖怪にそうした存在論的前提を認めるのは研究者であって、伝承者は妖怪の多くについてそのような前提を認めていないということになる。妖怪概念や弱い不可知論は、こうした齟齬を解消できない問題を抱え込んでいる。

しかし、そもそも、なぜ研究者は妖怪の超自然性と非実在性を自明の前提としているのだろうか。超自然性と非実在性の二つとも伝承者が想定する妖怪の多くに欠けているのなら、いったいこの二つの特性は何に由来するのだろうか。なぜ研究者はこの前提を普遍的なものとみなすのだろうか。この問題については、今度は研究者がこのように妖怪を認識するようになったプロセスを明らかにすることで答えを導き出さねばならない。

2　妖怪の非実在化と超自然化

本稿は、これまで意図的に伝承者が一律に妖怪の実在を肯定するとみなしてきた。これは研究者との対比を鮮明にするためである。しかし実際には、少なくとも十七世紀ごろから妖怪の実在を否定する立場があったということが知られている。本章では、肯定する伝承者と否定する研究者のあいだを架橋するものとして、江戸前期から大正昭和期にかけて、妖怪への態度が大きく変遷していくプロセスを検討する。それにより、どのようにして現代的な「実在しない、超自然的なものとしての妖怪」が発生したのかを明らかにする。

（1）肯定と否定の系譜学

妖怪の実在性論争は、明治期の井上圓了が展開した「妖怪学」を中心として語られることが多い。圓了の妖怪学は、非合理的で前近代的な「妖怪」を科学的な知識と合理的な推論で暴き出し、近代化＝啓蒙することを目的としていた［京極 2007: 77-78］。その結果として、柳田が一九三五年に「まだしも腹の底から不思議の無いことを信じて、やっきとなって論弁した妖怪学時代がなつかしいくらいのものである」と述懐したように［柳田 2013a: 17］、昭和初期までには、現在にいたる「妖怪は実在しない」という議論は、ほぼ出尽くしていた。

だが、妖怪否定を単純に明治維新以降の近代化に還元することはできない。妖怪を否定する言説は江戸前期から存在していたのである。香川によると、そうした否定言説のなかでも影響力があったのは、儒者の鬼神論と通俗的な弁惑物の二つだった［香川 2011: 34-39; cf. 柳田 2013b: 32］。ただ、そこで否定されたのがどのような対象なのか、どういう意味で否定されたのかはさまざまだ。木場貴俊によると、否定される対象は、十七世紀の儒者にとっては「常」「正」の反対概念であり、また貝原益軒にとっては「常理」に反する物事だった［木場 2006: 144-147］。要するに、いずれも表面上は「非合理的」に思われる「異常」なことが否定されていたのだ。そうした物事を陰陽五行説や理気論などの「理」で説明し（合理化し）、「通常」（経験的に得られる知識）に還元することが、江戸期における妖怪否定論の行なっていたことだったとまとめることができる。

こうした否定論の前提にあったのは、ヨーロッパ中世盛期の驚異と同じように、一見不思議で非合理的に見えるものであっても、それは認識する側の知識や理解不足だということである。具体的には、十八世紀初めの新井白石の『鬼神論』のように、怪異現象の可能性自体は否定せず朱子学の説で説明しようとする立場や［新井 1975: 172-173］、徹底して心的・内面的なものとみなし、客観的な怪異現象はありえないとする立場などがあった［門脇 2009］。また、『古今百物語評判』（一六八六）のように「理」による説明と心因的な説明が併存していることもあった［高田編 1989: 320, 326］。

ここで重要なのは、「理」による世界把握が一般化するなかで、特定の対象が、表面上は「理」や「通常」から外れているために「その理や実在を問うべきである」とされるようになったことである。なぜなら、不思議な対象について、「合理化して経験的な次元に還元可能なもの」と「還元不可能なもの」という区分が前景化したからだ。そして、江戸中期までは、「還元不可能であること」の多くは「実在しない」という結論に直結していた。この結論は相当の隆盛をみたらしく、香川によると、十八世紀後半以降の都市社会では「化け物」や「怪異」と呼ばれるものの現実感が減衰していき、虚構のなかで楽しまれるものになっていったという［香川 2005: 32-53］(4)。

しかしながら、当時「化け物」の実在を否定し、そして娯楽の対象とした人々は、だからといって「化け物は超自然的である」とは考えていなかった。なぜなら、不思議な対象を合理化するなら結局は「自然なもの」に位置づけられるわけだし、実在が否定されるならば存在論的な位置づけがなくなるだけだからだ。超自然的領域の出番はなかった。

（2）超自然性の系譜学

それでは、超自然性は、どういった人々によって付与されたものなのだろうか。江戸後期は都市社会において否定論が普及する一方で、別の思想動向も胎動していた。それは平田篤胤をはじめとする国学の伝統である。国学者たちは、鬼神（神々や霊魂など、不可視的な存在のこと）や怪異について新たな解釈を積極的に与えようとした。井関大介は、この運動の背後にあったのは、理気論を代表とする形而上学を基盤とした朱子学的世界観の崩壊、さらに経験的に世界を認識しようとする態度の伸長にともなって、「自らの経験的認識の及ばない不可視の領域については完全に不可知化されてしまった」状況であったと指摘する［井関 2006: 70］。国学において、当時非経験的であるとされた鬼神の存在論的位置づけは、「理」に従属する経験的・自然的領域から超自然的領域へと移されることになったのだ。

本稿において重要な点は、不可視（非経験的）なものの不可知化によって、非経験的な対象の存在論的な領域が発生した、ということである。このことによって、これまで「合理化」（自然化）か「単純な実在の否定」（存在論自体からの排除）しか行き場のなかった非経験的な対象に、「不可知化」（超自然化）という方向が与えられることになったのだ。

篤胤がこうした不可知の領域を「幽界（幽冥界）」と呼び、鬼神や天狗をその代表的存在者とみなしたことは『仙境異聞』（一八二二）などでよく知られている。しかし篤胤はさらに、「へうすべ」「見越し入道」「白澤」など、当時の都市社会では実在が否定されていた「化物」さえも幽界に導入した［平田 1977: 427-430］。篤胤は「我々が妖怪といえばアチラ側の存在だと思うような現代の妖怪観の基礎をなす世界観の呈示」を行なったのである［田中 2007: 182］。このことは同時に、同じ幽界の存在者として、カテゴリーとしての「神」と「化物」が連続的なものとみなされる端緒でもあったと考えられる。

明治以降、「妖怪は超自然的領域に実在する」という思想を受け継いだのはおもに霊学や心霊主義だったが［e.g. 浅野 1931］(5)、明治後期の柳田も、「幽冥談」や「天狗の話」において、必ずしも妖怪の実在を否定せず、それらを幽界に位置づけて論じたことがあった［柳田 2013b; 2013a: 233-235; cf. 鎌田 1999: 391-397］。逆に、近代的な観点から妖怪などの実在を否定する立場であっても、「妖怪は非合理的だから実在しない」とネガティヴに表現するのではなく、「妖怪は超自然的である」などとしてポジティヴに表現することが可能になった。

ただし、実在否定論における超自然性の導入は、肯定論よりも大幅に遅れたようである。おそらく妖怪研究のフィールドが、実在の有無を問う自然科学から、有無を問わない（と主張する）人文・社会科学へと移っていった大正・昭和初期［香川 2004: 172-174］以降、徐々に主流になっていったと思われる。このことは、公的には実在の否定を受け入れていた昭和初期の柳田が妖怪を神との連続性において捉えていたことから間接的にうかがい知ることができる。[6] このポジティヴな表現は、二十一世紀の現在まで主流となっている。

以上をまとめよう。篤胤を中心とする江戸後期の肯定論は、当時の合理的な観点からして非経験的とされた鬼神や妖怪を、超自然的なものとしてカテゴリー化した。否定論は、そうした対象群を実在が認められないものとしていたが、以前のように単に存在論から排除するのではなく、超自然的領域という発想を肯定論から借りてくることができるようになった。このようにして、肯定論と否定論の双方を同時に含みこむ両義的な存在論的領域が誕生することになった。

このプロセスの総体を「妖怪の近代」と呼ぶことにしよう。民俗学的な妖怪の概念化は、このプロセスのなかで初めて発生することが可能になった。そして、研究対象の超自然性を前提とする弱い不可知論も、この時点から可能になったのである。このことは、「妖怪の近代」を経た近現代の伝承者たちが超自然的なものとして語る妖怪については適切に把握することができている、ということも意味している。だから、伝承者が少数派になったとはいえ、妖怪研究が「妖怪の近代」以後の存在論や弱い不可知論を全面的に放棄する必要はない。その適用範囲の限界を見定めることが、妖怪概念や妖怪研究の名のもとに対象を分析するとき重要な点だ、ということである。

(3)「妖怪の近代」と認識論的切断

なぜ、妖怪研究は「妖怪の近代」を経ていない「前近代」や「民俗社会」にまで妖怪の超自然性を投影しているのだろうか。つまり、なぜみずから齟齬を生み出すようなことをしているのだろうか。それは、「妖怪の近代」に、フランス科学認識論でいうところの「認識論的切断」という特徴があるからだと考えられる。

近藤和敬によると、認識論的切断とは、「真理」が「発見」されることにより、それまで「真理」が発見されないがために可能だった過去の活動に固有の認識の枠組みが覆い隠される(「虚偽」とされる、忘却される)ことである。認識論的切断は「時代によってパラダイムや認識の枠組みは異なる」という単純な歴史相対主義と解釈されることが多いが、この理解は不徹底である。切断には過去の認識の枠組みの不可避的な忘却がともなっているのだ。個人主体が自らの意思で他の認識の枠組みを選択することはできない。たとえば、近代化学という真理が発見されることにより、それ以前の錬金術は虚偽であるということになった。錬金術の言説や実践を分析すれば、それが当時の人々にとっては自然宗教的な意味作用を持っていたことを明らかにすることはできる。だが近代化学という認識の枠組みに「啓蒙」された私たち現代人の目には、そのような意味作用は、何の効果もない無意味なものである。だから、「錬金術という過去を知ることができても、それをかつてと同じ意味で生きなおすことは、通常の場合できない」［近藤 2013: 166-169］。

「妖怪の近代」においては、「妖怪は超自然的領域に位置づけられる」という存在論的前提が「真理」である。現代の研究者も、「妖怪の近代」を経た現代の伝承者も、この「真理」をとおしてしか妖怪を把握することはできない。ただし、「超自然的領域は実在する」という第二の存在論的前提に関しては、真偽判断は立場によって異なってくる。こちらの前提の受け入れ方は、肯定、否定、そして（弱くない）不可知論の三つに大別できる。これら三つの立場は、自然の領域と超自然的領域から構成された一つの存在論的前提を共有しつつも、そこから構成される世界は異なっている。つまり、肯定論の構成する世界には超自然的領域が実在し、否定論の構成する世界には実在せず、不可知論の構成する世界には実在するかどうかわからない(7)。

「妖怪の近代」における一つの存在論と、そこから構成される複数の世界を図示すると**図3**のようになる（不可知論の立場は省略）。上部の円は、第一の存在論的前提を図式化したものである。下部の二つの円は、第二の前提に対する立場の違いによって、伝承者の生きる世界の構成（実線に囲まれた範囲内）が違ってくることを示している。

こうした特徴をもつ「妖怪の近代」は、この認識論的切断を経ていない、一つの存在論と一つの世界を前提とする伝承者の枠組みとは大きく異なっている。だが、「妖怪が実在している」という点では、肯定論と「妖怪の近代」以前の構成する世界は共通している。そして、研究者は「妖怪の近代」に生きているため、妖怪が実在する世界としては、超自然的領域を認める肯定論の世界を想定することしかできない。そのため、研究者は「妖怪の近代」以前における妖怪に超自然性を付与するしかなくなったのである。現実には、「妖怪の近代」とそれ以前における「妖怪」の内実は、前者の肯定論におい

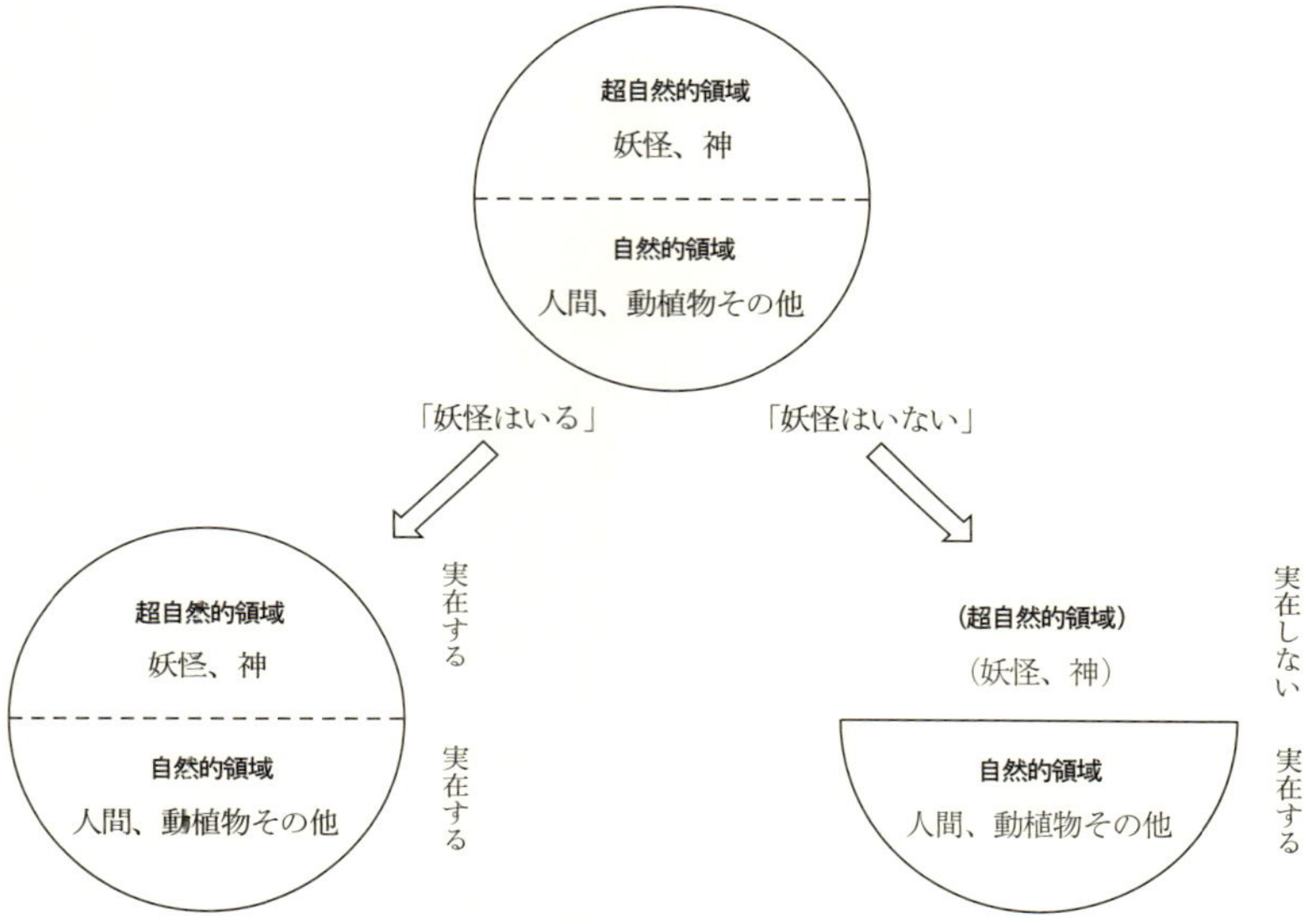

図3　「妖怪の近代」の存在論

ては超自然的領域に位置する存在者であり、後者の存在論においては自然の領域に位置する存在者を意味している、という点で別物だった。

「妖怪の近代」における認識論的切断を経て初めて成立することができた小松の妖怪概念や弱い不可知論は、必然的にこの存在論上の齟齬を抱え込んでしまっている。もし「妖怪の近代」以前を理解しようとするならば、研究者は自分たちのもつ存在論ではなく、別の存在論を想定することで齟齬を解消する必要がある。

(4) 揺れ動く世界への認識

認識論的切断は、理論的には真理と虚偽を明確に裁断するものだが、これはあくまで理想的な状況である。十八世紀前半から二十一世紀初頭までの幅広い妖怪観の変遷を論じるフォスターは、「エピステーメー」の概念を持ち出し、[8] その切り替わり方について次のように述べる。「社会文化的なコンテクストの変化による妖怪の語り方の移り変わりが、暴力的な断絶によることは滅多にない。普通、語り方の移り変わりは徐々に、微妙に重なりながら起こるものである」[Foster 2009: 3]。厳密な学術的営為に限定するならともかく、日常生活を含めた伝承者の総体的な世界を考慮するならば、つねにさまざまな認識のしかたが入り混じっていると考えるべきなのだ。

この点についての分析例を以下に示す。事例は、研究者ではなく伝承者としての柳田が『妖怪談義』に収めた「幻覚の実験」(初出は一九三六年)だ。柳田は子供のころ、白昼に星をみるという経験をした。この時点で彼は、それを神秘的だと思ったものの、経験されたことは事実だと考えていた。しかし、天文学の知識をもった書生たちにそのことを話してみると、あっさり否定されてしまう。それからは自分の経験に自信を持てなくなったが、大学生のときまで折々その話をしては「君は詩人だよ」などと笑われたという[柳田 2013a: 75-76]。

「白昼の星」をめぐって、若き柳田は二つの存在論と三つの世界を行き来している。一つ目は、その実在を肯定するが超自然的だとみなさない、「妖怪の近代」以前の存在論が構成する世界。二つ目は、それを超自然的(非科学的)だとみなし、「白昼の星」という可能性自体を否定する、「妖怪の近代」以降の存在論が構成する、超自然的領域のない世界。そして、超自然的ではあるが可能性自体は否定しきれない、同じく「妖怪の近代」以降の存在論が構成する、超自然的領域のある世界。書生に否定されてからは、柳田は後者の二つの世界を行き来することになる。しかし、「白昼の星が非科学的である」ということを忘却しないかぎり、彼は白昼の星に関して「妖怪の近代」以前の世界に生きることはできない。

研究者は、たとえ近現代のものであれ、伝承者が対象をどのような世界のどのような領域に位置づけているかに敏感である必要がある。さもなくば、齟齬を潜在的に含んだままの「弱い不可知論」および妖怪概念によって対象を分析することになってしまうだろう。

3　結論

本稿の目的は、民俗学的な妖怪研究を規定する存在論的前提が抱える問題とその起源を明らかにしたうえで、問題を解決するための枠組みを提示することだった。

第1章では、妖怪研究の存在論的前提として、超自然性と非実在性を提示した。そして、前者は妖怪概念の根幹にあり、後者は対象規定や方法論（弱い不可知論）の根幹にあることと、どちらも議論の対象とならず、自明の前提として扱われていることを明らかにした。そして、超自然性については、近年の事例分析に依拠しつつ、妖怪とみなされてきた様々な対象を把握するには限界があることを論じた。伝承者にとって、妖怪の多くは自然な存在なのである。非実在性については、表向きは実在性の有無を問わないと主張する妖怪研究の隠れた前提になっており、伝承者が前提とする妖怪の実在性とは齟齬があることを明らかにした。さらに、超自然性と非実在性は表裏一体の関係にあることを指摘した。

第2章では、妖怪研究がこの二つの存在論的前提を自明のものとした原因を、江戸期から大正昭和期にいたる思想史的な展開のなかに求めた。そして、大きな転換点は江戸後期の国学が端緒となった

「妖怪の超自然化」であることを指摘した。このプロセス（「妖怪の近代」）には、それ以前の世界を理解することを妨げる「認識論的切断」という特性がある。この「切断」に気づかないまま、研究者は自らの存在論的前提を、異なる前提をもつ伝承者に投影していたのである。その結果が、本稿が第1章で明らかにした研究者と伝承者との齟齬だった。

最後に、固定的な存在論的前提が齟齬を生み出すことを避けるために、伝承者やコンテクストごとに、異なる存在論を想定すべきであることを論じた。そのための枠組みとして、「切断」以前に適用できる存在論と、「切断」以後の「妖怪の近代」に適用できる存在論を提示した。

本稿の中心にあったのは、人々（伝承者および研究者）の生きる世界をどのようにすれば適切に把握できるのか、という問題意識である。小松和彦を代表とする従来の妖怪研究は、人間や動植物を自然の領域に、妖怪や神を超自然的領域に位置づける単一の存在論のみを想定していた。しかし、人々が自らの生きる世界を把握するための存在論は、変化する。時代や社会文化によって根本的な変化をこうむるだけではない。存在論は、そして世界も、非常に移ろいやすいものなのである。存在論的前提の齟齬を等閑視することは、時代ごとの枠組みを捉えそこねるだけではなく、人々の生きる世界の繊細な揺れ動きを見失うことにもつながってしまう。さらに、世界ごとに妖怪の位置づけが大きく異なることもまた、見逃してしまう(9)。

それに対して、諸々の存在論を想定することは、人々が生きる世界を、より人々の視点に近づいて理解することを可能にするものである。この枠組みは、存在論についての不可知論ではなく、存在論の相対主義だ。この枠組みをふまえたうえで、あらためて妖怪とは何かを概念化し、それが具体的な妖怪種目や民俗カテゴリーとどのような対応関係にあるのかを見定めることによって、妖怪研究は対象の正確な把握や新たな理論展開へと向かうことができるだろう。

註

（1）香川雅信らの進める「造形化された妖怪」研究では、伝承者も妖怪を信じていないと想定されている［香川 2005］。しかし香川は、民間伝承における妖怪の、伝承者にとっての実在性までは否定していない［香川 2005: 51-52］。本稿の第1章は、「妖怪を信じる人々」を対象としたオーソドックスな民俗学的な妖怪研究に論点を絞っている。第2章からは、つねに実在を信じているわけではない伝承者も取り込める枠組みの提示を行なう。

（2）このことをもっとも明快に述べているのは、十三世紀初頭にドイツで書かれた『皇帝の閑暇』第3部序文である［ティルベリのゲルウァシス 1997: 18-19; Bartlett 2008: 17-19］。

（3）これには「伝えられているままのものとしては実在しない」という限定が必要だろう。たとえば柳田は、山男や天狗などの妖怪が、実際に山間部に住んでいた人々（山人）のことであったと一時期主張していた［柳田 2013b］。また、飯倉義之は、「カマイタチは空想上の妖怪ではなく、実見しうる現象なのである」と述べる［飯倉 2010: 516］。しかし（たとえ現に存在していたとしても）山人が空を飛び、異様に巨大な体軀だったわけではない。飯倉も、「真空説」などの合理的説明が試みられたカマイタチ伝承の中身について「疑似科学的説明」や「こうした知識（誤った信念）」などと言い換えている［飯倉 2010: 528, 530］。もし伝えられているままのものとして実在するなら、研究者と同時代の自然科学においても対象になっているはずだが、そういうことにはなっていない。

（4）「化け物」は、妖怪概念に包括されることが多い［香川 2005: 29; 小松 2011: 30, cf. 小松 1999］。しかし、非実在性などを除くと、両概念の必要条件にはあまり共通性がない。「化け物」などのカテゴリーに属する妖怪種目のすべてが、必ずしも民俗学的な妖怪カテゴリーに属する妖怪種目と一致するわけでもない。カッパや化ける狐狸狢は、「化け物」とされることもあれば、動物として扱われることもあったのだ。また、たとえば「化け物」の実在を否定する『画本纂怪興』（一七九一）［香川 2005: 149-152］の著者である森島中良は、『紅毛雑話』（一七八七）のなかで、西洋の巨魚「ミコラコスニュス」を紹介するとき、現代では実在しないとされ「妖怪」として扱われる巨魚オキナの話を、とくに否定もせず引き合いに出している［國書刊行會編 1913: 455-456］。なお、ミコラコスニュスはカルル・フォン・リンネが『スウェーデンの動物相』（一七四六）などで紹介しているミクロコスムス（microcosmus、のちにクラーケンと同一視された伝説上の巨大海洋生物）のことと思われる［Linnæus 1746: 386］。

（5）明治以降の肯定論において、幽界などの超自然的領域が必ずしも「不可知」とは想定されていない点に注意する必要がある。幽界は折に触れて経験でき、そうした機会を捉えれば実証的に検証することもできる、と考えられていた。幽界にはそれ自体の「理法」があるのだ［岡田 1926: 1-3］。ただし、それが同時代の正統的な科学知識の範囲外にあるという意味で非科学的であり、非合理的であると認識されていた点はかわらない。

（6）詳細については関連文献の精査が必要である。たとえば夏目漱石は『文学論』（一九〇七）において、すでに幽霊や妖精などを実在しない超自然的存在としていた英語圏の存在論的前提を取り込んでいる［夏目 2007: 167-168］。欧米の否定論が妖怪研究にどれだけ影響を与えていたかについても、別に探究していく必要がある。

（7）論理的には、自然的領域について否定する立場や不可知論を取る立場も想定可能だが（たとえば独我論）、少なくとも民俗学的には、きわめて例外的なものだと思われる。

（8）「エピステーメー」はフランス科学認識論の系譜に連なるミシェル・フーコーの概念である［フーコー 2012］。この概念を本稿の議論に沿わせるならば、認識論的切断によって変化する認識のしかたの総体、と定義できる。たとえば錬金術と近代化学は異なるエピステーメーであり、「妖怪の近代」とそれ以前も異なるエピステーメーである。

（9）京極夏彦は、現代日本で通俗的にいう「妖怪」の概念が、過去の妖怪の概念とは大幅に異なることを指摘し、次のように述べる。「斯様な状況下に於て「妖怪的なモノゴト」を取り扱う者は、決して過去の記述を近代的な「妖怪」観で読み解いてはならないだろう。そうした行為は簡単に過去を改竄してしまうからである」[京極 2003: 578]。本稿が明らかにした従来の存在論的前提も、同じような危険をはらんでいる。

文献

日本語文献

淺野和三郎 1931「妖魅と妖精」『心靈と人生』8(4)
新井白石 1975「鬼神論」『新井白石(日本思想大系35)』岩波書店
飯倉義之 2010「鎌鼬存疑――「カマイタチ現象」真空説の受容と展開」小松和彦編『妖怪文化の伝統と創造――絵巻・草紙からマンガ・ラノベまで』せりか書房
伊藤龍平 2008『ツチノコの民俗学――妖怪から未確認動物へ』青弓社
井関大介 2006「上田秋成の神霊観――物語受容の観点から」『東京大学宗教学年報』24
江馬 務 2004『日本妖怪変化史』中央公論新社
岡田建文 1926『幽冥界研究資料 第二巻 靈怪談淵』天行居
香川雅信 2004「解説 人文科学的妖怪学の誕生」江馬 務『日本妖怪変化史』中央公論新社
香川雅信 2005『江戸の妖怪革命』河出書房新社
香川雅信 2006『日本人の妖怪観の変遷に関する研究――近世後期の「妖怪娯楽」を中心に』(総合研究大学院大学博士論文)
香川雅信 2011「妖怪の思想史」小松和彦編『妖怪学の基礎知識』角川学芸出版
門脇 大 2009「弁惑物の思想基盤の一端――『太平弁惑金集談』の一篇を中心として」『国文学研究ノー

ト』44
鎌田東二 1999『神界のフィールドワーク』筑摩書房
木場貴俊 2006「近世の怪異と知識人――近世前期の儒者を中心にして」一柳廣孝・吉田司雄編『妖怪は繁殖する』青弓社
京極夏彦 2003「通俗的「妖怪」概念の成立に関する一考察」小松和彦編『日本妖怪学大全』小学館
京極夏彦 2007『妖怪の理 妖怪の檻』角川書店
倉田 剛 2009「「現代存在論入門」のためのスケッチ（第一部）」『九州国際大学教養研究』16（1）
國書刊行會編 1913『文明源流叢書 第二』國書刊行會
小松和彦 1994『妖怪学新考――妖怪からみる日本人の心』小学館
小松和彦 1999「よみがえる草双紙の化物たち」アダム・カバット編『江戸化物草紙』小学館
小松和彦 2011「妖怪とは何か」小松和彦編『妖怪学の基礎知識』角川学芸出版
子安宣邦 2002『新版 鬼神論――神と祭祀のディスクール』白澤社
近藤和敬 2013『数学的経験の哲学――エピステモロジーの冒険』青土社
佐藤弘夫 2008『死者のゆくえ』岩田書院
高田 衛編 1989『江戸怪談集 下』岩波書店
田中 聡 2007『江戸の妖怪事件簿』集英社
常光 徹 2006「妖怪」福田アジオ・神田より子・新谷尚紀編『精選日本民俗辞典』吉川弘文館
ティルベリのゲルウァシウス 1997『皇帝の閑暇』（池上俊一訳）青土社
デュルケム、E． 1975『宗教生活の原初形態 上』（古野清人訳）岩波書店
夏目漱石 2007『文学論 上』岩波書店
ハッキング、I． 2012『知の歴史学』（出口康夫・大西琢郎・渡辺一弘訳）岩波書店
平田篤胤 1977「玉襷」平田篤胤全集刊行会編『新修平田篤胤全集6』名著出版
フーコー、M． 2012『知の考古学』（慎改康之訳）河出書房新社

ボイヤー、P.　2008『神はなぜいるのか?』(鈴木光太郎・中村潔訳) NTT出版
宮田　登　2002『妖怪の民俗学——日本の見えない空間』筑摩書房
民俗學研究所編　1951『民俗學辭典』東京堂出版
柳田國男　1989『柳田國男全集 4』筑摩書房
柳田国男　2013a『新訂　妖怪談義』角川学芸出版
柳田国男　2013b『柳田国男　山人論集成』角川学芸出版
ルゴフ、J.　1992『中世の夢』(池上俊一訳) 名古屋大学出版会

外国語文献

Bartlett, Robert. 2008. *The Natural and the Supernatural in the Middle Ages*. Cambridge: Cambridge University Press.
Bloch, Maurice. 2005. *Essays on Cultural Transmission*. Oxford: Berg.
Cox, James L. 2004. Afterword: Separating Religion from 'Sacred': Methodological Agnosticism and the Future of Religious Studies. In Steven J. Sutcliffe (ed.) *Religion: Empirical Studies*. Burlington: Ashgate Publishing.
Daston, Lorraine & Katherine Park. 2001. *Wonders and the Order of Nature, 1150-1750*. New York: Zone Books.
Fitzgerald, Timothy. 2000. *The Ideology of Religious Studies*. New York: Oxford University Press.
Foster, Michael Dylan. 2009. *Pandemonium and Parade: Japanese Monsters and the Culture of Yōkai*. Berkeley: University of California Press.
Linnæus, Carolus. 1746. *Fauna Suecica, Sistens Animalia Sueciæ Regni: Quadrupedia, Aves, Amphibia, Pisces, Insecta, Vermes, Distributa per Classes & Ordines, Genera & Species, cum Differentiis Specierum, Synonymis Autorum, Nominibus Incolarum, Locis Habitationum, Descriptionibus Insectorum*. Stockholmia: Laurentius Salvius.
Saler, Benson. 1977. Supernatural as a Western Category. *Ethos* 5 (1).

Smart, Ninian. 1973. *The Science of Religion and the Sociology of Knowledge: Some Methodological Questions*. Princeton: Princeton University Press.

畏怖の保存
——情感の共有を考えるための一試論

後藤晴子

一　はじめに——ある日の会話から

本稿は沖縄離島の人びとの実践を通して、ある場所が畏怖の出来事によって印づけられ、人びとに認識されていくあり様について、情感の保存という点から考察することを目的としている。(1) はじめに筆者の調査地の一つである沖縄離島の事例から考えてみたい。

事例一「そのことがあってからね、いかん」——ガジュマルの木の下の話

Aさん：ガジュマルの木で、「た」もんだっていうから。ここはちゃんとされているから大丈夫だよ～って言われたんだけど。……（以前はそこを散歩に行くときに）横切っていってたんよ。でも、そのことがあってからね、（その場所には）いかん。

Bさん：そんなこと言ってたら、みんなあっちこっちね、白い着物着た女の人があっちからこっち

に渡してるよ。昔はだからね、もっと、いまは明るくなってるけど、暗かったからね（二〇〇八年二月）。

「ガジュマルの木の下」で亡くなった人の話を噂で聞いて以来、宗教的職能者によって「ちゃんとされている」――ヌジファ（抜魂の儀礼）等死者を弔う為に必要な儀礼は既に行われているにも関わらず――散歩時に木の前を横切ることが出来なくなったというAさん。Aさんの言葉には、死者／幽霊が出たという出来事そのものへの畏怖とともに、それまで何の気なしに通っていた場所、「ガジュマルの木の前」という場所への畏怖がともに示されている。Bさんが「みんなあっちこっちね」「（白い着物来た女の人が）渡している」（横切っている）と述べている通り、日々人びとの口にのぼる怪談話を含めれば、いわく付きの場所はいくつもある。そうした意味で「ガジュマルの木」のような場所は、島であっても特別な場所とはいえない。

Bさんの「そんなこと言ってたら」という言葉はこうした意味を含んでおり、調査時にしばしば耳にしたフレーズでもあった(2)。話に出てくる「ガジュマルの木」のある場所は集落と集落の境に近く、かつては街灯も少なかった。そのためBさんに限らずこの境で起こる怪異（赤ん坊の鳴き声がする、亡くなった人が歩いているなど）はしばしば話題に出ていた。ここには不幸な出来事で様ざまないわくが喚起されている様子を見てとることも出来る。畏怖の情感はしばしば場所と共に認識もしくは喚起され、語られることで共同体のなかで共有されることがある。本稿は、アルヴァックスの『集合的記憶』［アルヴァックス　一九八九］や吉本隆明の『共同幻想論』［吉本　一九七〇］などで検討されてきた、共同体において共有される体験や物語（他者の経験）――本稿ではとくに畏怖の情感の形成と共有の一端――

に関わる試論である。

二　畏怖をめぐる問題群――柳田國男を中心に

(一)　幻覚の体験

共同体において共有される情感の形成化については、柳田國男が「語りの反復」と「聞き手の受容」という点から重要な示唆をしている。本稿では柳田の指摘を、共同体において共有される情感の問題から考察したい。ここで柳田に着目するのは柳田の議論を自分のフィールドに落とし込んで再考するという目的にもよる。(3) もちろん柳田以降も畏怖の問題について、宮田登［二〇一二（一九九二）］や小松和彦［二〇〇一、二〇一五（二〇〇七）］、髙岡弘幸［二〇〇六、二〇一六］をはじめ多様な議論が行われてきていることは明記しておきたい。

柳田は、特定の場所における人びとの些細な体験が起点となり、物語が伝説化もしくはモニュメント化する過程について『妖怪談義』（一九五六年）のなかの「幻覚の実験」（一九三六年）という短い論考のなかで言及している。彼はそこで自身の「幻覚」の体験に触れ、「人が物を信じ得る範囲は、今よりも曾てはずっと広かった」ことを明らかにするためには「かういふ事実を積み重ねて、始めて客観的に明かになつて来るかと思ふ」［柳田一九九九（一九五六）二九二］としている。この体験というのは、柳田が少年時代に茨城県の一隅で白昼に星を見たというものである［柳田一九九九（一九五六）二九二−二九五]。この体験には前段がある。柳田少年(当時十四歳)は、「幻覚」体験のしばらく前、兄の家の庭の土蔵の前の先々代の「非常に長命」だった老母の霊を祀る祠を、こっそり開いていた。祠には五寸ばかりの石の球が嵌め込んであるだけだったが、その石は老母が病床についてからも撫でていたものであるらしい。それから後のある春の日、柳田少年は土蔵の前の土を手鍬で掘り返していた。すると輝く七、八枚の寛永通宝が出た。彼はなんとも言い現わせないような気持ちになったという。

その直後に、「幻覚」が起きる。彼はしゃがんだまま、首をねじ曲げて「日輪の有りどころよりは十五度も離れたところに、点々に数十の昼の星を見た」[柳田一九九九(一九五六)二九三]のである。数日間誰にもその「実験」を語ろうとせず、心の中で星は何かの機会さえあれば、白昼でも見えるものと考えていた。しかし後日兄の家にいた医者の書生たちに話すと大笑いされ、東京の学校に入ってからも何度かこの見聞を語ろうとしたものの冷やかされる一方だった。

柳田はそこで「もし」を考える。もし柳田少年と同じぐらいの天体の知識しか持たない人がその話を聴いたならば、白昼に星を見た話は「不思議は世の中に無いとはいへぬと」「語り伝へられぬとも限らぬのである」[柳田一九九九(一九五六)二九四]。柳田はここで二つの具体例を挙げている。一つは信州の廃寺で少年がみた羅漢が伝説になったというもので、もう一つは信州の松尾部落で畑打ちをしていた老翁が崖の上に曼荼羅をみた後で薬師堂が建てられたというものである。(4)前者の例は「予め人心の動揺があつて、不思議の信ぜられる素地を作つて居たとも見られる」[柳田一九九九(一九五六)二九四]として注意を促しているが、後者の例は「中心人物の私無き実験談、それも至つて端的に又簡単なものが、終に一般の確認を受けたのである。その根底をなしたる社会的条件は、甚だしく、幽玄なものであつたと言はなければならない[柳田一九九九(一九五六)二九四](傍線は筆者による)と述べている。柳田のいう「一般の確認」を受けるような「幽玄な」社会条件とは何なのか。泣く羅漢の例の場合、柳田が指摘するように、廃寺になった（あらかじめ人心の動揺があった）といった事情を鑑みれば、柳田少年の私的な体験よりも、社会的な承認を受けやすかったであろうことは想像に難くない。そもそも柳田の「幻覚」の前段たる不思議な体験は周囲と共有されてはいない。

(二)「語りの反復」と「聞き手の受容」

では、同じように人心の動揺があったわけではない老翁の見た曼荼羅は、薬師堂を建てるに至ったのか。柳田は、「幻覚の実験」よりも前に発表された著作『山の人生』[5]（一九二六年）において「まぼろし」に触れ、「幽玄」な社会条件について言及している。

> 「うそ」と「まぼろし」との境は、決して世人の想像する如く、はっきりしたもので無い。自分が考へても尚あやふやな話でも、何度と無く之を人に語り、且つ聴く者が毎に少しも之を疑はなかつたなら、終には実験と同じだけの、強い印象になつて、後には却つて話し手自身を動かす迄の力を生ずるものだつたらしい〔柳田一九九七（一九二六）五一二〕（傍線部は筆者による）。

私的な幻覚（うそ、まぼろし）が「話し手自身を動かす迄の力を生ずる」過程（「実験」）について、①「うそ」「まぼろし」であっても「何度となく人に語り」（語りの反復）、②「聴く者が毎に少しも之れを疑はなかったら」（聞き手の受容）という二つの要素を指摘している。柳田が老翁の曼荼羅の例では詳しい背景を把握していなかった可能性もあろうが、この指摘は「幻覚（まぼろし）」の現象を考える上で重要な示唆を与えてくれる。また柳田は隠し神の俗信や古くからある隠れ里の句碑が、少しずつ化け物話に変わる例などを踏まえ『妖怪談義』の「妖怪談義」（一九三六年）で次のような見解を示している。

> 信仰は世につれて推し移り又改まるが、それが最初から何も無かつたのと異なる点は、かふいふ些細な無意識の保存が、永い歳月を隔てゝなほ認められることである。その中でも殊に久しく消えないものは畏怖と不安、見棄てゝは気が咎めるといふ感じではなかつたかと思ふ［柳田一九九九（一九五六） 二六四］（傍線部は筆者による）[6]。

ここで柳田は保存される「些細な無意識」のなかでも、「畏怖と不安、見棄てゝは気が咎めるという感じ」は最も長く消えないと指摘している。柳田は、また恐怖の一様としての化物の場所性について同じく『妖怪談義』に収録された「妖怪名彙」（一九三八年）という論考で触れている[7]。

関一敏は、フランス、ルルド地方の聖母出現譚に関する資料を分析するなかで、これまで触れてきた柳田の議論を取り上げている。関は「性急な結論を柳田に託してひきだすというのではない」［関一九九三 七二］と断った上で、ルルドの聖母出現譚について、幻覚を見た「本人に対する周囲の態度」は表象成立の鍵となり、その際に「反復」は重要な役割を果たすと指摘している［関一九九三 七一－七三］。関によればルルド地方の聖母出現譚の一般的な状況には二つのポイントがあり、一つは「体験主体は『聖母』を感覚的に知覚する」ことで、もう一つは「知覚は一人もしくは数人の主として子どもに限られる」［関一九九三 七三］ことであるという。柳田の事例も関が挙げているルルドの事例もモニュメントの形成や伝説、聖母出現譚という形でともに表象成立に至った事例であるが、本稿は畏怖という情感が共有されていく過程について、表象が成立する前の、より曖昧でより同時代的な視点から考察してみたい。

三　畏怖の体験／経験——沖縄離島の事例から

本稿で扱う事例は、年間を通して女性の宗教的司祭者を中心に旧暦でカミ行事が行われており、祖先祭祀も今なお盛んな沖縄離島の事例である。島の畏怖の体験や物語に関わる場所をここで便宜的に、①「印のある場所」と②「印の見えにくい場所」の二つに分ける。

①「印のある場所」とは、御嶽（ウタキ）・拝所・神庭などカミに関わる場所や墓やグソー道（死者の道）などの死者に関わる場所で、はっきりとしたモニュメント（小祠・石碑等）が存在する、もしくはモニュメントは存在せずとも名付けられ場所自体がモニュメントと化しているような場所を指す。沖縄の御嶽といった聖地は、日本本土の寺社のようにはっきりとしたモニュメントは存在せず、たとえば森や川（井泉）が信仰対象となり、御香炉のみが置かれているといった例も多い。島の場合も御嶽や拝所にはコンクリート製の小祠が設置されている場所もあるが、御香炉のみが置かれていることも珍しくない。そのため本稿ではある特定の場所が当該社会において一般に宗教的な場所として島の共同体で承認を受け、名を付けられ、認知されている場合には「印のある場所」とした。

これに対して②「印の見えにくい場所」とは、カミや死者に関わる歴史的な由来は持たず、小祠や石像のようなモニュメントももたず、特定の名付けもない場所を指し、調査時において個人の私的な体験や不慮の事故など不幸な出来事と人びとの語りが積み重なることによって畏怖の対象、もしくは畏怖に関わる場所として地域の人に認知され語られている場所を指す。

①「印のある場所」と②「印の見えにくい場所」は必ずしも明確に区分出来るわけではない。行路・家屋・山中・水上または村境などは、怪異の起りやすい場所として民俗学で指摘されてきた通り、ある種の場所性を伴うといえる。また筆者にとっては「印の見えにくい場所」として見えていても島の特定の人びとにとっては「印のある場所」として見えている可能性がある。そのため「印の見えにくい場所」は潜在的に「印のある」場所への転換可能性を持っている。一方で①「印のある場所」も同じく忘却によって②「印の見えにくい場所」となる可能性を持つ。しかし本稿では、調査時点での共同体における伝説やモニュメントの形成の過程を検討するという目的から、既に印がある①との違いを明確にするために、限定的にこの区分を採用している。

畏怖の問題を考える場合、厳密な意味で第三者が他者の情感（本当に恐怖を感じているのかどうか）を正確に判断するのは難しい。その困難さに対峙するために、本稿で取り上げる事例が「畏怖」か「畏怖でないか」は、先述した畏怖の対象と関わりがあるかどうか、それに対し何らかの「出来事」（人びとの実践や物語化）が伴っているかどうかを事例として採用するかの判断基準とした。柳田は「幻覚体験」という論考のタイトルに見られる通り「経験」ではなく「体験」という言葉を用いているが、本稿では社会学者・鶴見俊輔の区分に従い、「体験」と「経験」を区別して用いる。鶴見は「経験」を「他人の経験」「追試」というかたちでの公の実証と決定的に結びつくもの、一方「体験」を「個人の決断の基礎」にあるものとして定義づけている［鶴見一九六七：四－五］。

(一)「印のある場所」の畏怖

はじめに「印のある場所」をめぐる畏怖の事例について二つほどみておきたい。

事例二　「見えたのか」――神迎えでの出来事

神迎えの儀礼から戻ってきたばかりの女性の宗教的司祭者は、顔をあわせると興奮気味に「あれ、みた?」と尋ねてきた。彼女によるとカミが降りてきた瞬間、虹色の光で目を開けていられないほどのまぶしさであったという。旧暦六月に行われる神行事は、日暮れ島北東の小高い丘で行われる神迎えの儀礼からはじまる。辻々には人がたち、周辺より山手への車の出入りは制限される。真っ暗とした闇のなか、宗教者からカミが降りてきたとの合図があるまで待つ。カミの降りる姿は年によって違うらしい。ある宗教者によれば別の年は、彗星のような光が見えたという。カミの姿を見ることができるのは祭を司る宗教的司祭者だけに限られないらしい。マリングヮと呼ばれる宗教的な素質をもったある女性は、以前たくさんの白い衣装をまとった女性たちが空から連なって降りてくる姿を見たという。それは島に降りるカミを案内してきた歴代のノロ(宗教的司祭者)だと話していた。また観光客といった一見の人であってもカミをみることがあるらしい。どこか期待して待っていた二〇〇七年の祭祀当日、(筆者は)一切何も見えなかった。少し残念に思っていると、それを察したのだろうか。「心が綺麗じゃないとみえないんだよ」と知人の三十代の男性にからかわれた。お返しに彼に「見えたのか」と聞いてみたところ見えなかったらしい(二〇〇七年八月)。

一定期間の禁足地の設定と特定の人びと（宗教者に限られない）によってたびたび体験される「カミを見る」といった柳田の言うところの「幻覚」の体験は、島と神迎えの場所の神秘性を際立たせる話として機能している。御嶽や拝所などカミにまつわる場所での出来事には、宗教的職能者ではなくとも、「幻覚」に関わる出来事についての話がついてまわる。島で聞ける畏怖の体験はこうしたカミに関わる出来事だけではない。次にあげる事例三は、あの世（グソー）と死者にまつわる話である。

事例三　「マヤーカッタン」――死者の道での出来事

「グソー道（＝死者の道）、いまはあの辺もね、上（新しく出来た新道のこと）が出来てあれだけど、あれ、ちょっと上に行って、昔姉がね……そのグソー道、夕方にね、夕方ぐらいに行った、帰るってあれしたらね、道がないの。『マヤーカッタン』って要するに、迷わされて、本人自身が、ちょっとなに、気が弱いと違うところに連れていかれるよ〜って。自分でびっくりしていくんだろうけど」（二〇〇七年八月）［後藤二〇一一　五九］。

事例三にみるグソー道とは墓地が集まる地区に繋がる道のことである。葬儀の際に通る道で、そこで迷わされたのだという。グソー道を忌避するような話というのは他にもたびたび耳にした物語で、用もなく近づくこと自体眉をひそめられることもあった［後藤二〇一七　一八〇］。聖地や墓地など「印のある場所」にまつわる畏怖をめぐる様ざまな噂話はその印（モニュメント）を支柱に折り重なるように蓄積され、再生産されている。その蓄積と再生産によって、「印のある場所」の畏怖という情感が人びとにとってリアルなものとして構築され続けている。もちろんこうした神や死者に関わるものはすべてが再生産されるわけでもない。場所によっては、はっきりとした祀り手がおらず、宗教的職能者にすら以前誰が祀っていたのか、調査時に判然としない所もあった。なぜ「印がある」にもかかわらず、忘れさられてしまうのか。環境の変化といった要因とともに、物語の不在も考える必要がある。この点を含めて「印の見えにくい場所」をめぐる事例について具体的に考えてみたい。

（二）「印の見えにくい場所」の畏怖

「印の見えにくい場所」の畏怖の事例は、①不幸な出来事のあった場所への畏怖、②異質なものに対する畏怖のふたつに分けられる。以下、特別な注釈のない場合は、宗教的職能者などの特殊な職掌や能力とは調査時点において関係なかった人びとの話である。

① 不幸な出来事のあった場所への畏怖

不幸な出来事のあった（と噂される）場所をめぐる話である。ここでは事例の性質上、出来事の詳細な記述は避ける。

事例四 「よくない場所」――ある井戸をめぐる話

（ある女性の話）ある人たちがふたりでガー（井戸）の近くでしゃがんでお祈りしていたが、その人たちに気が付かなかった車にひかれてケガをしてしまった。女性によると、もともとそのガーは「よくない場所」であったために事故が起きたのだという（二〇〇六年十一月）。

事例四で語られているのは、土地そのものの性質の悪さである。事故の起こる前から「よくない」とか「難しい」といったように言われていた可能性は未確認であるものの否定できない。しかし新たに起こった不幸の出来事によって、その性質がより強調されている。冒頭で挙げたガジュマルの木の下で起こった不幸の出来事（事例一）と同じ構造を持っている。ここには柳田の「兆応禁呪」でいえば「応」、「あゝいふことがあつたが、あのせゐだ」の発想法も見て取れる［柳田一九九八（一九三五）三五八］(8)。

② 異質なものに対する畏怖

「異質なもの」に対する畏怖」は、「異質なもの」によって特定の場所への畏怖がより強調されていると考えられる事例である。

事例五　「ふすまがガタガタ」――宿舎の幽霊

（自室の物がガタガタと音を立てたり、落ちてきたりするという「ポルターガイスト」に悩まされていたある男性に関する話）〇〇さんはいろいろ「ミル」人みたいで。島のにんにく、それを持ってったらいいとかで（持ってる）。そして、何の置物って言ったかな。魔除けじゃないけどね、なんか、なんかあの、ふくろうのスタンドを、どこに置いてるか知らんけどね、それを置くようになってからは、やんだって。（みんなで集まって部屋でお酒を）飲んだりする（時に起こる）みたいで、ふすまがガタガタいって、「別にあんたのこと言ってるわけじゃないよ〜」って、言ったらおさまったって。〇〇さんの子どもも「ミル」らしいよ（二〇〇七年八月）。

「ふくろうのスタンド」とは、ふくろうの形状の置物のことである。事例五は、複数の人から多少の筋が違う形で何度も耳にするほど当時有名な話だった。実はたまたま噂話を耳にする数年前（二〇〇五年）に話題の主（他県出身者）から旧正月の新年会の席で直接この話を聞いていた。その時の本人の話では、彼は仕事で島に来ており、島に来た頃から部屋のふすまや置いているものがガタガタする現象に悩まされていたらしい。もともと「霊感の強い」人で、手持ちの数珠など色々試してみたが、全く効果がなかったという。そこで島の人に相談して、その人からもらった萱で作る魔除けのサンを置いたという。サンとは、沖縄の伝統的な魔除けで島では祭祀でも用いられていた。するとガタガタしなくなったらしい。「島のことは島のものの方がよく効く」というのは、当事者の言葉である。よく聞くと実際には人が集まる時には、時々ガタガタするので完全には解決していないという話だったが、問題にはされていなかった。ここでは原因たる「幽霊」の姿への言及はなされていない（当事者である男性もはっきりとした幽霊の姿形は一切語らなかった）。しかし本人も第三者も「幽霊」として語っていたことを考えれば、やはり「幽霊」[9]であろう。

事例六　「あんまりわからない」——隣家の幽霊と西の神馬

（六十代の女性の話）隣の家のおばちゃんが亡くなってから、（誰もいない隣の家のあった方から）声がするって。母親がよ。「自分がおかしいのかなぁ」、って。うちの次男も、そのあれ（霊感）がある。家もない、ただのコンクリート（のカミヤー）[10]。ホトケさんもなんも、今いうように、いるんだよって。この話したらまたあれだけどね。……あんまりそういうのは。あんまり（自分は）わからないけどね。……どこだったかな、（姉も）西のほうの道で神馬を見たって（二〇〇八年七月）。

家にまつわる話である。家の門の前に門（ジョー）立ちする幽霊話は島に限らず沖縄では比較的よく聞かれる話である。家の前に立つ先祖は時に子孫へのシラセとして解釈される。事例六は門の前に立ってはいないし、先祖とは解釈されていない。事例五と同じく幽霊話といえば幽霊話であり、「声がする」という点においては、その姿は見えずとも幻覚体験の一種ではあろう。また事例六には、母親の不思議な体験だけでなく、第三者である姉の物語として神馬の目撃談がともに提示されている。西側は、島のなかでも草分けとされる集落で、神馬の通る話は別の人からも時々耳にした。ある宗教的職能者の女性も、同じように子どもの頃、黄昏時にこの道で神馬と遭遇したことがあると話していた。宗教的職能者の体験がそれとは関わりのない人の体験を並べることで、そうでない人の体験の信憑性をより高める根拠として話されていることも注意しておく必要がある。

事例七　「あれもキジムナーだった」——白い羽のキジムナー

（ある女性の話）△△家のガジュマルにはキジムナーがいる。ガジュマルの木の上で、白い羽の生えたキジムナーがバタバタしているのをみたことがある。キジムナーは赤い姿をしていると聞くけれどあれもキジムナーだったと思う。△△の家の儀礼の所作に似たような動作があるので関係しているのかもしれない（二〇〇四年九月）。

キジムナーは沖縄でよく知られているいわゆる「妖怪」である。一般的には赤い髪の童子の姿が伝えられているが、事例七の話を教えてくれた女性によるとこの家のガジュマルにいるキジムナーには白い羽が生えているのだという。伝承で伝えられている姿形が違っていても、彼女によればそれはやはり「キジムナー」であるという。「ガジュマルの木」は先にも述べたが島内で「縁起が悪い」といわれる。ここではキジムナーという異形の存在によって家が畏怖の対象として語られていることから、事例一と同じく、ここでは「印の見えにくい場所」として分類した。事例七の家は当該地区では比較的古い家だが、何かいわくがあるわけではない。ガジュマルは「縁起が悪い」という理由で伐採されることも多く、文字化された民話や昔話のたぐいを除けば、キジムナーに関して具体的な話を聞けたのはこの話ともうひとつ程度であった[11]。最後に畏怖の場所として一般に認知されるまでに至っていない事例も挙げておく。

事例八「ウシクミされてる」――祀られないカミ

（ある宗教的職能者の話）こっちみてからこっちも、カミシンが、もうちょっと後ろにウシクミされてるわけさ、ウシクミされてるから、これが、来年でこっち（拝所）作ってから二十六年なるから、拝んで、あれしよう（新しく祀ろう）と思ってるわけさ（二〇〇七年八月）。

事例八は管見の限り、当時宗教的職能者の一部にしか共有されていなかった。「ウシクミされている」とは、押し込められている、祀られていないという意味であり、そのカミを祀りたいと思っているという話だった。宗教者によれば島にはたくさん「ウシクミされている」カミがいるのだという。そして「ウシクミ」されたカミはしばしば彼女たちに祀ってくれと訴えかけてくるらしい。事例八の場合、傍に祀っているカミから隣のカミも祀ってくれとの彼女に呼びかけがあったのだと話していた。新たな拝所の設置には島の人びとの理解を得ることは必須であるが、それとは別に宗教者の職掌や家筋、能力の問題も関係しているという。事例八とは別の宗教的職能者は「カミサマはね、私もやってくれ、私もやってくれっていうからさ。それをけじめをつけて、自分の祖先をやったら間違いないよ」と話していた。渡邊欣雄が指摘しているとおり専門家である宗教者の知識は元来一般の人びとにすべて共有されるような種類のものではない［渡邊一九九〇　一九］のだろうが、こうした「ウシクミされている」カミは宗教的職能者の物語の共有によって祀られ、可視化される（モニュメント化する）可能性を秘めている。

四　小括――畏怖の諸相と共同感覚

（一）島における畏怖の体験／経験の諸相

簡単ではあるがこれまでに取り上げた事例の概要を簡単にまとめておきたい。

一、人びとの畏怖の体験のあり様は対象も含め多様である。

二、島における畏怖をめぐる体験は、漠然として私的な「幻覚の体験」と伝聞に基づくものも少なくない。

三、そのため体験している当事者にとっては印象的な出来事であっても、話を聞く／共有する他者にとっては衝撃的な（もしくは重要な）出来事ではない場合もある。
四、噂によって人びとに共有される畏怖の体験の主体は、宗教的職能者ではないことも多いが、宗教的職能者の体験と当事者の体験が重奏化することによって、より説得的にもなりうる。
五、畏怖の出来事（体験）とそれにまつわる話（他者の経験）によって、「印の見えにくい場所」がある特殊な場所として認識されている。
六、畏怖という情感に色づけられた場所は、しばしば島の人びとのふるまいを変化させる。

本稿で取り上げた事例を鑑みると、「印がある／見えにくい」に関わらず畏怖の出来事と出来事をめぐる物語が重奏化することによって、場所への人びとの畏怖が強化されていた。そしてこの強化によって新たな畏怖の体験、経験がもたらされることも十分に考えうる。しかし場合によっては「印ありの場所」であっても、何もかもが忘れ去られてしまうこともあるし、新たな出来事によって常に「再発見」の可能性も秘めている。「幻覚の体験」とそれをめぐる語りの積み重ねが、後半に見たように「印の見えにくい」場所に「いわく」を付与し、体験を共有した人びとの畏怖の情感を喚起することもある。結果として畏怖を付加された場所そのものが、しばしば人びとのふるまいを変化させる。現実の不幸な出来事は、新たな意味づけや再解釈を引き起こすこともある。

なかでも物語の重奏化は情感の共有という次元において重要なキーワードであると考える。場所の「印」を巡る人びとの認識、個人の体験や他者の経験に基づく様々な物語の蓄積とその共有／非共有、物語の共有化による新たな物語の生成の有無、物語の記憶と忘却などの多様で被覆的な動態のなかで、畏怖という情感も島という共同体のなかで共有されたり、されなかったりする。つまり物語の重奏化には、柳田の指摘した①語りの反復、②聞き手の受容という二つの要素を見て取れるとともに、物語の重奏化そのものが①語りの反復、②聞き手の受容をもたらしているとも考えられる。たとえば事例五では表象化はしていないが、出来事の物語が周囲に共有され、繰りかえされることによって、話に広がりをもっていた。また人びとに反復されるからこそ、話の鍵となる怪異を解決するための対処法が、当事者の話（魔除けのサン）から多様化（ふくろうのスタンド）していた。また事例二は既にモニュメント化している場所ではあるが、毎年のように宗教者の体験がそうではない人びととの体験とそうではない人びとの体験の双方が蓄積されることによって、カミが降り立つ場所の特異性を高めるものとして機能し、新たな物語を形成していた。このように物語の重奏性化は情感の共有化に深く関係している。

ここには畏怖という情感によって色づけられた場所の可塑性の問題もある。畏怖が付加された場所はその畏怖の情感が保持されている限り、そこはもはや以前と同じ場所ではない。共同体を構成する人びとがその場所を訪れる／通りかかるたびに畏怖の情感は思い起こされ、再確認もしくは追認されることになる。本稿の事例でみた「畏怖」の体験／経験には「はっきりしたもので無い」ものが多い。もちろんカミの光、幽霊（ただし姿は見せていない）、神馬やキジムナーのように「幻覚」の対象が提示されている事例もある。しかし「声がする」、「誰かがいる気がする」といったように、そこで起きた不幸な出来事は関係しているにしても、その対象はかなり曖昧なものもある。「なんとなく、怖い」というわけである。

なものである。本稿で挙げたいくつかの事例も島で生きる人びとの共同感覚に訴えるからこそ、畏怖をめぐる様ざまな物語は特定の場所に留まりえるのだろう。では、その共同感覚が形成される基盤には一体何があるのか。

(二) 共同感覚の基盤――「なんとなく、怖い」

「なんとなく、怖い」という曖昧な情感を伴う畏怖の体験は、わたしたちにとって身近なものである。本稿で挙げたいくつかの事例も島で生きる人びとの共同感覚に訴えるからこそ、畏怖をめぐる様ざまな物語は特定の場所に留まりえるのだろう。では、その共同感覚が形成される基盤には一体何があるのか。

第一に宗教的な職能者や宗教的素質をもつ人びととの存在が指摘できよう。事例二はもちろん、「印が見えにくい」と本稿では分類した事例であっても、事例二や事例六の神馬をみた女性や事例八の宗教的職能者の事例に見られるようにカミをめぐる話には宗教的職能者やその他の宗教的な素質がある人びとが多く関わっている。島には島の祭礼を取り仕切る司祭者（ノロやカミンチュ）、ハンジを行うシャーマン（ユタ）、門中や家のオガミを行うクディー、特定の職掌は今のところ担っていない人のなかにもサーダカウマリ（サーダカやウマレ、マリングヮとも言われる霊威が高い人びと）とされる人がいる。宗教的職能者の職掌も複層的で人によっては（能力次第では）ノロでもユタをする、もしくはカミは見えるがカミゴトはしない、オガミは出来るがユタは出来ない、などそれぞれの職掌やそれに伴う能力によってカミゴトとの関わり方は多様であった。島で生活するなかでこうした人びとと日常的に関わることは一般的であり、事例二や事例六のように物語の生成においてもこうした人びととの参与が認められる。

第二に、死者との親密な関わりも指摘できる。事例一、事例三、事例四などに見られるように死者をめぐる話は日常的に広く聞かれた。本稿では取り上げていないが、亡父のような親しき死者のような個別性をもった死者の話を含めると更に多い。ほぼ毎月の様に祖先祭祀がある島の人びとにとって死者との関わりは（個人差はあるものの）深く、その中で親しき死者との関わりが密接に保たれていることが、そうでない事例五や事例六のような個別性のない幽霊として語られる死者へと関心を向けさせているのかもしれない。

第三に、本稿では議論の便宜上「印がある／印が見えにくい」という区分を用いたが、島に複数ある御嶽、拝所、事例二にみた神庭といった聖なる場所、事例三に見た墓所といった死者との関わりが深い場所に加え、柳田が指摘していたような家屋や行路は本稿の事例にも見られた通り宗教的な出来事と関わりが深い場所として認識されている。島の家屋内にはヒヌカンや仏壇をはじめ様ざまなカミや死者に関わるモノが存在している。こうした点を鑑みると島のあらゆる場所で畏怖の情感の共有が起こりうるのかもしれない。しかし、実際には体験や経験のなかには広く共有されていくものとしないものがある。この違いが起きるのは何故なのだろうか。

振り返ってみると本稿で取り上げた事例において最も共有化がなされていたのは事例五であった。事例五が本稿の他の事例と比べて特徴的なのは、県外出身者が物語の中心を担っているという点であろう。「霊感が強い」という宗教的な能力は持っているものの、島の文脈から離れた人物の参与が話の広がりに関係した可能性もある。筆者自身が集まりの席でその話を直接聞いたように、複数のオーディエンスと彼らによる再生産といった点も指摘できる。その意味で他の事例より、「一般の承認を受ける」素地があったのかもしれない。また先に指摘した通り事例八は、調査時点では共有には至っていなかったが宗教者を基点とする表象化につながる可能性を持っている。

（三）課題と展望

本稿で取りあげたいくつかの事例は、私的な出来事が島である時期、ある範囲の人びとに共有はされているものの、柳田がいう「一般の承認を受ける」までになっていると判じることは難しい。信州の廃寺で少年がみた羅漢は伝説になったような、老翁が曼荼羅をみた場所に薬師堂が建つ（モニュメントが構築される）といったことは起きていないからである。これは、すでに伝説や薬師堂になったという柳田の挙げた事例や関の取り扱った聖母の出現譚［関　一九九三］の事例とは異なり、同時代的な検討を試みるという本稿の目的によって取りあげた事例の性質によるのかもしれないが、不十分であろう。また「はっきりしたもので無い」体験／経験であるからこそ、忘れ去られてしまう可能性もある。そう考えるならば、本事例では将来において「幻覚の体験」が伝説や言い伝えになったり、モニュメントが建立されたりすることによって表象が固定化するのか／しないのかについてこれまでに挙げた事例をもとに何か明確な示唆を行うことはできない。何らかの知見を述べるためには、数十年後の再検討を必要とするのかもしれない。

加えて宗教者の参与による物語の方向付けについての十分な議論も出来ていない。宗教的な職掌や素質を持った人びとの参与によって物語が方向付けられた場合、それは表象化にどう寄与するのだろうか、もしくはしないのだろうか。島の人びとは宗教者たちの能力には敏感で、「〇〇さんの能力がすごい」といった物言いが時々なされる一方で、先に示したとおり「畑のことはわかるけど、カミンチュのことはカミンチュに任せる」、「カミンチュの道具に触ってはいけない」といったように忌避感を示す人びともいる。宗教的な職能者に対する複雑な思いが存在し、それが畏怖の物語の共有にも関係していると考えられる。

また畏怖としてカミに対する畏れと幽霊に対する恐れを取り上げつつも、その両者の共同感覚の形成の違い（もしくは共通点）について具体的な検討は出来ていない。本稿では異質なモノに対する人びととの情感を取り扱うといった視点から、両者を区別せずにここまで論じてきたが、それぞれの情感の違いによって記憶や共有化に差異がある可能性は否定できない。島の空間の位相をとらえ、場所性そのものの議論も深める必要もある。これらの点については関連の事例をさらに集積しながら考察を深めることとしたい。

残された課題は多い。場所と畏怖をめぐる問題について考察を続けていくことは、畏怖を巡る議論を拡充し、心意の領域への突破口として恐怖と笑いを挙げていた柳田が残した「宿題」に対峙することにもつながるのではないかと考えている。

〔付記〕

調査でお世話になりました皆さまに記して御礼申し上げます。

註

（1）本稿は二〇一三年十一月に開催された九州人類学研究会の秋セミナーのセッション「出来事と人々が織りなすもの――空間の成り立ちを巡って」（代表：長谷千代子）で行った個人発表「畏怖と場所に関する一考察――沖縄離島を事例に」の発表内容とセッションにおける議論を端緒にしている。貴重なご意見をいただいたセッションメンバーとオーディエンスの皆様へ改めて感謝申し上げる。セッション全体の内容は長谷によるレビュー［二〇一四］を参照のこと。

（2）「そんなことといってたら」といいながらも否定はしないBさんのような態度については、以前拙稿［後藤 二〇〇九］でフランスの呪術研究者ファヴレ＝サアダの「（A）といってもやはり（B）」をめぐる議論と柳田國男の「兆応禁呪」を用いて検討しているため繰り返しは避ける［後藤二〇〇九］。

（3）こうした取り組みは既に、小松が「今日の観点からいえばいろいろと問題はあるにせよ、柳田の『妖怪学』は妖怪研究の出発点だ」［小松二〇一五（二〇〇七）］と述べ、髙岡が「読み取るべきことは『定説』や『定義』ではなく、柳田が見出した『問題』なのだ。柳田に限らず先人たちが残した仕事を未解決の『問題』あるいは『宿題』として捉え直し、さらには、そこに書かれていないことを『発見』するとき、研究や創作の新たなステージが見えてくるはずである」［髙岡二〇一六 二一―二二］と言及されているように実践されている。

（4）一つ目は、信州の源原寺が廃寺になった際に、日頃から馬鹿者扱いされていた一人の少年が八丁のはばという崖の端に羅漢の泣く様子を見た逸話が語り継がれているという事例である。寺を追われよそに移ることを悲しむ羅漢が崖の上に出たのだろうという理解が皆にされたのではないかと柳田は記述している。二つ目は、同じく信州の松尾の部落の山畑で婿と畑打ちをしていた老翁が、前方の崖に曼荼羅がかかったのをみたというものである（婿は見ていない）。老翁は「やれ有り難や松ヶ尾の薬師」と叫び、それがきっかけで薬師堂が建てられたという［柳田一九九九（一九五六）二九四］（「幻覚の実験」）。

（5）『新版』で解説を行った赤坂憲雄は、『山の人生』で取り上げられた項目のいくつか（小豆飯・幽冥道の研究・異人同化・沖縄の例・穀物の味・米の飯・山の神と田の神・採り物・鼠の浄土・昔話・餅・山の神など）は、「あきらかに後年の柳田のなかで大きく成長を遂げていったテーマである」［赤坂一九九七 八三〇］と指摘している。

（6）柳田の著作論集はいくつか出版されているが、本稿では筑摩書房から一九九七年より順次刊行された新版の『柳田國男全集』（全三十六巻、別巻二）を用いている。以下、略して『新版』と記す。

（7）柳田は化け物と幽霊の違いを場所性の有無から次のように定義している。化け物は、①出現するところが定まっており、②「相手を択ばず。寧ろ平々凡々の多数に向つて、交渉を開かうとして居たかに見える」［柳田一九九九（一九五六）二五九］、③白昼でも四辺を暗くして出るもしくは宵と暁の薄明かりに出るという大きく分けて三つの特徴が指摘される。そして化物がよくあらわれる場所として行路・家屋・山中・水上の四つの場所を挙げている。なかでも「行路が最も多く、従つて漠然として居る」［柳田一九九九（一九五六）三八〇］という。一方幽霊は、①向こうからやってくる（出現するところが定まっていない）、②「彼に狙はれたら、百里も遠くへ逃げて居ても追掛けられる」［柳田一九九九（一九五六）二五八］というふたつの特徴を挙げ、幽霊の場所性を認めていない。これまで指摘されてきた通り［小松二〇〇一　四四六-四四七、高岡二〇一六　二〇-二一ほか］、この分類は間違っていると言わざるを得ないが、場所性への指摘が行われていたことは特筆すべきであろう。

（8）柳田の「兆応禁呪」のうち「応」の発想が、「占」に変わってきた経緯は関［一九九六、二〇〇六］が指摘しており以前拙稿で取り上げた［後藤二〇〇九　四九-五二］。

（9）姿を現わさない幽霊について、高岡は近世の人びとが善悪を判断するために手に入れた「霊」の可視化が、現代日本で失われていることを指摘している［高岡二〇一六　二三一-二三二］。

（10）カミヤーとは、ここでは仏壇を置くためのコンクリート造りの小祠を指す。家を取り壊した後仏壇を残す場合、仏壇を安置する場合にカミヤーが作られる。

（11）当時の関心は人びとのライフヒストリーや日常的実践にあったためキジムナーの話を企図して集めていたわけではない。

参考文献

赤坂憲雄　一九九七「解題　山の人生」『柳田國男全集　三』筑摩書房
アルヴァックス、モーリス　一九八九『集合的記憶』小関藤一郎訳、行路社
池田彌三郎　二〇〇四（一九七四）『日本の幽霊――身辺の民俗と文学』中公文庫

小松和彦　一九九四（一九八四）『憑霊信仰論』ちくま学芸文庫
小松和彦　一九九八「民俗社会の感性と生理」小松和彦・香月洋一郎（編）『講座日本の民俗学二　身体と心性の民俗』雄山閣
小松和彦　二〇〇一「幽霊　解説」小松和彦（編）『怪異の民俗学6　幽霊』河出書房新社
小松和彦　二〇一五（二〇〇七）『妖怪学新考――妖怪からみる日本人の心』講談社
後藤晴子　二〇〇九「民俗の思考法――とわかっている、でもやはりを端緒に」『日本民俗学』二六〇
後藤晴子　二〇一一「老いの安寧」『九州人類学会報』三八
後藤晴子　二〇一七『老いる経験の民族誌――南島で生きる〈トショリ〉の日常実践と物語』九州大学出版会
清水展　一九九〇『出来事の民族誌――フィリピン・ネグリート社会の変化と持続』九州大学出版会
諏訪春雄　一九八八『日本の幽霊』岩波新書
関一敏　一九九三『聖母の出現――近代フォーク・カトリシズム考』日本エディタースクール出版部
関一敏　一九九六「俗信論序説」『族』二七
関一敏　二〇〇六「呪術とは何か――実践論的転回のための覚書」『東南アジア・オセアニア地域における呪術的諸実践と概念枠組に関する文化人類学的研究』（平成十六年～平成十七年度科学研究費補助金研究成果報告書）八四－一〇五
高岡弘幸　二〇〇六「幽霊の変容・都市の変貌――民俗学的近・現代研究に向けての試論」『国立歴史民俗博物館研究報告』一三二
高岡弘幸　二〇一六『幽霊――近世都市が生み出した化け物』吉川弘文館
鶴見俊輔　一九六七「体験論」日高六郎・上山春平・作田啓一・多田道太郎・鶴見俊輔・橋川文三・安田武・山田宗睦（編）『シンポジウム　現代日本の思想――戦争と日本人』三省堂
長谷千代子　二〇一四「レビュー・エッセイ　二〇一三年度九州人類学研究会オータムセミナー報告　出来事と人々が織りなすもの――空間の成り立ちを巡って」『九州人類学会報』（電子版）四一：二－四

（https://sites.google.com/site/kyujinken/journal/journa140（2019.11.29））
宮田登　二〇〇二（一九八五）『妖怪の民俗学――日本の見えない空間』ちくま学芸文庫
宮田登　二〇〇七（一九九〇）「池袋の女」宮田登『宮田登　日本を語る一三　妖怪と伝説』吉川弘文館
宮田登　二〇一二（一九九一）『はじめての民俗学――怖さはどこからくるのか』ちくま学芸文庫
柳田國男　一九九七（一九二六）『山の人生』（『柳田國男全集　第三巻』所収）筑摩書房
柳田國男　一九九八（一九三四）『民間伝承論』（『柳田國男全集　第八巻』所収）筑摩書房
柳田國男　一九九八（一九三五）『郷土生活の研究法』（『柳田國男全集　第八巻』所収）筑摩書房
柳田國男　一九九八（一九四六）『笑の本願』（『柳田國男全集　第一五巻』所収）、筑摩書房
柳田國男　一九九九（一九五六）『妖怪談義』（『柳田國男全集　第二〇巻』所収）筑摩書房
吉本隆明　一九七〇『共同幻想論』河出書房新社
渡邊欣雄　一九九〇『民俗知識論の課題――沖縄の知識人類学』凱風社

柳田國男の妖怪研究
――「共同幻覚」を中心に

香川雅信

一 はじめに

昭和三一年(一九五六)に刊行された柳田國男の『妖怪談義』は、日本民俗学の学父御自らが著した妖怪研究の書物として広く知られている。実際に、柳田の書いたもののなかで最も入手しやすく、かつ長く読み継がれている著作であろう。また、コナキジジ、スナカケババ、ヌリカベ、イッタンモメンなど、水木しげるの漫画や妖怪図鑑に描かれた妖怪の多くが、この『妖怪談義』から採られたものであり、その意味では現代日本人の通俗的な妖怪観に大きな影響を与えた著作でもある。

この『妖怪談義』の重要な論点とされてきたのが、「妖怪は人々の信仰を失って零落した神である」という仮説、「零落説」である。だが、この説は現在では厳しい批判にさらされ、ほぼ否定されていると言ってもいいだろう。例えば小松和彦は、神から妖怪へという柳田の一方向的・一系的な変化の図式は、妖怪から神への変化、人間や動植物から妖怪への変化といった多様な可能性を排除しており、さらにこの考え方を突き詰めていくと、文化の発展の一段階において、妖怪が存在せず、神霊のみが信じられた時期があったことを仮定しなければならず、およそ現実離れした仮説であると切り捨てている。(1)

しかし、あらためて『妖怪談義』を読み直してみるとすぐに気づくことだが、この著作に収められた論考がすべて「零落説」に収斂するわけではない。実をいえば、『妖怪談義』は書かれた時期がかなり離れた短い論考やエッセイを、「妖怪」という題材で括り出して一冊の本にまとめたものであり、一貫した主張や論旨をそこに見いだすのはそもそも難しいのである。

柳田は、その民俗学的思考の最初期から、妖怪やそれに関連した話題に大きな関心を示し、さらに長きにわたってその関心を持続させてきた。しかし、柳田の妖怪研究と言えば、まず「零落説」、そして昭和一一年(一九三六)の論考「妖怪談義」のなかで披瀝された妖怪と幽霊との弁別基準が参照されるのみで、長きにわたったその研究の全体を俯瞰することは、なぜかなされてこなかった。そこで本稿では、柳田の妖怪研究を、その思想的文脈の中に位置づけ、それが柳田にとってどのような意義を持つものであったのかを検討してみることにしたい。

二　妖怪研究の三つの画期

まずは、『妖怪談義』に収録された論考を、初出の順に並べ替えてみよう。さらに、『妖怪談義』に収録されたもの以外の妖怪に関連した論考も含めて並べてみたのが**表1**である。『妖怪談義』には、明治四二年（一九〇九）から昭和一四年（一九三九）までの幅広い時期の論考が収録されているが、この表を見るとわかるように、明治四二年から大正六年（一九〇九～一七）までの時期と、昭和五～一四年（一九三〇～三九）の間に断絶があることがわかるだろう。この間の時期に発表された妖怪に関する論考の多くは、昭和九年（一九三四）に『一目小僧その他』としてまとめられている。つまり『妖怪談義』とは、柳田の妖怪に関する論考のうち、『一目小僧その他』としてまとめられたもの以外の「残余」の部分を寄せ集めた著作だったといえる。

もっとも、『一目小僧その他』以前と以後の論考を比べてみると、主たる関心もアプローチの方法も異なっている。そして、以前と以後の時期を分ける大正六年（一九一七）、昭和四年（一九二九）という年が、いずれも柳田が深くかかわってきた雑誌、『郷土研究』と『民族』がそれぞれ休刊を迎えた年であったという点で、柳田自身の学問の上で重要な画期であったと考えることができる。

つまりこの『一目小僧その他』、そしてその以前と以後という三つの時期は、柳田の妖怪研究のみならず、柳田の民俗学そのものの画期となっているのである。以下ではそれらを順に見ていくことにしよう。

表1 『妖怪談義』収録論文一覧（年代順）

題名	年代	その他関係論文	初出	
天狗の話	1909年3月		『珍世界』3	山人論の時代
己が命の早使ひ	1911年12月		『新小説』16-12	
	1913年3月	山人外伝資料	『郷土研究』1-1	
川童の話	1914年5月		『郷土研究』2-3	
山の神のチンコロ	1914年6月		『郷土研究』2-4	
	1914年7月	山島民譚集（一）		
ザシキワラシ（二）	1914年8月		『郷土研究』2-6	
山人の市に通ふこと	1914年8月		『郷土研究』2-6	
山男の家庭	1915年3月		『郷土研究』3-1	
呼名の怪	1916年1月		『郷土研究』3-10	
小豆洗ひ	1916年5月		『郷土研究』4-2	
一眼一足の怪	1916年11月		『郷土研究』4-8	
片足神	1916年12月		『郷土研究』4-9	
大人彌五郎	1917年1月		『郷土研究』4-10	
狒々	1917年3月		『郷土研究』4-12	
一つ目小僧	1917年3月		『郷土研究』4-12	
	1917年	山人考		
	1917年8月	一目小僧の話	『東京日日新聞』	供犠論の時代
	1918年1月	橋姫考	『女学世界』18-1	
	1918年9月	狸とデモノロジー	戸川残花編『たぬき』	
	1918年11月	幽霊思想の変遷	『変態心理』2-6	
ザシキワラシ（一）	1920年2月		佐々木喜善『奥州のザシキワラシの話』	
	1920年2月	おとら狐の話		
	1925年1～8月	山の人生	『アサヒグラフ』	
ひだる神のこと	1925年11月		『民族』1-1	
山姥奇聞	1926年6月		『週刊朝日』	
	1927年4月	ダイダラ坊の足跡	『中央公論』42-4	
	1927年11月	鹿の耳	『中央公論』42-11	
	1927年11月	目一つ五郎考	『民族』3-1	
狐の難産と産婆	1928年9月		『民族』3-6	
	1929年8月	熊谷彌惣左衛門の話	『変つた実話』	共同幻覚論の時代
かはたれ時	1930年11月		『ごぎょう』9-11	
おばけの声	1931年8月		『家庭朝日』1-6	
入らず山	1931年8月		『週刊朝日』	
盆過ぎメドチ談	1932年10月		『奥南新報』	
妖怪古意	1934年4月		『国語研究』2-4	
団三郎の秘密	1934年6月		『東北の旅』9-6	
川童の渡り	1934年10月		『野鳥』1-6	
妖怪談義	1936年3月		『日本評論』11-3	
幻覚の実験	1936年4月		『旅と伝説』9-4	
川童祭懐古	1936年6月		『東京朝日新聞』	
ぢんだら沼記事	1938年12月		『讃岐民俗』1	
妖怪名彙	1938年6月～39年3月		『民間伝承』3-10～4-6	
	1939年11月	狐飛脚	『動物文学』6-11	

（一）第一期：明治四二〜大正六年（一九〇九〜一七）：山人論の時代

まず柳田の中で「民俗学」という学問が明確な形を取るようになるそのはるか以前、その思考の出発点となったのは「怪談」への関心であった。明治三六年（一九〇三）、柳田は友人であった田山花袋とともに、博文館の「続帝国文庫」の一冊として『近世奇談全集』を編んでいるが、この時期の柳田は、近世の随筆や奇談集を貪るように読み漁っていた。明治三八年（一九〇五）に『新古文林』誌上に掲載された「幽冥談」で、柳田は「ほかの人は怖いという話でも、どこか昔話でも聞くような考えで聞いている。僕はもっと根本にはいって因《よ》って来たる所を研究しようという傾きを有《も》っているのです[2]」と述べ、「どこの国の国民でも皆なめいめい特別の不可思議を持っている。（中略）これらを研究していったならば一面に国々の国民の歴史を研究することができるであろうと思う。ことに国民の性質というものを一つ方法に依って計ることができるだろうと思う[3]」と述べている。多くの人が単なる「怖い話」としてしか聞かない奇談・怪談を、「国民の性質」を計り、また「国民の歴史」を知るための材料として位置づけるのである。ここにはすでに、のちの柳田民俗学の萌芽を見ることができるだろう。

もっとも、柳田の怪談研究の根本には、「神隠し」への関心があった。その最初の仕事である『近世奇談全集』に収録された奇談随筆には、いずれも「神隠し」の話が含まれており[4]、『遠野物語』の「神隠し」のエピソードも有名である。明治四三年（一九一〇）に『中学世界』に発表された談話「怪談の研究」では、「日本の如く俗に云う神隠し、女や子供の隠される国は世界中余りない。これが研究されて如何なる為めか解ったならさぞ面白いだろう[5]」と述べている。

こうした「神隠し」への関心は、柳田自身、幼少期に神隠しに遭いかけた経験を持っていたことに由来しているようだ。最初の体験は辻川（現・兵庫県神崎郡福崎町）にいた四歳の頃で、昼寝から目を覚ましたかと思うと、突然いないはずの「神戸の叔母さん」のもとへ行こうとして小一里もある遠方まで歩いていったという。(6) 二度目は一一歳の時で、母や弟とともに山へ茸採りに行き、同じ場所になぜか再び戻ってしまうという、いわゆる「狸惑わし」の状態に陥った。柳田は「此時の私がもし一人であつたら、恐らくは亦一つの神隠しの例を残したことゝ思つて居る」(7)と述べている。柳田は、神に隠されるような子どもには、他の子どもと違った気質、すなわち「神隠しに遭ひ易き気質」があると考えており、自分もまた「隠され易い方の子供」であったと述懐している。(8)

つまり一種の神秘的体験が、柳田の怪談研究の隠された動機だったのだが、「神隠し」への関心は、その後「山人」の研究へと展開していく。『妖怪談義』に収録された文章のうち最も古いものは明治四二年（一九〇九）の「天狗の話」だが、このなかで、神隠しなど「天狗」の所業とされてきたものは、山中に隠れ棲む先住民によるものであるという仮説が初めて開陳される。翌年の「山人の研究」以降、この山中の先住民は「山人」と呼ばれるようになっていくが、この後柳田は大正六年（一九一七）の「山人考」まで、「山人」の研究にのめり込んでいくのである。

この柳田の「山人論」については、多くの先行研究があるため、ここでは深入りはしない。ただ、この時期柳田自身が創刊し、編集に携わっていた『郷土研究』誌上を中心に発表された柳田の妖怪に関する論考は、その大半が「山人」研究、およびそこから派生的に見いだされた妖怪をめぐるものであったことを指摘しておこう。

(二) 第二期：大正六〜昭和四年（一九一七〜二九）：供犠論の時代

さて、大正六年（一九一七）になると、柳田の研究にいくつかの転機が訪れる。まず三月、『郷土研究』が第四巻第一二号をもって休刊となる。『妖怪談義』に収録された文章の半数近くが『郷土研究』に掲載されたものであったことを考え合わせれば、柳田はその研究にとって重要な発表媒体を失ったことになる。

そして同年一一月、柳田は日本歴史地理学会において「山人考」と題する講演を行う。これは、それまでの「山人」に関する研究の集大成であったが、この後しばらく柳田は「山人」について言及することをやめてしまうのである。その大きな理由の一つに、南方熊楠との決裂があった。南方は柳田と盛んに書簡を交わし、「山人」に関する多くの資料を提供していたが、「山人」を山中の先住民族とする柳田の説には当初より否定的で、大正五年一二月二三日付で柳田に送った書簡の一部が「諸君の所謂山男（書信一節）」として翌六年二月の『郷土研究』誌上に掲載された後、二人の交流は完全に途絶してしまう。知の先達として最も信頼を置き、敬意を払っていた南方の理解を遂に得られなかったことが柳田の意欲を大いに殺いだことは想像に難くない。

一方で、柳田は大正六年八月、『東京日日新聞』紙上に「一目小僧の話」の連載を開始する（のちに「一目小僧」のタイトルで『一目小僧その他』に収録）。一つ目小僧という妖怪については、柳田はすでに『郷土研究』誌上に「一眼一足の怪」「一つ目小僧」という二篇の論考を発表している。これらはいずれも山中の怪物がしばしば一眼一足であるとされることに触れており、「山人」研究から派生したテーマであることが窺える。

だが、この「一目小僧の話」において、それまでの「山人論」とは異なる重要な仮説が提示される。それは、「いづれの民族を問はず、古い信仰が新しい信仰に圧迫せられて敗退する節には、その神はみな零落して妖怪となるものである。妖怪はいはゞ公認せられざる神である」というものであった。[9]「妖怪＝零落した神」という、柳田の妖怪論において最も重要とされた考え方は、ここで初めて明言されたのである。[10]

しかし、「一目小僧の話」では、「零落説」と同時に、もっと大きな、しかも驚くべき主張がなされていたことを忘れてはならない。それは「人身供犠の実在」である。

曰く、一目小僧は多くの『おばけ』と同じく、本拠を離れ系統を失つた昔の小さい神である。見た人が次第に少なくなつて、文字通りの一目に画にかくやうにはなつたが、実は一方の目を潰された神である。大昔いつの代にか、神様の眷属にするつもりで、神様の祭の日に人を殺す風習があつた。恐らくは最初は逃げてもすぐ捉まるやうに、その候補者の片目を潰し足を一本折つておいた。さうして非常にその人を優遇し且つ尊敬した。[11]

一目小僧は、かつては一方の目を潰された神であったものが、人々の信仰を失い、その意味を忘れ去られて（すなわち零落して）妖怪となったものである――ここまでは、典型的な「零落説」の図式である。が、この論考はさらにその先へと読者を導く。一方の目を潰された神とは、神への生贄として選ばれ、そのために片目片足を傷つけられた人そのものであった、という驚くべき結論に。

「一目小僧の話」では、一眼一足の妖怪の伝承、神が片目を傷つけられた話、片目の魚の伝説などについて多くの事例が紹介されている。しかしそれらの事例がいくら豊富でも、それだけでは前述のような結論には至らない。ここには事例からの帰納ではなく、ジェームズ・フレイザーやジョージ・ローレンス・ゴムなどのイギリス民族学の影響がはっきりと見られるのである。

柳田は「記録上の御霊には戦場か刑場か牢獄の中で死んだといふ人ばかりだが、その今一つ前の時代の文化の幼かつた社会では、入用に臨んで特に御霊を製造したらしいことは、片目の突傷といふ点からも想像し得られるのである」[12]と述べている。「御霊の製造」とは、故意に「若くて不自然に死んだ人のミタマ」を作ること、つまり人を殺してその霊を神に祀り上げることを意味している。これはまさに、「一目小僧の話」における仮説の根幹を成すアイデアであるが、これについては、大正七年（一九一八）の「橋姫考」（「橋姫」のタイトルで『一目小僧その他』に収録）の中で再び言及されている。この論考は、橋の女神にまつわる伝説やウブメという妖怪の伝承などを材料として、妬み深い神を橋などの境界に祀って外部からの脅威を退ける信仰の存在を示唆したものだが、その中で柳田は「ゴンムの『英国土俗起原』やフレエザーの『黄金の小枝』などを見ると、外国には近い頃まで、この神霊を製造するために橋や境で若い男女を殺戮した例が少なくない」[13]と述べている。つまり、「御霊の製造」の観念は、ジェームズ・フレイザーの『金枝篇』（*The Golden Bough*）や、ジョージ・ローレンス・ゴムの『英国土俗起源』（*Folk-Lore Relics of Early Village Life*）などの民族学の書物から得たものであったことが窺い知れるのである。[14]こうした「御霊の製造」の問題は、大正九年（一九二〇）の佐々木喜善の著作『奥州のザシキワラシの話』に寄せた巻末の文章（のちに「ザシキワラシ（一）」のタイトルで『妖怪談義』に収録）や、同年の早川孝太郎との共著『おとら狐の話』のなかでも触れられており、この時期の柳田の研究において重要な位置を占める仮説であったことがわかる。

「御霊の製造」ばかりではなく、柳田はこの時期、神霊の恐ろしい側面に注目していた。例えば大正七年（一九一八）の「幽霊思想の変遷」では、「目に見えぬ亡霊の親族古旧の身に縋つて、再び元の家に戻る事を忌んだが故に、粗末なる竹串にタマを依らしめて、最も交通の自在なる道の巷に欺して置いて来た」[15]などの事例を元に、かつての日本人にとって死者の霊は親しい家族にすら厭われる忌まわしい存在であったと考えた。これに関しても、柳田が昭和三年（一九二八）に長野県下水内郡飯山の飯山中学校でおこなった「妖怪変化」という講演の中で、盆や正月一五日に死者の霊を追い払う習俗を例に挙げて「これはどの国の文明にもある過程で、多くの人の死ぬ時の苦しい顔つきは大変恐ろしい。死相は確かによいものではない。それが幽霊の源かも知れぬと、フレーザーがいっている」[16]と語っていることからわかるように、死者の霊を恐ろしいものと見る当時の柳田の考えの源泉は、フレイザーに代表されるエスノロジーの諸説にあった。つまりこの時期は、柳田にとってエスノロジーの影響が最も強かった時期といえる。

（三）第三期：昭和四～一四年（一九二九～三九）：共同幻覚論の時代

そして、二度目の転機が昭和四年（一九二九）に訪れる。前述したように、雑誌『民族』の休刊という出来事が、それを象徴するものとしてある。『民族』は大正一四年（一九二五）に創刊された雑誌で、柳田のもと岡正雄ら、のちの日本民族学会設立の主要メンバーとなる若い人文学徒がその中心となっていた。しかし、編集方針をめぐって柳田と岡らエスノロジー派の人々との対立が深まり、結果『民族』は休刊、直後に『民族』の中心を担ったメンバーによって民俗学会が設立され、その機関誌として『民俗学』が創刊されるが、それらに柳田はまったく参加していない。この時期、柳田は完全に孤立していたのである。

しかし、のちの柳田民俗学の確立につながる重要な研究史上の転換が見られたのはまさにこの時期であった。同じ昭和四年に発表された「葬制の沿革について」は、死霊に対する恐怖、すなわち御霊信仰が日本人の霊魂観の根幹にあるとするそれまでの立場から、むしろ死者の霊は子孫に恩恵を与える「祖霊」として日本人の神観念の基盤を形作っていると考える立場、すなわち祖霊信仰を重視する立場へと柳田の思想が転換していくターニング・ポイントとなった論考として重要な意味を持っている。[17]また、折口信夫が「昭和四年は、方言研究が盛んになる口火をきつた年である。第一に、柳田先生の研究やその情熱の中心が今、ここに集注してゐる様に見えた」[18]と述べているように、柳田が方言の研究、より正確に言うなら「民俗語彙」の収集に力を注ぐようになるのもこの時期であった。

とりわけ後者は、柳田が民俗学を実証科学として位置づけるため、帰納的方法をより重視するようになっていったことを示すものとして注目される。昭和一〇年（一九三五）の『郷土生活の研究法』で柳田は「できるだけ多量の精確なる事実から、帰納によって当然の結論を得、かつこれを認むることそれがすなわち科学である」[19]と述べているが、より多くの事実を収集するために柳田は「ことば」に注目したのである。同年の『産育習俗語彙』にはじまる各種民俗語彙集の相次ぐ刊行は、そうした柳田の「民俗語彙」収集に傾けた情熱を物語っている。

なお、これらの研究史上の転換の背景には、エスノロジーの学説から大きな影響を受けていたことに対する反動があるようにも思える。昭和一三年（一九三八）の「セビオの方法」のなかで、柳田は「言葉によって一国の民間伝承を採集し保存し、比較し又整理するといふ我々の方法は、今日の所謂民族学と、日本民俗学とを区別する、最も明瞭なる目標と思はれる」[20]と述べている。「御霊信仰」に対する「祖霊信仰」、そして「民俗語彙」の収集は、日本民俗学をエスノロジーから差異化する「土着」の方法論として構想されたものだったと考えることができるだろう。

妖怪研究について見れば、黄昏時を各地方で何と呼んでいるかという点から日本人の他者に対する心意に迫った「かはたれ時」(昭和五年)や、お化けの地方名からその原初的なイメージを明らかにしようとした「おばけの声」(昭和六年)、「妖怪古意」(昭和九年)、そしてこれらの研究の成果を総合して妖怪というものの本質に迫った「妖怪談義」(昭和一一年)などの論考は、いずれもこの時期の「民俗語彙」の集積から帰納するという方法が活かされたものである。だが、この時期の柳田がもっとも熱心に取り組んだのは、日本人の「共同幻覚」に関する語彙の収集であった。

「共同幻覚」というのは柳田自身の用語で、昭和一三年(一九三八)の「夢と文芸」(『口承文芸史考』所収)のなかで、「たとへば荒海の船の中で、又は深山の小屋に宿して、起きて数人の者が同じ音楽や笑ひ声を聴き、又はあやかしの火を視ることがある」ことについて触れ、「自分は夙くから是を共同幻覚と呼んで居る」[21]と述べている。「夙くから」と言っているのは、大正六年の「山人考」のなかで「所謂アリュシナシオン・コレクチーブ」という言葉を使っていることを指すのだろう。hallucination collective、すなわち「共同幻覚」である。「山人考」では、「天狗倒し」や「天狗笑い」、「本所の馬鹿囃子」などの怪音の事例を挙げ、次のように述べている。

常は聴かれぬ非常に印象の深い音響の組合せが、時過ぎて一定の條件の下に鮮明に再現するのを、其時又聴いたやうに感じたものかも知れず、社会が単純で人の素養に定まつた型があり、外から攪乱する力の加はらぬ場合には、多数が一度に同じ感動を受けたとしても少しも差支へは無いのであリますが、問題はたゞ其幻覚の種類、之を実験し始めた時と場処、又名づけて天狗の何々と称するに至つた事情であります。(22)

幻覚はただ個人にあらわれるだけではなく、複数の人間が同時に同じ幻覚を体験することがある。それが「共同幻覚」であるが、問題はその幻覚の種類、すなわちどのような幻覚を体験したか、そしてそれを体験した時と場所、何ゆえにそれを「天狗の何々」と称するに至ったか、であるという。つまり「共同幻覚」に見られるパターンを把握し、そうした幻覚を成型した文化的条件を明らかにすべきだということであろう。

昭和六年(一九三一)の「入らず山」(『妖怪談義』所収)のなかで、柳田は「私が今集めてゐるのは天狗笑ひ、天狗倒しの類、または木伐り坊などと称して、斧を打ち鋸を挽く音が長い間きこえ、或は数多の人の話し声笑ひ声、それから雪の深い高山の峰から、笛太鼓の音がきこえるなどといふのも、会津の御神楽岳のみで無かつた。意味が深いと思ふのは一村数十人の者が、我も人も同時にこの幻覚を起すことである」(23)と書いており、この時期、「共同幻覚」の事例を積極的に収集していたことがわかる。こうした「共同幻覚」の収集の成果が形になったのが、昭和一三年(一九三八)六月から翌一四年三月まで『民間伝承』誌上に連載され、のちに『妖怪談義』の巻末に収録されることになる「妖怪名彙」であった。

「妖怪名彙」は、「シヅカモチ」「タタミタタキ」などの妖怪の名称を見出しに掲げて民俗学の雑誌などに報告された事例を紹介したもので、明らかにそれまで柳田が手掛けていた『産育習俗語彙』『婚姻習俗語彙』『分類農村語彙』『分類漁村語彙』などの各種民俗語彙集と同種の試みであったが、一般には日本民俗学の学父・柳田國男自身の手になる「妖怪辞典」として受け止められてきた。しかし、この「妖怪名彙」を「妖怪辞典」として読もうとする時、そこに若干の違和感を覚える者は多いのではなかろうか。

例えば、妖怪と言えば多くの場合一種の超自然的「存在」を指すものと考えられているが、「妖怪名彙」のなかで妖怪として列挙されているのは、そのほとんどが何らかの怪しい「現象」なのである。まず、「シヅカモチ」「タタミタタキ」といった「音の怪異」の紹介から始まっているが、ここでは「タヌキバヤシ」と「カハツヅミ」が挙げられていることに注目してみたい。これらはそれぞれ狸や河童が起こすとされた「音の怪異」であるが、「妖怪辞典」であるのなら、狸や河童から独立してこれらの項目が立てられるのはおかしいということになる。そもそもよく知られた妖怪であるはずの「タヌキ」や「カッパ」の項目はないのだ。だが、いったんこれを「妖怪名彙」として読むのをやめ、「共同幻覚」のさまざまなパターンを列挙したもの、すなわち「共同幻覚語彙」として読むならば、実にすんなりと理解することができるのである。

「妖怪名彙」の各項目は、明確に分類されているわけではないのだが、「シヅカモチ」から「コソコソイハ」までは「音の怪異」、「オクリスズメ」から「シャクシイハ」までは「路上の怪異」、「ヒトリマ」から「カネノカミノヒ」までは「火の怪異」、「ヤギヤウサン」「クビナシウマ」は「行幸する怪異」としてゆるやかに括ることができる。このうち「路上の怪異」はさらに細かく「後をついてくる怪異」「足に絡みつく怪異」「転がってくる怪異」「上から下がってくる怪異」「行く手を遮る怪異」「伸び上がる怪異」「呼びかける怪異」に分類することが可能であり、いずれも感覚的なものへの訴え方による分類になっていることに注目したい[24]。また「音の怪異」「火の怪異」は、柳田が「共同幻覚」の事例として早い時期から関心を抱いていたものであった。

『民間伝承』誌上で「妖怪名彙」の連載が開始された頃の状況を見てみれば、その文脈がより明らかになるように思われる。連載開始直前の『民間伝承』第三巻第九号に、群馬県の仲木山における「音の怪異」について報告した小山長四郎の「天狗の囃し」という記事が載る。その次号の「問題と感想」の欄に、柳田は「この共同幻覚の問題は心理学上重要なものである。日本人の共同幻覚の感受性はたしかに非常に強いものである」という感想を寄せているが、この号から「妖怪名彙」の連載は始まるのである。つまり「妖怪名彙」は、「天狗の囃し」という「共同幻覚」に関する報告に刺激された形で開始されたものと考えられるのである。

こうした「共同幻覚」として妖怪を捉える視点で『妖怪談義』を見なおしてみた時、そこに「幻覚の実験」という奇妙な文章が収録されている理由もおのずから明らかになるだろう。これは柳田が布川（現・茨城県筑西市）の兄の家で暮らしていた一四歳の時に経験した神秘的体験を吐露した文章である。家の庭にある小さな石の祠の前を掘り返していた柳田は、土中に磨いたように美しい寛永通宝を発見した直後、真昼の青空に数十の星を見るという一種の幻覚を体験する。柳田はその告白に続けて、「もし私ぐらいしか天体の知識をもたぬ人ばかりが、あの時私の兄の家にいたなら結果はどうであったろうか。（中略）不思議は世の中にないとはいえぬと、考えただけでもこれをまに受けて、かつて茨城県の一隅に日中の星が見えたということが、語り伝えられぬとも限られぬのである[25]」と述べた後、一人の老人が崖の上に曼陀羅を幻視したことがきっかけとなって薬師堂が建立された話など、個人の幻覚が幻覚として片づけられず、共同体の伝承となっていった事例を挙げる。それらはまさに「共同幻覚」について述べたものであるが、興味深いのは、それを自らの神秘的体験と絡ませて論じている点である。柳田の体験は、いわば「共同化されそこなった幻覚」であったが、それを個人的な体験として片づけるのではなく、社会と共有できる意味を見いだそうとしたのが、この「幻覚の実験」という論考ではなかっただろうか。それは自らの「共同化されそこなった幻覚」を、民俗学という営為のなかで再び「共同化」する試みだったと言うこともできよう。

三 「共同幻覚」探究の意味

柳田が自らの民俗学の方法論について述べた『郷土生活の研究法』のなかで、民俗資料は第一部「有形文化」・第二部「言語芸術」・第三部「心意現象」の三部門に分類され、そのなかでも第三部「心意現象」の解明こそが「我々の学問の目的」であり、第一部と第二部はそれに到達するための「途中の階段」とされている。[26]そして、それまでに採集された約一万七千の民俗語彙のうち、第三部に属するのはわずか一割足らずで、「その中で妖怪について約二百、次に天然の霊地たとえば沢とか森とか社その他のものに関するものが約百か百五十ばかり、それと憑物に関するものが相応あるばかり」[27]であるという。すなわち、妖怪は柳田が民俗学の目的として最も重視した「心意現象」のなかで大きな部分を占めていたのである。

この時採集されていた妖怪の事例が数年後に「妖怪名彙」として発表されたことを考えれば、その大半は「共同幻覚」の事例であったと考えられる。昭和二七～八年（一九五二～五三）頃に柳田が構想した民俗学の「教本」の素案のなかでも、幻覚の問題は大きく取り上げられており[28]、柳田が「共同幻覚」の問題を重要視していたことがわかる。だが、現在の民俗学のなかに、「共同幻覚」への関心はまったく継承されていない。それどころか、柳田の思想について語られるなかでさえ、「共同幻覚」の問題に触れられることはほとんどないのである。蜃気楼にも似た「狐の森」「狐の館《たて》」などと呼ばれる幻や、「狐の嫁入」「狐火」などの怪火の事例を手がかりに、かつての日本人が狐という動物に対して抱いていた神秘的な観念とその変遷をたどろうとした「狐飛脚」(『狐猿随筆』に収録)を数少ない例外として、まとまった論考に結実しなかったことが、その理由の一端でもあるだろう。

しかし、なぜこの時期に柳田が「共同幻覚」に大きな関心を寄せたのか、あらためて考えてみる必要があるだろう。福田アジオによれば、柳田が「それまでの二十年間専ら自分の個人的な関心に沿って自己流に研究してきた民俗学を、社会的に承認された体系性をもった一つの学問として完成させようとした」のが一九三〇年代であり、「そこには、日本社会にたいする危機感とそれの解決に貢献しようとする強烈な使命感があった」という。第一次世界大戦後の慢性的不況、そして昭和四年(一九二九)に起こった世界恐慌は、日本の農村を壊滅的な状況に追い込んだ。もともと農政学者であった柳田はそうした状況を前に、なぜ農民は貧しいのかを歴史的に究明しなければならないと考え、それを担う学問として民俗学を位置づけようとした[29]。昭和九年(一九三四)の『民間伝承論』、一〇年の『郷土生活の研究法』といった民俗学の体系化を目論んで著された著作には、そうした問題意識が顕著に表れている。例えば『郷土生活の研究法』のなかで、柳田は次のように言っている。

今の農村の動揺苦悶の底にも、善し悪しは別として、古い信仰の名残のあることは、これを認めずにはおられぬであろう。切って棄てるにせよ、はた堅く守って放たないにせよ、それを確めるためには我々の通ってきた過程を知っておらねばならぬ。[30]

室井康成は、柳田國男の民俗学とは多くの人々がイメージするように日本固有の伝統的な文化を再発見するといったような「牧歌的」なものではなく、むしろそうしたものを個人の自律的な判断を妨げ、日本の真の近代化を阻害する要因と見なし、それら「民俗」の拘束を客観化・相対化するための実践としてあった、と主張する。[31] この主張は民俗学の内部からは強い反発を生み出したが、[32] 少なくとも昭和初期以降においては、先の引用からも窺えるように、人々の思考を拘束する前近代的な要因を自ら知ることによって、現在のさまざまな窮状に対して解決の方途を指し示すことができる、そのための学問として民俗学はある、と柳田が考えていたことは明白である。

柳田は『民間伝承論』のなかで、「自分は十数年前から妖怪の種類を集めてみようとして注意しているが、集った名称は相当に多い。（中略）なお似たものを全国的に集めてみるならば、前代の人々が何に怖れ、何に威力を感じていたかということも、自らわかって来ると思う」[33] と述べている。『妖怪談義』の序文にある「我々の畏怖といふものゝ、最も原始的な形はどんなものだつたらうか」[34] という問いはまさにこれであった。つまり妖怪とは、柳田にとって日本人の不安や恐怖、あるいは畏怖というものが拠って来たるところを知るための材料であったが、それを探究するという営為の裏側には、そうした前近代に由来する不安や恐怖から人々を解放したいという、いわゆる「経世済民」の思想があったように思われるのである。

実は、昭和三年（一九二八）の講演「妖怪変化」のなかで、柳田はかなりあからさまにそうした考えを表明している。

国家の急務は、無形なる拘束を受けて悩んでいる人を救うにある。迷信を捨てよ、お化けなど考えるなということは大切である。

しかしながら、ただ声を大きくしても彼等の持つ不安をの《ママ》除かない限りは駄目である。かかる不安を抱かせないような安心の状態に置かなければならぬ。不安になれば何かに頼らねばならぬ。頼るものがないから、淫祠邪教の信仰になるのである。[35]

不安から生じる「迷信」「お化け」は、「無形なる拘束」として人々を悩ませている。そうしたものから人々を救うのが「国家の急務」だと柳田は言うのだが、これは一見、柳田が批判した井上円了の「妖怪学」に近いもののようにも見えてしまう。しかし柳田は「井上円了式に説くのは間違っている」と言う。柳田は円了のように、妖怪は迷信だ、心の迷いだ、と頭ごなしに否定はしない。ただそれに関する事実を収集し、それらに通底する内的な論理を析出しようとする。柳田はそうした実践を農村の人々（柳田の言う「常民」）自身が行うことによって、それらを相対化し、その拘束から自由になることができる、と信じていたのである。

また柳田は、妖怪は個人現象ではなく「社会現象」「集合現象」であるため、「個人教育から入っても駄目で、社会改革から考えてゆくべきである」[36]と言う。その事例として柳田が挙げているのが、馬鹿囃子、偽汽車、天狗倒しなどの「共同幻覚」なのである。これに関して、柳田は次のように言っている。

これは、大勢いると中に一人はっきり、強く聞く。他の者は「そうだろう」といわれると否定せずに引き込まれる。（中略）雪女や一つ目小僧をみてもそうだろうと言われると、印象が即座に暗示を与えられて、はっきりそう思ってしまう。

はっきりしない印象を持っている者は、強く印象を持った者にはっきり、強く言われると、そう感じてしまう。これが重なり重なって濃厚になっていく。

狸の夜汽車でもみんなで聞く。天狗倒しは昔からあると思っている。

異常な感覚があるのである。共通な記憶から共通な経験が起こってくるのである。何千年も昔から同じ宗教的な雰囲気に育ったものだから、そうなるのはもっともである。[37]

その具体的な事例と言えるものが、大正一四年（一九二五）の「妹の力」のなかで紹介されている。東北のある山村で、六人の兄弟が同時に発狂して土地の人々を震撼させた事件があった。末は一三歳の妹で、他の五人はその兄であったが、兄たちは皆、妹の幻覚や妄想を共有し、「例へば向ふから来る旅人を、妹が鬼だと謂ふと、兄たちの眼にもすぐに鬼に見えた。打殺してしまはうと妹が一言謂ふと、五人で飛出して往つて打揃つて攻撃した」という。柳田は「仮に此等の狂人が今少しく平和なものであつて、鬼を見る代りに神仙を見、乃至は著聞集の狩人が箭をつがへて射たと云ふ如き、三尊来迎の御姿を見たのであつたらどうであらうか」と問いかけ、そこに信仰の発生の契機を見ている。[38]これは、先に紹介した「幻覚の実験」でも見られた視点である。そして柳田は、「現代の個人はめい〳〵勝手次第の、生存を巧んで居るつもりで居るか知らぬが、流行や感染以上に昔からの隠れた力に、実はまだ斯うして折々は引廻されて居るのである」[39]と述べ、それを問題視していることを臭わせている。

柳田はその「民俗学教本案」のなかで、「共同幻覚は同居生活、群の生活の結果か」[40]と述べている。昭和六年（一九三一）の『明治大正史世相篇』のなかでは、こうした「群」としての日本人の行動様式が徹底的に批判されている。御蔭参り、十姉妹《じゅうしまつ》・万年青《おもと》の流行、そして選挙。とりわけ選挙の問題は、柳田自身が朝日新聞の論説委員としてその実現に向けて力を尽くした普通選挙制度が、結局のところ有権者たる人々が一人ひとり自らの意志や考えに基づいて投票を行うのではなく、共同体における人間関係のしがらみや、決断を一部の力のある人間に委ねるのが安全な方途と考える気質から、個人ではなく「選挙群」としてふるまってしまったことにより、本来の機能を果たしていないという危機感から、まるまる一章分を費やして論じている。

そして実は、この『明治大正史世相篇』のなかでも、山神楽、天狗倒し、偽汽車といった「共同幻覚」の問題が取り上げられ、次のように述べられている。

我々の同胞の新事物に対する注意力、もしくは夫から受けた感動には、是ほどにも己を空しうし、推理と批判とを超越せしめるものがあつたのである。其後余りにも頻繁なる刺戟の連続によつて、この効果は頗る割引せられることになつたが、尚言論の如きは音声の最も複雑にして又微妙なるものである。是が今までさういふ形式を知らなかつた人々を、実質以上に動かし得たのも已むを得なかつた。[41]

ここで「言論」が「共同幻覚」と同じ次元で扱われていることに注意すべきであろう。ここで問われているのは「言論」の中身ではなくその「形式」、いわゆる「声の大きな」もっともらしい意見に流されがちな日本人の気質である。

つまり柳田にとって「共同幻覚」の探究とは、「共同幻覚」がいかなる信仰や不安・恐怖により生み出されたのかを探るのと同時に、日本人がどのような条件のもとでたやすく共同の感覚に陥ってしまうのかを見極めようとしたものではなかっただろうか。そして柳田は、その拘束を脱するには「個人教育」ではなく「社会改革」が必要だと考えていたのである。しかし、時代はそうした柳田の考えとはまったく逆に、全体主義的な傾向を強めていき、泥沼の戦争へとなだれ込んでいくのである。

四 「零落説」再考

このように柳田が、一種の「社会問題」として妖怪を考えていたというふうに捉えなおしてみると、いまや陳腐なものとすら思われる「零落説」も、まったく別の相貌を見せはじめる。

以前から気になっていたのだが、柳田が「零落説」について述べている文章を読んでいると、やや奇妙なこだわりのように見える部分がある。それは、妖怪によって怖い目に遭わされるのは、決まってそれを否定しようとした人間であった、という一節である。例えば昭和九年（一九三四）の「妖怪古意」では次のように述べられている。


人に恨みを含み仇を復せんとする亡魂は別として、その他のおばけたちは本来は無害なものであつた。こはいことは確かにこはいが、きやアといつて遁げて来れば、それで彼等の目的は完了したやうに見える。単に化物などといふものはこの世に無い筈といつたり何がこはいなどと侮つたりする男が、ひどい目に遭はされるだけである。（中略）目的は要するに相手の承認、乃至は屈伏にあつた。それ故に通例は信仰の移り変りの際に、特にこの種の社会現象が多いものと、昔からきまつて居るのである。[42]

柳田が指導する郷土生活研究所が、日本学術振興会の援助を得て昭和九年五月から一二年四月にかけて行った「山村調査」（正式名称「日本僻陬諸村に於ける郷党生活の資料蒐集調査並に其の結果の出版」）では、柳田により百の質問項目が設定されたが、その一つに「世の中に不思議な事は無いと威張って居て、ひどい目にあったという話はありませんか」という項目がしっかり入っていることからも、これは柳田が特に注意していた点であったことが推察される。

「民俗学教本案」のなかでも「妖怪心理。否認軽蔑されるものは害をうける」と記され、「カハソが人をだましに水辺に出る。カタンとかジャボンとか音をさせたら『たまげた』といふべきものだ。いはぬと誑かされる（伊予魚島）」という事例が引かれている。興味深いのは、その直後に「このやうな問題は現代と関係つけてでないと効少なし」と記されていることだ。[43]こうしたものが「現代の問題」となり得るというのは、どういうことか。

そのヒントは、この記述の直後に掲げられた項目のなかにあるように思われる。

○罵言も呪術。弱みをみせないこと。クチナハ、クソヘビ、クチハメの類、クソハメ、クツサメ。外道の逆恨み。可愛さうだと思ふな。猫を殺すとき可愛さうだと思ふと祟る。[44]

「可愛さうだと思ふと祟る」ということと、「たまげた」と言わないとカワソ（獺）にたぶらかされる、ということとの間には、ある共通した心意がある。それは自らが行う行為に対する罪悪感や後ろめたさなどから来る不安である。いわばこの不安によって、人は自ら幻覚に陥ったり、あるいは「祟り」を受けたと思い込むのである。これこそが妖怪の信仰を支えるものであると、柳田が考えていたらしいことは、「妖怪談義」の次の文章からもわかる。

信仰は世につれて推し移り又改まるが、それが最初から何も無かつたのと異なる点は、かういふ些細な無意識の保存が、永い歳月を隔てゝなほ認められることである。その中でも殊に久しく消えないものは畏怖と不安、見棄てゝは気が咎めるといふ感じではなかつたかと思ふ。(45)

「見棄てゝは気が咎める感じ」、罪悪感や後ろめたさにも似たその感覚が、古い信仰を元の姿が忘れ去られながらも存続させてきたのである。そして、妖怪を否定する人間にはこの感覚があるために、かえって自ら妖怪に遭遇することとなり、逆説的にその信仰の存続に加担することになる、と柳田はそう考えていたのではないか。それが「信仰の移り変り」に際して生じる「社会現象」であった。だとすると、柳田の「零落説」は、古い信仰が忘れ去られ、形を変えて妖怪になる、という点よりもむしろ、元の意味が忘れ去られ形を変えてもなお、古い信仰が残り続けているのはなぜかを問うことに重点が置かれていたのではないだろうか。だからこそそれは「現代の問題」となり得たのだ。

柳田は最晩年の昭和三五年（一九六〇）、「日本民俗学の頽廃を悲しむ」という題で知られる講演を行い、「お化けの研究」などの趣味的な研究に民俗学徒たちがうつつを抜かしている現状を痛烈に批判したとされている[46]。だが、『妖怪談義』がやはり晩年の昭和三一年（一九五六）に刊行されていることを考えると、問題は「お化けの研究」それ自体ではなかったことは明白である。柳田にとって「お化けの研究」は、人々を自律的な思考から遠ざける「古い信仰」の拘束からの解放という、経世済民的な意図を持っていた彼自身の民俗学の最も重要な部分だったのである。

註

（1）小松和彦『憑霊信仰論』ありな書房、一九八四年、二〇九－二一一頁、同『妖怪学新考』小学館、一九九四年、一五六－一五七頁。
（2）柳田國男「幽冥談」『文豪怪談傑作選　柳田國男集　幽冥談』（東雅夫編）筑摩書房、二〇〇七年、一一五頁。
（3）同、一一六－一一七頁。
（4）『新著聞集』第十「壮士童を引て谷に入る」、『老媼茶話』「天狗」、『想山著聞奇集』巻の五「天狗に連行れて鉄砲の妙を得来りし者の事」、『三州奇談』巻之二「幽冥有道」が、いずれも「神隠し」に遭った者が戻ってきたという話である。
（5）柳田國男「怪談の研究」『文豪怪談傑作選　柳田國男集　幽冥談』一三頁。
（6）柳田國男「故郷七十年」『定本柳田國男集別巻第三』筑摩書房、一九七一年、一四八頁。
（7）柳田國男「山の人生」『定本柳田國男集第四巻』筑摩書房、一九六八年、八〇－八一頁。
（8）同書、八〇頁。
（9）柳田國男「一目小僧その他」『定本柳田國男集第五巻』筑摩書房、一九六八年、一二五頁。

（10）それ以前、例えば大正三年（一九一四）の『山島民譚集』においては、河童と水神の共通性について指摘しながら、「本来一ツノ神ノ善悪両面ガ双方ニ対立分化シタルモノト解スルモ必ズシモ不自然ナラズ」と、「零落」とはやや異なる「分化」という図式を描いている。そもそも『山島民譚集』は、それを読んだ佐々木喜善が「唯カッパが猿となりしやうにザシキワラシの神聖も地に墜ちはせずやと懸念に存じ候」（佐々木繁「山島民譚集を読む」『郷土研究』第二巻第八号、一九一四年、郷土研究社、四九二頁）と慨嘆したように、むしろ河童と猿との共通性を指摘することに重点が置かれていた。

（11）柳田國男「一目小僧その他」、一五一－一五二頁。

（12）同、一五〇頁。

（13）同、二二九頁。

（14）ここで柳田が言及している『英国土俗起源』がゴムの一八八三年刊の著作 *Folk-Lore Relics of Early Village Life* であることを突き止めたのは髙橋治である。この著作では、*Foundation Sacrifice* すなわち「人柱」について一章が割かれている。ちなみに柳田はこの著作を新渡戸稲造から借りて読んでいたらしい。髙橋治「柳田国男におけるG・L・ゴンム受容の一断面――大正中期の〈供犠〉論の変容と関連させて」『柳田国男の学問は変革の思想たりうるか』（柳田国男研究会編）梟社、二〇一四年参照。

（15）柳田國男「幽霊思想の変遷」『定本柳田國男集第十五巻』筑摩書房、一九六九年、五六七頁。

（16）大月松二「柳田国男講演『妖怪変化』筆記（昭和三年六月十一日）」『伊那民俗研究』第一六号、柳田國男記念伊那民俗学研究所、二〇〇八年、五五－五六頁。

（17）森岡清美「補論　柳田民俗学における先祖観の展開」『家の変貌と先祖の祭』日本基督教団出版局、一九八四年。また影山正美は、こうした「御霊」から「祖霊」へという柳田の「カミ観の修正」において、「修正」前のカミ観が西洋のパガニズム（原始宗教）研究をなぞったものであることを指摘している。影山正美「柳田国男におけるカミ観の『修正』問題――『人神考序説』（昭和二十七年）を手掛かりに」『柳田国男の学問は変革の思想たりうるか』（柳田国男研究会編）梟社、二〇一四年参照。

（18）折口信夫「旧年中の民俗学徒の為事」『民俗学』第二巻第一号、一九三〇年、五二頁。

(19) 柳田國男「郷土生活の研究法」『柳田國男全集28』筑摩書房、一九九〇年、九二頁。
(20) 柳田國男「セビオの方法」『定本柳田國男集第二十九巻』筑摩書房、一九七〇年、二九二頁。
(21) 柳田國男「口承文芸史考」『定本柳田國男集第六巻』筑摩書房、一九六八年、一三二頁。
(22) 柳田國男「山の人生」、一八二頁。
(23) 柳田國男「妖怪談義」『定本柳田國男集第四巻』筑摩書房、一九六八年、三八二頁。
(24) 柳田は「分類には二つの計画を私はもつて居る」として、「出現の場所によるもの」そして「信仰度の濃淡によるもの」の二種類の分類案を提示し、「耳とか目とか触感とか、又は其綜合とかにも分けられるが、それも直接実験者には就けないのだから、結局は世間話の数多くを、大よそ二つの分類案の順序によって排列して見るの他は無い」と述べているが、実際の配列は「耳とか目とか触感」といった感覚的なものに基づいておこなっているように思われる。
(25) 柳田國男「妖怪談義」、三三〇頁。
(26) 柳田國男「郷土生活の研究法」、二一四頁。
(27) 同書、二四四頁。
(28) 柳田為正・千葉徳爾・藤井隆至編『柳田国男談話稿』法政大学出版局、一九八七年、一七五－一七八頁。
(29) 福田アジオ「解説」『柳田國男全集28』筑摩書房、一九九〇年、六三一－六三二頁。
(30) 柳田國男「郷土生活の研究法」、九五頁。
(31) 室井康成『柳田國男の民俗学構想』森話社、二〇一〇年。
(32) 永池健二「書評　室井康成著　柳田國男の民俗学構想」『日本民俗学』第二八二号、日本民俗学会、二〇一五年。
(33) 柳田國男「民間伝承論」『柳田國男全集28』筑摩書房、一九九〇年、四九二－四九三頁。
(34) 柳田國男「妖怪談義」、二九〇頁。
(35) 大月松二「柳田国男講演『妖怪変化』筆記（昭和三年六月十一日）」、六六頁。

（36）同、五九頁。
（37）同、五九頁。
（38）柳田國男「妹の力」『定本柳田國男集第九巻』筑摩書房、一九六九年、一六頁。
（39）同、一七頁。
（40）柳田為正・千葉徳爾・藤井隆至編『柳田国男談話稿』、一七八頁。
（41）柳田國男「明治大正史世相篇」『定本柳田國男集第二十四巻』筑摩書房、一九七〇年、一五八―一五九頁。
（42）柳田國男「妖怪談義」、三二二―三二三頁。
（43）柳田為正・千葉徳爾・藤井隆至編『柳田国男談話稿』、一七九―一八〇頁。
（44）同、一八〇頁。
（45）柳田國男「妖怪談義」、二九九頁。
（46）千葉徳爾「柳田國男の最終公開講演『日本民俗学の頽廃を悲しむ』について」『日本民俗学』第一九四号、日本民俗学会、一九九三年。

II　多様化する妖怪へのアプローチ

目の想像力／耳の想像力
――語彙研究の可能性

山田厳子

はじめに

二〇〇三年には『日本妖怪学大全』（小松和彦編　小学館）、『怪異学の技法』（東アジア恠異学会篇　臨川書房）の二冊が上梓され、怪異研究は活況を呈しているかに見える。しかしそれらはいずれもあらかじめ「怪異」として囲い込んだものを考察しており、どのようなものが「怪異」として現われてくるのか、といった視点には欠けていると言わねばならない[1]。また、前者は、図像や文献といった目によって捉えられるものと、聞き書き資料といった耳によって捉えられたものを同じ土俵で論じることで、むしろ問題を見えにくくしている〔小松　二〇〇三〕。民俗学研究の立場からいえば、対象を固定したものと捉えがちな文献学や図像学からは距離をとり、既刊の資料を、日常の中で生起するものの一過性の姿として捉え直すことが求められているといえる。

一九三八年の『民間伝承』三巻十号に掲載された柳田国男の「妖怪名彙」は、柳田の「怪異」への関心の中に、命名の問題があったことを教えてくれる。[2]佐藤健二は、柳田国男の言語芸術への関心の中核に庶民の造語能力という問題意識があったことを指摘しているが、[3]このような柳田の問題意識は、その後の口承文芸研究では充分展開されることはなかった。[4]

本稿では、我々が「怪異」だと考える資料群を「命名」の問題として読みかえてみたい。具体的には、口承文芸では「世間話」として位置づけられることの多かった「怪異」にまつわる資料群を、「命名」の「場」に戻すことを試みたい。柳田国男は「妖怪」の「分類」を「耳とか目とか触感とか、又はその綜合とかにも分けられる」と述べているが、「それも直接実験者には就けない」のだから、「結局は世間話の数多くを」「排列して見るの他はない」と述べている。[5]本稿は、「次善の策」としての「世間話」から、なるべく「実験者」の心意に近いものを探す試みでもある。さらには「実験者」から遠ざかることで何が付け加わっていくのかについても見極めてゆきたい。なお、本稿で「怪異」とは「不思議な事柄、またはそのさま」をさし、「妖怪」とは近代以降に用法の定着した「化け物」の意味で用いる。柳田国男は「妖怪」を「怪異」と「化け物」両方の意味で用いているので、柳田の引用に際しては柳田の用法に従う。

一　「感覚／経験」の名づけ

最初にこの問題を「命名」の場に立ち会った自身の一つの体験から考えてみたい。

一九九〇年頃のある朝、筆者は常磐線の通勤電車の中で、高校生たちのとりとめもない話を聞くともなしに聞いていた。電車が佐貫駅にさしかかった時、その中の一人が「出た、サヌキナナメだ！」と叫んだ。

常磐線佐貫駅は、駅のホームが斜めに傾いているために、この駅に電車が停車する時は車体もろとも乗客の身体も斜めになる。筆者は最初、このことばを彼らの仲間内の「地名」のようなものかと考えた。ある場所で惹起される「感覚」に対する命名は、経験の共有をうながし、「地名」としての役割を果たすであろう。しかし、それは地図に示されるような、俯瞰して見た地点に示された名前ではない。高校生たちは、その場で身体が斜めにかしぐ体験、その体感そのものを名づけたといえよう。

この問題を考える際に、大門哲の「地名」への視点が参考になる。大門は、石川県の河北潟の延縄漁師への聞き取りから、「縄をはう」「フネをすすめる」という身体技法を基本にする延縄《はえなわ》漁師は「線」として漁場を認識していると述べ、「場所は身体との関係性を通して、いいかえれば身体運動の軌跡として把握される」と述べる。さらに、そのように認識されている漁場が、他の漁師たちに広く共有されているわけではないことを挙げ、「地名とは個々の出来事（身体活動）を現出する『契機としての場所』でしかない」と述べている〔大門　一九九九〕。

「地名」をある場所で喚起される「体感」の名づけとして捉えるとき、「出た、サヌキナナメだ！」ということばは、「体感」を擬人化して表現したものといえよう。このような「体感」の擬人化表現は、「怪異化」と結びつく。ここで、柳田国男が「妖怪」をそれを体感する「感覚」で分けることもできるとしながら、結局は出現の場所によって分類しようとしたことを思い起こすべきであろう。[6] 柳田は「場所」と「体感」という怪異現象の本質を正しく見抜いていたといえるのではないか。

二 「場所のエピソード」と索引

それでは、世間話の資料群から特定の場所での「感覚／経験」の名づけが「妖怪」の名称として現われてくる例を見てみよう。和歌山県伊都郡高野町富貴の大正一三年（一九二四）生まれの男性は、「両国橋にめぬりって正体のわからん化け物がおって」と語り、次のように話す（改行は／で示す以下同じ）。

…略…両国橋まで来たんや。／ほいだら、急に、霧がフワァーってかかったと思うたら、全然、前が見えんようになってしもうた。／ほいで、自分の足元まで見えんのや。何かに目塗られて、目かくしされたようなんや。ところが、上を見たら、空の星さんは見える。／百姓は（これがめぬりか）って思うて、恐ろしくて仕方がなかった…以下略…（和歌山民話の会 一九八五）。

この話の「めぬり」は、「前が見えなくなる経験」（目＋塗り）であることは言を待たない。これは「視覚経験」の名づけといえよう。「めぬり」という命名はこの場所での経験を人々に共有させ、現象を「予測可能なもの」に変える役割を持つ。事実この話の主人公は「これがめぬりか」と、初めて遭遇する現象を解釈し、「油揚げ三枚、帰ったら食べさすさかい」と言えばよいという対処法を思い出し、難を逃れたという（和歌山民話の会 一九八五）。

ある場所での「違和感」や「不快」の経験が「怪異」として立ち現れてくるとしたら、「怪異」と遭遇した際の呪法として知られる、声に出してあることばを言ったり、眉に唾をぬったり、股の下からのぞいたりといった動作は、身体感覚に変化を起こさせる所作と解釈できるだろう。

このような「怪異」の経験は視覚による体験だけとは限らない。同じく和歌山県伊都郡高野町富貴の明治三八年（一九〇五）生まれの男性は、宝蔵院というお寺の観音堂の前で「ドジャーン」、「ゴソーン」という音を聞き、それを「銭筒ごかし」と呼んでいたという〔和歌山民話の会　一九八五〕。それは「銭筒＋こかす（倒す）」という動詞の名詞化であり、聴覚体験の名づけであったといえる。また岩手県二戸郡浄法寺町から報告のあるアクド（踵）ボッポリは、「足がもつれる」「歩きにくい」といった体感の名詞化である〔常光ほか　一九八二〕。

ある場所での経験が場所から離れ「話」として自立する例もある。次の話は東京都大田区八幡塚の大正六年（一九一七）生まれの女性の話である。

雑色と六郷の間に、昔、松の木の植わってる畷《なわて》っていうのがあったんですね。あそこのところまで、誰ですか、もらい湯に行ったら、そしたら、松の木の上の方からアッハッハって声が聞こえたっていうの。もう一目散に、もらい湯の家へ行って、そいでピシャンと閉めて、「今怖かったんだよおー」って言ったら、耳のそばで、「怖かったかあ」って。（母親代わりの叔母から）その話聞いているとぞーっとしちゃって。で、知ってるくせにね、「あのアハハの話してよ」って言いながら、小さくなってたの〔中島　一九八六〕。

ここでは、「アハハ」という擬声語がこのエピソードを引き出す索引となっている。しかし、この

「アハハ」ということばが、笑い声の聞こえた場所と結びつくのなら、地名としての役割を果たし、笑い声の主をさせば妖怪の名称となることに注意したい。

三 「聞き手」の想像力と話の生成

命名の場に名称をもどすと、その場にいるものには「怪異」とは位置づけられないものもある。一九九三年に山梨県南巨摩郡富沢町の明治三九年（一九〇六）生まれの男性に「オテンゴウさん」の話を聞いた時にそのような感想を抱いた（「―」以下は筆者の質問である）。

私らが子どもの時分は、外で木のお風呂へ入ったりしてね、そうすっと、なんか向うの方で、ガタガタと音がして、「あれはオテンゴウさんだ」とかなんとかいって、その程度ですよ。
―「オテンゴウさんってどんなもんですか」
山でガタガタと音をさせるものですよ。

ここで分るのは、山で音がする、それを「オテンゴウさん」と呼んでいる「日常」があるということである。この「名づけ」は「現象」に対する解釈であるから、それ以上の説明は必要がない。しかし、この直接の名づけの場を離れたときに「オテンゴウさん」は「怪談」となる可能性を秘めている。意味や観念はうつろうが、名称は最後まで残る。そこで最初の意味が忘れられた時に、一つの名前

のもとにさまざまな「解釈」やバリエーションのある「話」が集まる余地が生まれてくる。(7)

筆者はこれまでいくつかの小稿でケッカイと呼ばれる異形の子どもの噂を収集・検討してきた。近世の産科書の中で妊娠と紛らわしい病気の名称として知られていた「血塊」が、「異形の子ども」の話へと変化してゆく過程には「血塊」の「塊」の字に「鬼」という漢字が入っていることが関わることを指摘した。また、ケッカイを退治する呪具に「槐の木」が挙げられるのは「塊」の字からの想像である可能性があることを述べた〔山田 二〇〇〇〕。これは「声」によって育つ「話」の中にも聞き手の文字を介した「目による想像力」が入り込んでいることを示す。

それでは、次の話はどうであろうか。以下の話は、一九九一年に兵庫県津名郡五色町都志出身の明治三九年（一九〇六）生まれの女性から聞いた話である。

子ォばァ堕ろしてな、子を池の縁ィな、みな、自分とこの墓やなんかに埋めよったら分かるからな、山の際《きわ》やこーにな、内緒で埋めよったらな、ビンチャゆうてな、ビンチャゆうたらな、唐子《からこ》みたいに、頭のここに、ちょっと、頭ツルツルに剃って、両鬢《びん》だけ、後ろと両鬢《びん》とだけ、毛ェえっと残してあんの、ビンチャゆうね、そのビンチャの化け物がな、出るてゆう話を子どものとき聞いた。

都志《つし》からずーっと、角川《つのかわ》の、鳥飼《とりかい》の方へ行くとこにな、角川《つのかわ》てゆうブラクあるね。…略…ほんでな、両方に池あるからな、そこを二つ池ゆうね。その二つ池のとこを通んりょったらな、それも夜、通んりょったらな、「ビンチャが出てついてくんね」、言うてな、ビンチャが雪駄《せきだ》履いてな、雪駄ゆうたら、草履の裏に金打ってあるから、チャラチャラチャラチャラチャラゆうねやな。ビンチャが雪駄履いてな、チャッチャッチャッチャッチャッチャッチャッチャッチャッとついてくんね。ほんで、「後ろ振り向いたらビンチャがおんね」、ゆうてな、ほんでもう、そんな時分はな、道の真ん中に座ってやな、真言繰る《しんごんく》〔唱える〕か、般若心経をあげよったらな、ビンチャが消えるけんども、それ無理して行きよったら、二つ池の中に引っ込まれるねんて。「ほんで死んだ人、大勢あんねんぜ」ゆうて。…略…

―「ビンチャと堕ろした子となんぞ関係あんの?」

子どもを殺してな、埋《い》けてあるさかいな、その子の水子の霊が誰にでもその通んりょる人についてくんのよ。悔しいさかいな。そやさかい、池のふちにやな、水子の地蔵さん建ててあった。うん。そのまわりの人が、そこ通るのに安心やよってな。

この話の話し手は筆者の祖母である。筆者はビンチャの話を三度ばかり聞いているが、堕胎の子どもと結びついて話されたのはこの時が初めてであった。筆者はビンチャという化け物の正体は、夜道に後ろをついてくるチャッチャッという音から生まれた想像ではないかと考えている。チャッチャッという音がビンチャという子どもの髪型をさすことばを呼びよせ、それが「子どもの妖怪」へとつながっていったのではないか。このような展開は祖母の耳に届く前の段階で起こったものであると考えられるが、ここで「堕胎された子ども」と結びつけて話すのは、この「場」で起こった変化であると考える。というのは、この時、筆者は祖母にマビキと堕胎の話を聞いていたからである。このような話の場の文脈でビンチャが「堕胎された子」に結びつけて話されたと考えられる。

「怪異」の生成には「名づけ」の場から離れた聞き手の想像力と話の場が大きな力を持っていること

が理解できよう。

四　名づけによる「怪異」の出現

最後に、名づけが持っているもう一つの側面を述べてみたい。それは、名前をつけたことでモノを生起させるという側面である。[8] 次の話は和歌山県伊都郡花園村中南の昭和三年（一九二八）生まれの男性の経験である。

在所の真中にナカド坊主いうのがおっての。／日やといで何人か家へきてくれてた人が、夜かえるときその坊主が砂まくとか何かでおどかしにくる。／いまでもあるが、だいぶ太い柿の木やけど、そこにナカド坊主がおるんやいうて、そんな話よう聞かされたことある。／恐うて、夜さり外へよう出なんだもんや。／ちょうど中南の中心にあったんやが、在所に上の道、中の道、下の道とあって、その中の道のとこやから中道（ナカド）というたんやろかい〔和歌山民話の会　一九八五〕。

「ナカド坊主」は大人になった話し手が気づいているように「日やといで」「きてくれてた人」が子どもをおどかすために作ったつくり話である。「ナカド坊主」と命名したとたんに子どもの心に「怪異」が生まれたのである。

このような「名づけ」の側面は、特定の家にだけに伝わる「お化け」の伝承の問題や今まで「伝承」として扱ってきたものの時間的な「深度」と伝承の「範囲」の問題としても考えてみなければなるまい。

まとめにかえて

本稿では、「妖怪」と名づけたものを一度解体して、命名の問題へとずらしてみることを試みた。「怪異」の名づけの問題は、口承文芸における個人の「創作」と聞き手の実践へと読みかえることが可能である。このような視点の下で、従来の資料を再検討するとともに、今日でも生まれてくる新たな「名づけ」の場への注目を促したい。

「感覚/経験」の名づけの問題を「妖怪」として「発見」し、「定着」させてゆく経緯については個々の事例に基づきながら時代背景やメディアの状況をふまえながら検討してゆきたい。

註

(1) このような視点を持つものに京極夏彦〔二〇〇三a 二〇〇三b〕がある。
(2) 〔柳田 一九三八〕
(3) 〔佐藤 一九九八〕

（4）大島建彦の村人のあだ名への関心は、この方向へつながる可能性を秘めていた〔大島 一九八二〕が、その後、あだ名とことば遊び、世間話を関わらせた佐々木厚子の報告があるだけで、充分展開されることはなかった〔佐々木 一九八三a、b〕

（5）註（2）一二頁

（6）註（2）一二頁

（7）伊藤龍平「ツチノコの本地」〔二〇〇〇〕は「ツチノコ」「ノヅチ」という名称の下に集まってきた想像力の産物として興味深いものがある。

（8）「妖怪」の「創作」という問題は近世期の特徴として高田衛とアダム・カバットが言及している〔高田 一九九二、カバット 二〇〇三〕。

参考文献

アダム・カバット「「創作」としての妖怪」小松和彦編『日本妖怪学大全』二〇〇三年 小学館

大島建彦「あだ名と世間話」『上田盆地』二一号 一九八三年

伊藤龍平「チチノコの本地」『世間話研究』第一〇号 二〇〇〇年

京極夏彦「通俗的「妖怪」概念の成立に関する一考察」小松和彦編『日本妖怪学大全』二〇〇三年a 小学館

「モノ化するコト」東アジア怪異学会編『怪異学の技法』二〇〇三年b 臨川書房

小松和彦「妖怪と妖怪研究――序論に代えて」小松和彦編『日本妖怪学大全』二〇〇三年 小学館

佐々木厚子「村人のあだ名（一）――新潟県佐渡郡相川町高瀬の例」『西郊民俗』一〇一号 一九八三年a

「村人のあだ名（二）――平左衛門タコをめぐって」『西郊民俗』一〇二号 一九八三年b

佐藤健二「新語論の発想」関一敏編『現代民俗学の視点 民俗のことば』一九九八年 朝倉書店

大門哲「「潟」研究の可能性――あるいは「民具」学の不可能性」神奈川大学常民文化研究所編『民具

マンスリー』一九九九年二月
高田衛「『百鬼夜行』総説――序にかえて」高田衛・稲田篤信・田中直日『鳥山石燕図画百鬼夜行』一九九二年　国書刊行会
常光徹・小宮弘美・欠端幹仁・赤井武治「浄法寺町の妖怪――アクドボッポリ――」野村純一編『浄法寺町昔話集』一九八二年　荻野書房
中島恵子「世間話」大田区社会教育部編『大田区の文化財　第二二集　口承文芸』一九八六年
柳田国男「妖怪名彙」『民間伝承』三巻一〇号　一九三八年、『柳田國男全集』二〇巻　一九九九年　筑摩書房
山田厳子「産科書のなかの「血塊」」『世間話研究』一〇号　二〇〇〇年
和歌山民話の会編『高野・花園の民話』一九八五年

怪音と妖怪
――聴覚と怪異現象

常光　徹

はじめに

五感と妖怪は深く結びついている。怪異を感知し認識するのは、目と耳の働きによる視覚と聴覚がその大部分を占めているが、しかし、皮膚感覚や臭いをとおして察知する場合も少なくない。妖怪は五感のなかにさまざまな姿で立ち現れる。言い換えれば、五官はそれぞれの機能に感応する妖怪イメージを創造しているといってもよいだろう。ここでは、妖怪が生みだす音と声の特徴とそれを耳にしたときの感じ方、併せて、人が妖怪にむけて発する音声の問題について論じる。

一　妖怪を聞く

常光 徹

夜間に、恐怖を誘う怪しい音を聞いたという話は多い。正体不明の怪音はしばしば妖怪のしわざとされるだけでなく、ときには、人の傍に現れて声をかけてくる。妖怪が発する音や声の特徴を紹介する。

(一) 怪音を聞く

柳田国男の「遠野物語拾遺」一六四話に、つぎのような怪異が載っている。

深山で小屋掛けをして泊っていると、小屋のすぐ傍の森の中などで、大木が切倒されるような物音の聞える場合がある。これをこの地方の人達は、十人が十人まで聞いて知っている。初めは斧の音がかきん、かきんと聞え、いい位の時分になると、わり、わり、わりと木が倒れる音がして、その端風《はかぜ》が人のいる処にふわりと感ぜられると言う。これを天狗ナメシともいって、翌朝行って見ても、倒された木などは一本も見当たらない。またどどどん、どどどんと太鼓のような音が聞えて来ることもある。狸の太鼓だともいえば、別に天狗の太鼓の音とも言っている。そんな音がすると、二、三日後には必ず山が荒れるということである（柳田 一九七二）。

深夜の山中に大木が伐り倒される音が響くが、翌朝、行って見ても何事もないという。テングダオシとかソラキガエシなどと呼ばれる音の怪で、天狗や古杣《ふるそま》のしわざとされ、各地に伝承されている。『平家物語』の「物怪之沙汰《もつけのさた》」にも「岡の御所と申は、あたらしう造られたれば、しかるべき大木もなかりけるに、ある夜おほ木のたふる丶音して、人ならば二三十人が声して、どッとわらふことありけり。これはいかさまにも天狗の所為といふ沙汰にて」(梶原他 一九九九)とあり、早くから知られていた怪異現象だったことがわかる。京都府南桑田郡保津村(亀岡市)では、夜分に竹を切る音がする。「初めはチョン、チョン、チョンと竹の小枝を払う音をさせ、続いてギィ、ギィ、ギィと株の所を切る音を立て、最後にザ、ザ、ザと倒す音をさせる。ところが翌朝行って見ると、竹は全然切ってない。かくて村人は又竹切狸に騙されたと呟くそうである」(田中 一九三七)。この話もテングダオシなどと同類だが、竹を切る真似をするのは狸とされている。

怪音は木や竹を切る音だけではない。柳田国男の「妖怪名彙」を開いても、多様な音の怪が伝承されてきたことがわかる。たとえば、シズカモチ(夜中に餅の粉をはたくような音)、アズキトギ(小豆を磨ぐような音・貉や蝦蟇のしわざ)、タタミタタキ(夜中に畳を叩くような音・狸)、センダクキツネ(夜、ざぶざぶと物を洗う音・狐)、ソロバンボウズ(算盤をはじくような音)、タヌキバヤシ(深夜にどこからともなく太鼓の音・狸)、コクウダイコ(どことも知れず聞えてくる太鼓の音・死霊)、カワツヅミ(鼓の音・河童)、ヤマバヤシ(深夜に神楽の囃子・狸)、コソコソイワ(夜分に側を通るとこそこそと物をいう音)などである(柳田一九七七)。家事などの労働にともなう音、祭礼や楽器の音などいずれも人の行為を真似た音だといってよい。

こうした怪音を発して人を怖がらせたり不思議がらせるのは、天狗・古杣・狸・狐など多彩だが、なかでも狸のしわざだとする例が目立つ。しかし、怪音が聞えたというだけで、それが何者のしわざによるものか不明の場合も少なくない。宮田登は広島県のバタバタについて、音色が名称になった妖怪であると述べて「怪音そのものが妖怪の正体となっている事例はかなりある」と指摘している（宮田二〇〇二）。また、音にまじって人の声がする伝承もみられる。たとえば、アズキトギは土地によっては「小豆とぎやしょか人取って食いやしょかショキショキ」と歌う。フルソマは伐木で打たれて死んだ杣の霊だといい、高知県長岡郡の話では、深山で「いくぞう、いくぞう」と言う声が響きわたり、バリバリと木の折れる音、ザーン、ドーンと大木の倒れる音がするが、行ってみてもなにもないという（高村一九一五）。

怪音を耳にするのは夜が多い。もちろん日中とする例もあるが、夕方から深夜のできごとだと語る例が顕著である。かつては、昼間は人間の活動する時間で夜間は神霊や妖怪が支配する時間との認識がつよくあったようだ。明治一一（一八七八）年六月から約三か月間、東京から北海道まで旅行をしたイザベラ・バードは妹に送った手紙のなかで「農民たちは暗くなってから外に出ることを好まない。幽霊や、あらゆる種類の魔物をこわがるのである。だから、夕方おそくなって彼らを出発させようとするのは、困難なことであった」と書いている（イザベラ二〇〇〇）。現在の山形県小国町黒沢辺りで、宿舎を探すのに困った夕暮れ時の体験である。夜間に外を出歩くことを嫌う農民たちの意識をよくとらえている。百鬼夜行のような異形のモノに遭遇する危険を怖れる心意は、夜、とりわけ闇夜の不気味さと響き合っているのだろう。日没とともにあたりの風景は夜のとばりに包まれてゆく。活動の大部分を視覚に依存している人間にとって、視界が不自由になるにつれて行動は自ずと制約される。暗夜を照らす技術が発達していない時代ではなおさらであった。灯をとぼしても身の回りしか視界が効かない夜の世界では、耳がなにより敏感に周囲の変化に反応を示す。なじみのない音響であれば、不安と同時にその原因や正体について想像力がふくらむ。夜間に徘徊する悪霊の恐怖が創造されてきた背後には、暗闇の不安のなかで研ぎ澄まされる耳の想像力に心を馳せる必要があるだろう。怪音を聴くのは、周囲が見えない、あるいは見えづらい状況と裏腹の関係にある。昼間でも深山などで発生しやすいのは、視覚での確認がむつかしいという事情によるのであろう。

怪音に関する話題は、音の怪を語る土地の伝承として流布しているケースが一般的だが、ときには、体験談や身近な伝聞の形でまことしやかに話される。仮に、ある人物が、深夜の山中で異常な音を聞き留めた事実であっても、その体験を周囲に話すときには、言い伝えられてきた知識や物語の衣装をまとって表現される場合が少なくないだろう。理解を超えた音は、記憶の中にある類型的な話を引き合いに出して解釈することで、言説に説得力と共感が生まれる。各地に類似の怪異が伝えられている一つの要因はそれだと考えられる。

怪音は恐怖と不思議を呼び覚ますだけでなく、音が孕む意味を探り読み解いていく手がかりでもある。下野益子辺でいうシズカモチについて、「妖怪名彙」では「夜中にこつこつこつこつと、遠方で餅の粉をはたくような音が人によって聴こえる。その音がだんだんと近づくのを搗き込まれるといい、遠ざかって行くのを搗き出されるといい、静か餅を搗き出されると運が衰える。搗き込まれた人は、箕を後手《うしろで》に出すと財産がはいるともいう。あるいは又隠れ里の米搗きともいい、この音を聴いた人は長者になるという話もあった。」と説明している。ここでは、音の接近は吉で遠ざかる音は凶と判断している。信州の小谷地方のカワツヅミは、鼓の音が聞えると川童が人を取る前兆だといって怖れるという。冒頭で紹介した「遠野物語拾遺」一六四話でも、天狗の太鼓について「そんな音がすると、二、三日後には必ず山が荒れる」とみえる。神奈川県津久井郡柏野村では、テングノカジシラセといって、夜、木を倒す音や川に投げ入れる音が聞えたときには、近いうちに火事が起きるという（村上二〇〇〇）。音から吉凶や天気の変化などを判断している。怪音を何らかの予兆として読み解く事例は方々にある。安井眞奈美は「耳は、聴覚による情報だけではなく、この世とあの世の境界に関する情報をもいち早く察知する身体部位であった」と指摘している（安井二〇一四）。

さらに今一つ、音の特徴からその真偽を聞き分ける知識がある。次の話は「妖怪名彙」に載るソラキガエシである。「天狗倒しのことを福島県の田村郡、又会津でもそういっている。鹿児島県の東部でも空木倒しという。斧の音、木の倒れる音はして、地に着く音だけはしないと前者ではいい、他の一方でもまるで木を倒す通りの音をさせるが、たった一つ材木の端に牛の綱を通す穴をあける音だけはさせぬので、真偽を聴き分けることができるという」。伐り倒される音がすればまもなく地響きがするはずなのにしない、それで人間の業ではないことを見抜く。土佐の山中で芝天狗の打つ太鼓を聞いたことがあるという石井今朝道さん（一九〇二生れ）によれば「ほかの者（人間）が叩くと、トントトトントンと、こう、くずしを入れらやなぁ。芝天狗は、ドンドンドンドン打ちながしよ」という（常光一九九三）。音の不自然さから妖怪のしわざと看破するのである。

先に、狸の音の怪について触れたが、この点について柳田国男は大正七年（一九一八）に発表した「狸とデモノロジー」でこう書いている。「元来人を誑すに目を欺くと耳を欺くとの両種あるが、狸は主に耳の方である。狸は好んで音の真似をする。」と述べて、耳の錯覚は目よりは起りやすいと指摘している（柳田一九七〇）。さらにこの問題は、昭和五年（一九三〇）にまとめた『明治大正史世相篇』でも取り上げている。「時代の音」と題して「平和なる山の麓の村などにおいて、山神楽あるいは天狗倒しと称する共同の幻覚を聴いたのは昔のことであったが、後には全国一様に深夜狸が汽車の音を真似て、鉄道の上を走るという話があった。それは必ず開通の後間もなくのことであった。また新たに小学校が設置せられると、やはり夜分に何物かが、その子供らのどよめきの音を真似るといった。電信が新たに通じた村の辂は、人家の門に来てデンポーと呼ばわった」と述べている（柳田 一九九三）。ここにも狸がでてくるが、鉄道の開通以前から音の物まねを得意としてきた狸の伝承にはほとんど触れていない。「時代の音」という見出しが示すように、鉄道・小学校・デンポーといった明治になって生まれた音の一つとして紹介し、近代がつくり出した新しい音響を当時の人々がどのような印象をもって聞き、どう語ろうとしたのかについて関心を示している。

（二）妖怪の声を聞く

妖怪のなかには口さけ女のように、言葉を使って直に人に話しかけたり呼びかけたりするものがいる。音の怪は、その場に居合わせた者がたまたま耳にしたと語るのがふつうで、音の意味を詮索することはあっても、音に向かって声を返すような反応はまずしない。しかし、妖怪が声をだして呼びかける場合には、その狙いは声のさきにいる人物に向けられているといってよい。妖怪の発する声を聞いたときの人の対処の仕方について述べてみよう。

長崎県対馬市では、一声だけおらび声をあげる「一声おらび」という妖怪が知られている。村山道宣は芦ヶ浦の古老に聞いた話として「山中で一声おらびに声を掛けられても絶対に返事をしてはいけない。もしうっかり返事をしてしまった場合には、一声おらびに負けないように、直ぐ続けて『千万億兆オーイ』という返事をする。そうすれば、数えきれないくらい多くのおらび声をあげたということになり、恐ろしい一声おらびの声の呪力に打ち勝つことができる」と報告している（村山 一九八二）。

おらぶというのは叫声を発することである。この妖怪の伝承は高知県本川村（いの町）にもあり、竹の川の一口声と呼ばれている。概要は、越裏門の貞次という男が竹の川を通っていると、山の奥から「オーイ」と一声聞こえてきた。貞次は、返事をすれば命を取られると知っていたので、黙って帰った。年の暮れに刈り取った稗を見にいくと、蓑を着た白髪の爺さんが作業をしており、稗は何十倍にもふえていた（本川の民話編集委員 一九九四）。一声おらびに声をかけられても返事をしてはならない。高知の例では、うっかり返事をすると命を取られるが、黙っていれば幸運に恵まれるという。呼びかけられた男の態度次第で吉凶が分かれる。これは、先のシズカモチで怪音の聞こえ方によって吉凶を判断する伝承と似ている。そもそも「一声だけの呼びかけ」は妖怪や幽霊の特徴とされ、それに応えてはならないとの俗信は各地にみられる（常光 二〇一六）。一声を無視する態度は、相手が尋常のものではない、つまり妖怪であることを看破した証といってよい。怪音を耳にしたとき、通常は音を出している相手の姿は見えていない。妖怪の声を耳にしたときには、相手の姿が不明の場合と眼前に異様な姿をとらえている場合とがある。笑い女は、山中で仕事をする男の前に現れてケタケタと笑いかけてくる。口さけ女も、小学生の前に立ちはだかって「あたし、きれい?」と聞きながら顔のマスクをはずす。

延宝五年（一六七七）刊の『諸国百物語』巻三に「賭づくをして、我が子の首を切られし事」と題した怪異談が収められている。ラフカディオ・ハーンの「幽霊滝の伝説」と共通する話型として知られる。この話のなかで、夜、女が死骸の指を切り取って帰る場面を一森のうちを帰りければ、森の上より、からびたる声にて『足もとを見よ、足もと見よ』と云ふ」とある。人ならぬものの声は、しばしば「からびたる声」「しわがれた声」であったようだ。

ここまで、妖怪のしわざとされる怪音や妖怪の声を聞いた際の対応を中心にみてきたが、つぎに、人間の側が妖怪に聞かせる音や声の事例を取り上げてみよう。

二　妖怪に聞かせる

（一）怪音を聞かせる

高知県の山中には山爺とか山父とよばれる妖怪がいて、殺生人（猟師）が山に入ると近寄ってきて音の出し比べをいどむ。十川村広瀬（四万十町）には「白髪のヂンマ（山爺）の姿になって出て来ると言われ、昔或る殺生人が山でヤマヂイに出逢い『音のしくらをやろう』と言いかけられ、先ず殺生人から『お前が先にやれ』と言うと、ヤマヂイは何れかへ姿を隠し聽《やが》てその叫び声がすると、あたりの木の葉が震い落ちる程の烈しいものであった。そこで殺生人は、自分の番が来ると先ずヤマヂイを後ろ向かしておいて銃《つつ》に隠し弾を塡め、其の耳もとでぶッ放すと『ちッと聞えた』と言うて姿を隠したと言う話がある（平岡繁雄氏）。」桂井和雄の「土佐の山村の〈妖物と怪異〉」に拠った。鉄砲の音で山爺を退散させている（桂井 一九四二）。

特別の音を利用して妖怪や邪悪なモノを追い払う伝承は少なくない。『平家物語』の「物怪之沙汰」に「これはいかさまにも天狗の所為といふ沙汰にて、ひきめの当番となづけて、よる百人、ひる五十人の番衆をそろへて、ひきめを射させらるゝに、天狗のあるかたへ向いて射たる時は音もせず、ない方へ向いて射たるとおぼしき時はどつとわらひなンどしけり。」とある。蟇目《ひきめ》は「朴や桐の木で作り、中を空洞にして数個の孔をあけ、これを射ると空洞に風をはらんで音をはっするようにしたもの。犬追う物などの競技や魔除けなどにもちいた」ものである（梶原他 一九九九）。長崎県の鬼ようちょうやバラモン凧などが、空ではなつ独特の唸り音は魔除けになるといわれる。風を受けてパタパタと打ち叩くように鳴る旗に魔除けの効果があることは、斎藤たまが指摘している（斎藤 一九八八）。幕末土佐の庶民生活を綴った『真覚寺日記』には、安政六年夏にコレラが流行したさいに「誰かいふ共なく病ハ幟の風ニ逃るとて五月節句の紙幟を立る家多し」（八月一五日）と記されている（井上 一九七二）。これも幟の音を厄病神が嫌うのであろうか。弦打《つるうち》・鳴弦については、中村義雄が「弓に矢をつがえずに、弓弦《ゆづる》だけを引いて放し、弦をビュンと鳴らすことによつて、妖魔を驚かし退散させることで、宮廷から一般家庭にいたるまで、ひろくおこなわれた呪法である。」と解説している（中村 一九七八）。三重県員弁町（いなべ市）では「狐に化かされるのは眉毛の数を読まれるからだから、眉に唾をつけるとよいとか、夜になって山越しするさいは拍子木を打って行くとよいなどともいわれていた」という（今野 一九八二）。拍子木の音が魔払いになるとの事例はほかにもある。ここでの例が示すように、妖怪を退散させる音は、鉄砲の轟音・唸り音・烈しく打ちあたる音などである。いずれも、何らかの道具が発する音であり、その製作や使用には当然のことだが人間の意思と行為が深く関わっている。

道具を使って音をだす狙いは、その音（怪音としておく）によって妖怪や邪悪なモノを撃退するためだが、しかし、なかには音によって妖異を招き寄せる場合もある。箸で食器を叩くのを忌む俗信は全国的といってよい。「遠野物語拾遺」二五六話に「炉ぶちやカギノハナ（自在鉤）を叩くと貧乏神が喜ぶ。膳に向って箸で茶碗を叩くと貧乏になる」とみえる。柳田国男は「山の人生」で、神隠しの伝承をみていくと「誰でも考へずに居られぬことは、今も多くの農家で茶碗を叩き、又飯櫃や桝の類を叩くことを忌む風習が、随分広い区域に亙って行われて居ることである」と述べて、つぎのような解釈を示している。

何故に之を忌むかといふ説明は一様で無い。叩くと貧乏する、貧乏神が来るといふもの、他に、此音を聴いて狐が来る、オサキ狐が集まって来ると謂ふ地方も関東には多い。多分はずっと大昔から、食器を叩くことは食物を与へんとする信号であって、転じては此類の小さな神を招き降ろす方式となって居たものであろう。従って一方では矢鱈に其真似をすることを戒め、他の一方では亦此方法を以て兒を隠す神を喚んだものと思ふ（柳田 一九六八）。

柳田が指摘するように、鍋や食器の類を叩くのは食物を与へる際の合図であったにちがいない。その延長に、叩く音を聞いて貧乏神や餓鬼が寄ってくるという想像が膨らんでいったのであろう。「貧乏になる」というのは、そうした餓えた霊に取り憑かれて財を食い尽くされる不安を表現したものである。こうした禁忌とは別に、招霊の目的で叩くこともあった。たとえば、難産で妊婦が危篤状態に陥ったときなどに、屋根の上で枡の底を打ち鳴らして名前を呼んだのは、食物の魅力をおびた音で遊離した霊魂を呼び戻そうとしたのである。かつて、神隠しのときには鉦・太鼓を打ち鳴らし、枡や茶碗を叩いて失踪者を探したのも、隠し神のいる異界とのコミュニケーションをはかる手段であった。この音について、小松和彦は「神隠しにあった者への合図、異界へと捜索隊が踏み込んでいくための象徴的回路、隠し神の招霊、隠し神に対する攻撃、あるいは最後の捜索のしるしなど、地方によって異なる説明づけを賦与されていたと考えられる」と述べている（小松 一九九一）。道具が生みだす怪音の多くは災禍をもたらしかねない妖怪を追い払うのが目的だが、音によっては、相手を招き寄せるきっかけにもなる。招く音は忌まれる場合だけでない。状況によっては、妖怪や霊魂を呼び戻す手段として意図的に行われてきた。

（二）人間の声を聞かせる

妖怪と対峙した場面や、あるいは身辺に気配を感じたとき、相手に向かって声を発するケース。怪音を聞かせる場合には主に道具を用いるが、声の場合は直に聞かせる。口さけ女に対して「ポマード、ポマード、ポマード」と三回言うと逃げていく。彼女はこの男性整髪料の匂いを嫌うからである。見越し入道が現れたときは「見越し入道、見抜いたぞ」と言って、頭の方から見下ろしていくと消えるという。沖縄で、赤ん坊がクシャミをした直後に「クスクエー」と言うのは「糞くらえ」の意味だという。子どもの命を狙っているかもしれない悪霊にむけて発する罵り言葉である。呪文を唱えて妖怪を退けることもある。高知県津野町では、夜道を歩いていると袂の中でチッチチッチと鳴き声のすることがあるという。これを袂雀《たもとすずめ》が憑いたといい、そのときには「さんざいうまの　ひげのかず　いえばいえ　いわねばこれにとどまりたまえ　あびらうんけんそわか」と唱えると、鳴き声が止まるといわれている（常光 一九九三）。急に空模様が変わって突然暴風に見舞われるのは、かつては悪霊のしわざとも考えられた。人々は強風が吹き始めると、空に向かって「ホーホー」と大声をだして風を追った。

罵り言葉や呪文、ときに叫声をあげるのは、その場から妖怪を追い払うためだが、ところが、同じ身体からでる音声でも、口笛については妖怪を招き寄せる危険がある。高知県宿毛市で「夜口笛を吹くと首切れ馬が出る」というように、夜の口笛を忌む禁忌は各地に多い。また、「家の中で口笛を吹けば貧乏神が来る」（岩手県二戸市他）などともいう。

おわりに

ここまで述べてきた音と声についての人と妖怪の関係をまとめると**図1**のようになるだろう。音は一方的に伝わるのみだが、声を発する場合は聞いた相手からの応答が予想される。高知県幡多郡では、山中であやしい男に出合うと「だれなら？」と呼びかける。「うらだ」と答えれば狸の変化なので、「ウラならモトよ」とやり返すという。もちろん、妖怪の方から声をかけてくるときもある。呼びかけと応答は、人と妖怪の関係を複雑にしていく要因だが、そこから物語的な展開も芽生える。**図1**をもうすこし抽象的に描いたのが**図2**で、Ａは妖怪の音・声を聞く関係であり、Ｂは妖怪に音・声を聞かせる関係である。まるで表裏をなすように相互に響き合う構図を示している。妖怪は人間の想像力が育んだ心象であることを考えれば、妖怪の行為は人の行為の鏡像だといってもよい。

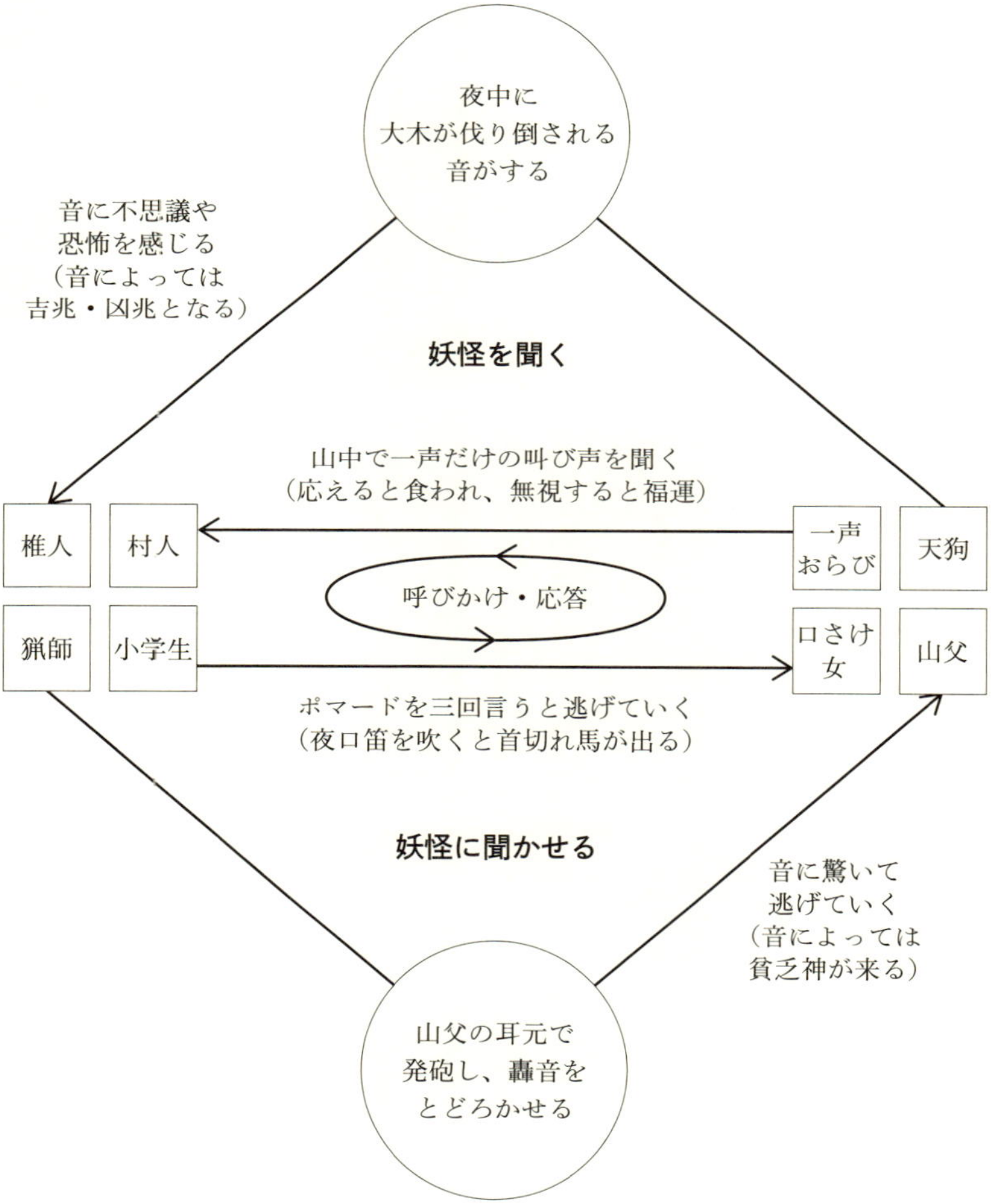
夜中に
大木が伐り倒される
音がする
音に不思議や
恐怖を感じる
(音によっては
吉兆・凶兆となる)
妖怪を聞く
山中で一声だけの叫び声を聞く
(応えると食われ、無視すると福運)
椎人
村人
一声
おらび
天狗
呼びかけ・応答
猟師
小学生
口さけ
女
山父
ポマードを三回言うと逃げていく
(夜口笛を吹くと首切れ馬が出る)
妖怪に聞かせる
音に驚いて
逃げていく
(音によっては
貧乏神が来る)
山父の耳元で
発砲し、轟音を
とどろかせる

図1

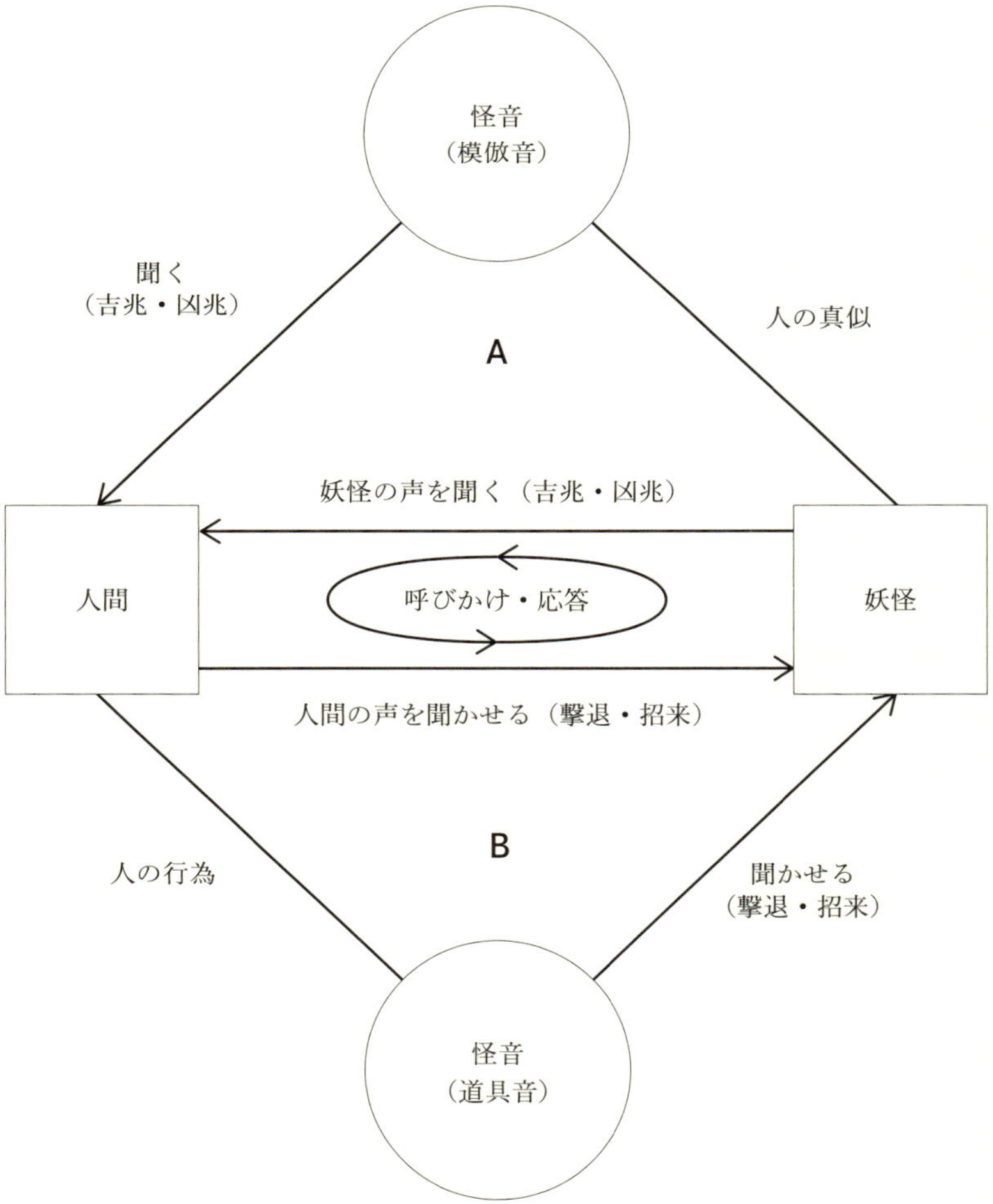
怪音
（模倣音）
聞く
（吉兆・凶兆）
人の真似
A
妖怪の声を聞く（吉兆・凶兆）
人間
呼びかけ・応答
妖怪
人間の声を聞かせる（撃退・招来）
B
人の行為
聞かせる
（撃退・招来）
怪音
（道具音）

図2

引用・参考文献

イザベラ・バード著、高梨健吉訳注 二〇〇〇年『日本奥地紀行』二〇六頁、平凡社。
井上静照著・吉村淑甫書写 一九七一年『真覚寺日記三』四九頁、高知市民図書館。
井之口章次 一九七五年『日本の俗信』弘文堂。
梶原正昭・山下宏明校注 一九九九年『平家物語（二）』一五四頁、岩波文庫。
桂井和雄 一九四二年「土佐の山村の〈妖物と怪異〉」『旅と伝説』一五巻六号（通巻一七四）二〇頁。
桂井和雄 一九七三年『俗信の民俗』二六三頁、岩崎美術社。
小松和彦 一九九一年『神隠し』七七頁、弘文堂。
小松和彦 二〇一五年「〈怪異〉概念をめぐる覚え書き」天理大学考古学・民俗学研究室編『モノと図像から探る怪異・妖怪の世界』勉誠出版。
今野圓輔編著 一九八一年『日本怪談集——妖怪篇』社会思想社。
斎藤たま 一九八八年『行事とものの け』一一三頁、新宿書房。
高田衛編・校注 一九八九年『江戸怪談集』下、岩波文庫。
高村日羊 一九一五年「土佐長岡郡より」『郷土研究』三巻五号、四七頁。
田中勝雄 一九三七年「地名起源伝説と動植物伝説」『旅と伝説』十年九月号（通巻一一七）。
常光徹編著 一九九三年『土佐の世間話——今朝道爺異聞』青弓社。
常光徹 二〇一六年「一声と二声の俗信」『しぐさの民俗学』角川ソフィア文庫。
中村義雄 一九七八年『魔よけとまじない——古典文学の周辺』一七五頁、塙書房。
宮田登 二〇〇一年『都市空間の怪異』一二頁、角川選書。
村上健司 二〇〇〇年『妖怪事典』毎日新聞社。
村山道宣 一九八二年「おらび声の伝承——声のフォークロア」岩田慶治『環東シナ海文化の基礎構造に関する研究——壱岐・対馬の実態調査』昭和五六年度科学研究費補助金研究成果報告書。
毛藤勤治編 一九九二年『岩手の俗信』一二〇頁、岩手日報社。

安井眞奈美 二〇一四年『怪異と身体の民俗学』二一三頁、せりか書房。
柳田国男 一九六八年「山の人生」『定本柳田國男集』四、筑摩書房。
柳田国男 一九七〇年「狸とデモノロジー」『定本柳田國男集』二二、筑摩書房。
柳田国男 一九七二年「遠野物語拾遺」『遠野物語』大和書房。
柳田国男 一九七七年「妖怪名彙」『妖怪談義』講談社学術文庫。
柳田国男 一九九三年『明治大正史 世相篇』五五頁、講談社学術文庫。

妖怪・怪異に狙われやすい日本人の身体部位

安井眞奈美

新型インフルエンザの蔓延

二〇〇九年四月、メキシコで豚由来のウイルスによる新型インフルエンザが発生した。ウイルスは瞬く間に世界各地に蔓延し、やがて変異して人から人へも感染を始めた。厚生労働省は入国者の検査を強化し、人々にマスクの着用や入念な手洗いを奨励した。また公衆衛生の専門家は、自分の顔や目、口、鼻などをむやみに触らないように注意を呼びかけた。なぜなら顔に付着したウイルスが、手を介して目や口、鼻などから体内に入り、感染する恐れがあるからだ。

同様の知識は、戦後間もない頃の小学校教員用教科書にもみられ、「病気は身体の穴から入る。ではいったいどんな穴があいているのでしょう」と問いかけている。そして目、鼻、口、耳、性器、肛門、毛穴、さらには切傷や打ち傷、虫や犬、猫などに噛まれた傷口も「穴」とみなし、清潔に保つよう指導している〔谷村 一九四九、一四五〕(1)。

私たちは、このような西洋医学に根ざしたウイルスと感染の知識を持っている。「身体の穴」、つまり身体の開口部は、真っ先に外界からの刺激を受ける境界である。しかし西洋医学が普及する以前の社会では、人々は現代とは異なる病気観や身体観を持っており、必ずしも「身体の穴」から感染する、とみなされていたわけではなかった。

たとえば古代・中世において病気とは、悪霊や鬼が侵入したり、風に触れたりすることによって生じるとみなされていた。黒田日出男によると、中世成立期の民衆にとって「毛穴」は、何よりも病気の侵入路として意識されていたという〔黒田　一九八六、二五一〜二五三〕。「毛穴」を、皮膚上の無数の開口部と捉えれば、それ以外の身体の開口部についてはどうだったのだろうか？　あるいは開口していない部位からも、悪霊や妖怪は身体に侵入すると考えられたのだろうか？

このような素朴な疑問を抱いた筆者は、妖怪に狙われる身体という視点から、日本人の身体観を明らかにできないかと考えるようになった。そして、国際日本文化研究センターの「怪異・妖怪伝承データベース」を利用し、膨大な数の怪異や妖怪に関する伝承を読み進めていくことにしたのである。

怪異・妖怪と身体

現在、国際日本文化研究センターの怪異・妖怪伝承データベースには、民俗学の調査などをとおして報告された怪異・妖怪の事例が三五、七〇一件〔二〇〇七年六月更新〕[2]所収されている。このデータベースを用いて身体の各部位の名称による検索を行い、妖怪・怪異と身体との関係を見ることにした。[3]怪異伝承の時代や地域による違いを考慮する必要があるが、まずは数量的な傾向を明らかにしたいと考えた。

検索を行った身体の名称は、『大辞林』〔一九八八、三省堂〕の「からだ〔身体〕」の項目〔五一七頁〕を参照し、日常使われている名称を中心にリスト化した。医学・解剖学用語（眼球、臀部など）や俗語・幼児語・女性語の類（ヒザコゾウ、オッパイ、オデコ、オナカ）、古語（コウベ、ヌカ、ノミト）などを除外し、現代日本語でよく用いられる代表的な身体部位を示している。それらは次に示す通りである。

身体の大区分（四ヵ所）

アタマ（頭）・ドウ（胴）・テ（手）・アシ（足）

中区分（二〇ヵ所）

〔頭〕

カミ（髪）・カオ（顔）・ヒタイ（額）・マユ、マユゲ（眉、眉毛）・メ（目）

ハナ（鼻）・ホオ（頬）・クチ（口）・ミミ（耳）・アゴ（顎）

〔胴・手・足〕

クビ（首）・カタ（肩）・ムネ（胸）・ウデ（腕）

ハラ（腹）・マタ（股）・スネ（脛）・セ、セナカ（背、背中）

コシ（腰）・シリ（尻）

小区分（一五ヵ所）

〔頭〕

コメカミ・クチビル（唇）・ノド（喉）

〔胴・手・足〕

チブサ（乳房）・ヒジ（肘）・ヘソ（臍）・ユビ（指）

ヒザ（膝）・ツマサキ（爪先）・スネ、ムコウズネ（脛、向こう脛）・ウナジ（項）

ボンノクボ（盆の窪）・ワキ、ワキノシタ（脇、脇の下）・テノヒラ（掌）・カカト（踵）

「目」や「耳」などの身体部位合計三九ヵ所をキーワードとして怪異・妖怪伝承データベースを検索し、各身体部位に関する伝承の件数を調べた。そのようにして得た数値を、それぞれの身体部位の「ヒット数」とした。

データベースの性格上、たとえば「手」というキーワードによって検索すると、「手助けする」「手柄をたてる」のように、身体部位としての「手」とは異なる意味の「手」を含んだ伝承も含まれてしまう。そのため、検索してヒットしたすべての伝承に目を通して、身体部位としての「手」を含んだ伝承のみを選んだ。そしてそれを「データ数」として整理し、こちらを分析の対象とした。

そのような作業を経て、「ヒット数」と「データ数」を整理したものが**表1**「身体各部位のヒット数とデータ数」である。その結果、最もヒット数の多かった「手」のデータ数は半数以下となり、代わって「足」のデータ数が首位となった。

ところで、これら各身体部位に関するデータには異なる位相の伝承が含まれている。一つは「妖怪

表1　身体各部位のヒット数とデータ数

	部位	ヒット数	データ数
1	足	945	854
2	手	1357	564
3	目	630	548
4	頭	842	531
5	首	480	394
6	髪	344	326
7	腹	376	312
8	顔	370	298
9	背	357	289
10	尻	301	279
11	耳	181	149
12	鼻	157	118
13	指	207	113
14	腕	112	85
15	脇	65	65
16	口	82	64
17	胴	59	59
18	肩	57	57
19	胸	70	52
20	股	79	47
21	喉	63	46
22	額	60	40
23	腰	255	37
24	膝	30	27
25	掌	37	27
26	眉	28	24
27	臍	22	21
28	頬	19	18
29	唇	14	13
30	乳	89	13
31	脛	10	10
32	踵	8	8
33	顎	5	5
34	腿	3	3
35	肘	3	3
36	盆の窪	2	2
37	こめかみ	1	1
38	爪先	1	1
39	うなじ	1	1

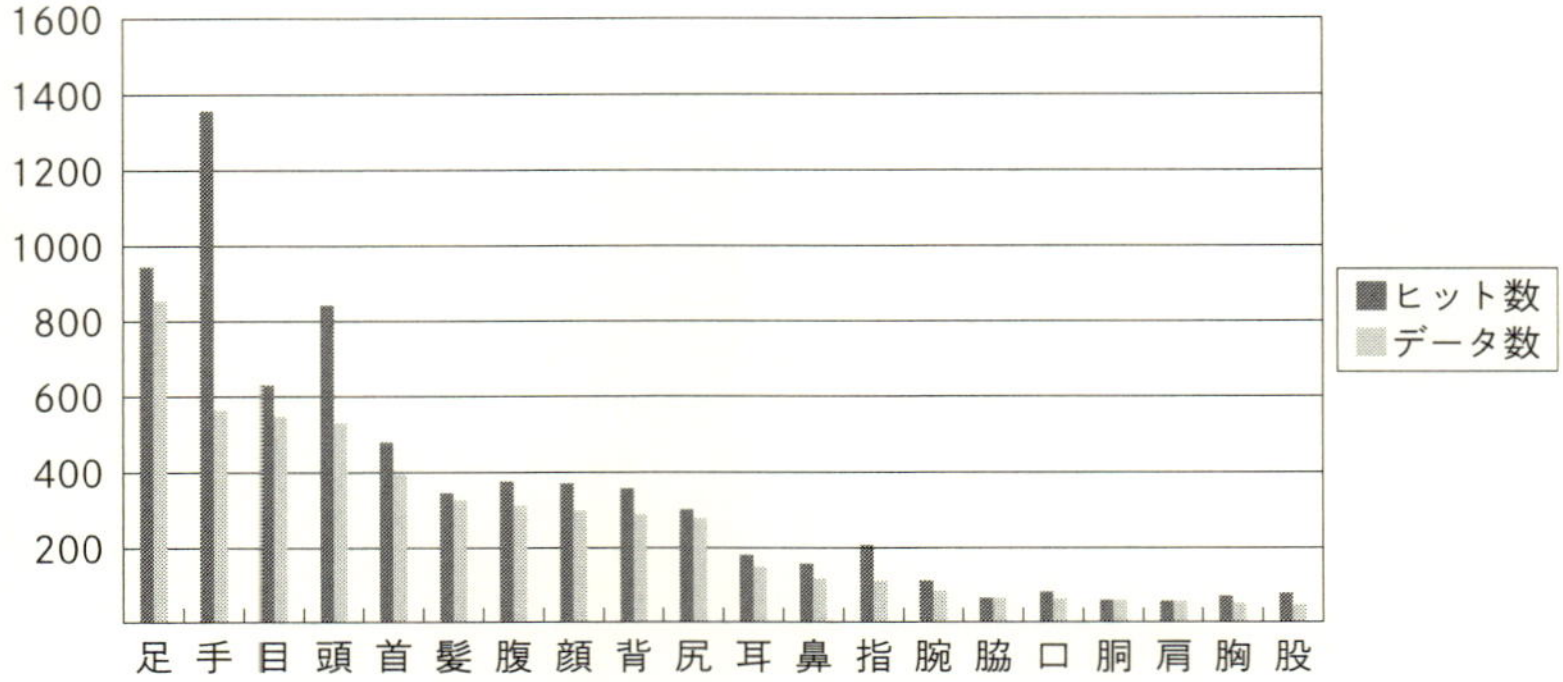

図1　身体の部位別怪異・妖怪伝承データ数（上位20位）

の身体性」とでも呼ぶべき伝承群で、たとえば身体の一部が肥大化したり、欠損したりした妖怪、つまり一つ目小僧や轆《ろく》轤《ろ》首、口裂け女などについて、その身体的特徴を説明しているものである。もちろん妖怪は、人間の身体に関わるものばかりではない。小松和彦によると、「古代から中世、近代への変化に応じて、自然系の妖怪から道具系の妖怪、そして人間系の妖怪への比重の移行という特徴がみられる」という〔小松　二〇〇六、一八八〕。また香川雅信は、江戸時代の妖怪が「過剰な肉体性」を帯びていたことを指摘している〔香川　二〇〇五、一九八〕。これら「人間系の妖怪」の「過剰な肉体性」を生み出した人々の想像力は、当時の身体に対する考え方と密接に関係していたと言えるだろう。

　これに対してもう一つの伝承群は、人間の身体の不調や病気の原因を妖怪や怪異のしわざとする病因論、災因論的なものである。たとえば「ふくらはぎの傷はカマイタチのしわざである」というように、説明体系としての怪異伝承は枚挙に暇がない。しかも、これらの説明は全く恣意的なものではなく、多くの場合、特定の身体部位に特定の怪異が結び付いている。

もっとも、性格の異なるこれら二つの伝承群は互いに絡み合っているため、明確に分けることは難しい。そこでとりあえずは両者を区別せずに、まずはデータ数の多い上位二〇位の身体部位に注目することにした（**図1**）。データ数三〇〇を越える上位七つの身体部位は、足、手、目、頭、首、髪、腹である。これらは妖怪に攻撃される人間の身体であれ、妖怪の身体であれ、怪異・妖怪と関連の深い身体部位だと考えられる。言い換えれば、それらの身体部位は、妖怪に攻撃されたり、あるいはそれ

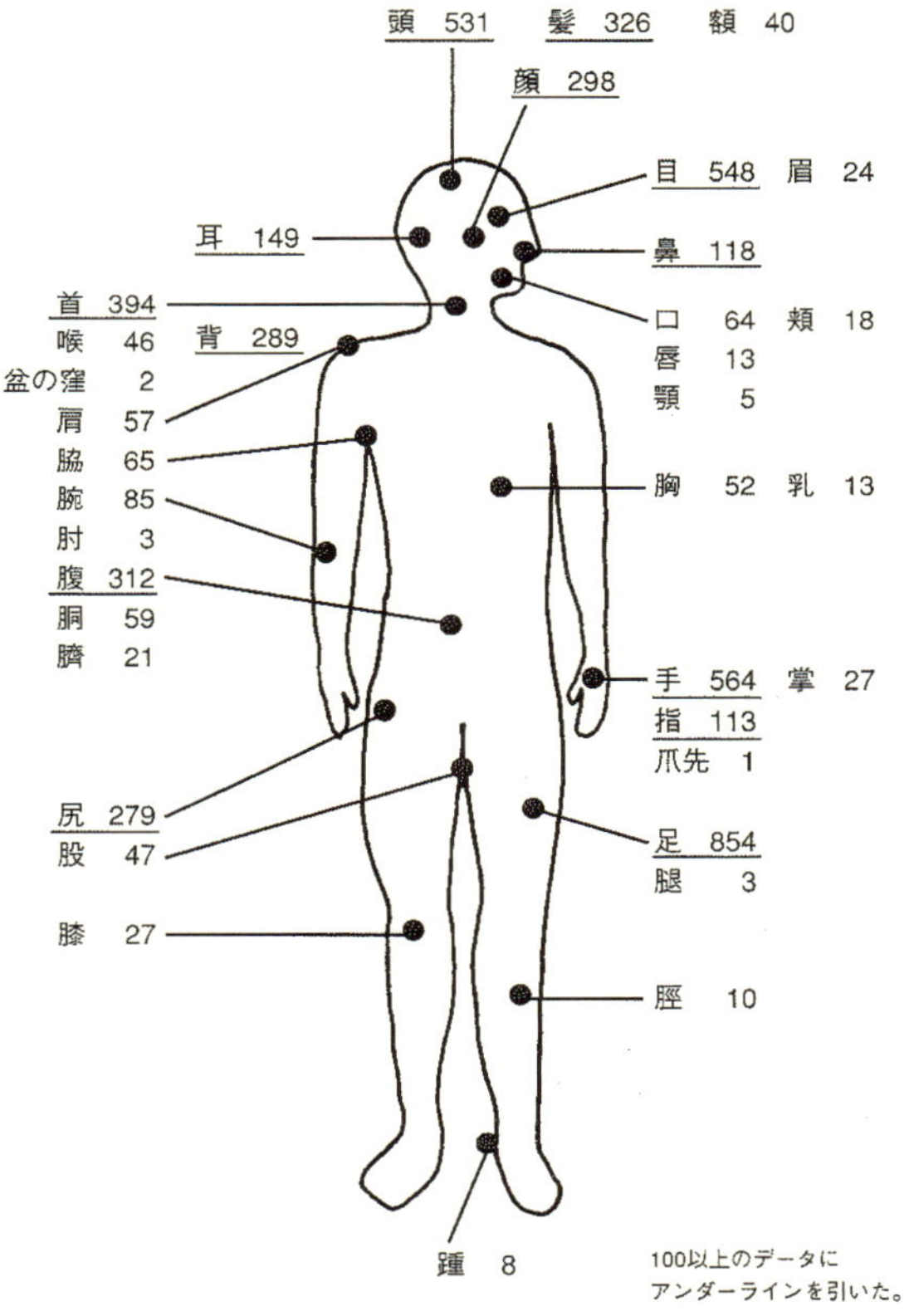

100以上のデータにアンダーラインを引いた。

図2　身体各部位のデータ数

を察知して攻撃をかわしたり、また妖怪との交渉を行ったりするのに秀でた身体部位とも言える（図2）。もちろん、このような分析によって、ある特定の身体部位が実際に妖怪や怪異を認知する能力に長けていたことを問題にしたいわけではない。むしろ人々が、どのような身体部位に妖怪や怪異が攻撃をしかけてくると考えていたのかを明らかにしたいのである。そこにこそ、文化の中で培われてきた身体に対するイメージ、とりわけ異界を前提とした人々の身体観が浮かび上がってくると考えられるからだ。(4)

では早速、各身体部位について、とくに冒頭で示した身体の開口部から順番に、妖怪・怪異伝承を見ていくことにしよう。

目は潰され、耳は怪異を感じる

怪異・妖怪伝承データベースの検索結果から、まずは外界に対して開かれている身体部位をデータ数の多い順に挙げていくと、目、耳、鼻、口となり、性器と肛門のデータ数はわずかであった。このうち口と肛門は、消化管の入口と出口という機能に注目した文字通りの「穴」であり、実体があるわけではない〔養老 二〇〇二、一三〕。さらに口、性器、肛門は一つしかないが、目、耳、鼻（鼻孔）は左右対称に二つある。(5) これらの身体的特徴と妖怪・怪異伝承との関連は考察すべき点の一つであろう。たとえば「目」の伝承について言えば、「片方の目だけを潰す」「片目である」という、二者の一方を潰すという事例の多いことに気づく。

また、目に関する妖怪の代表は一つ目小僧であろう。柳田国男は、一つ目小僧を「大昔いつの代にか、神様の眷属にするつもりで、神様の祀りの日に人を殺す風習があった。おそらく最初は逃げてもすぐ捉まるように、その候補者の片目を潰し足を一本折っておいた。そうして非常にその人を優遇しかつ尊敬した」とし、神への生贄という一つ目小僧の起源説を展開する〔柳田 一九九八（一九三四）、四二六〕。片目を潰し、あえて欠損状態を生み出す行為は、妖怪の誕生の背後にひそむ暴力と差別を暗示させる。飯島吉晴は、「「一つ目」表象も、単なる古い伝統的な伝承ではなく、社会システムを存立させている「隠れた構造」を示している」とし、この世の社会システムが、絶えず死（暴力）によって維持されつづけていることを指摘する〔飯島 二〇〇一、四三〕。

このような片目を潰された一つ目小僧の伝承を除けば、怪異・妖怪伝承データベースには、目という開口部から妖怪や邪悪なものが入ってくる、という事例はほとんど見られないのである。

数多い事例は、眼病を治す呪法に関するものである。メイボやモノモライができた時、その方の顔を半分出して「治ったら全部見せます」と言って、篩《ふるい》、箕、笊《ざる》、擂粉木《すりこぎ》などの道具を井戸の上で半分見せるという方法がある。飯島吉晴は、これらの呪法を「異界に呪具で働きかけ、この世と異界との交換を通して、病気を異界へ追い払ってしまおうとしたのである」と説明し、「異界との交換」を示唆する〔飯島 二〇〇一、八七〕。この場合の異界の入口は「井戸や便所」であって、目そのものが異界の入口となっているわけではない。

妖怪が、目から身体へ侵入したり、攻撃をしかけたりする事例は、それほど多くはない。それは、人間の目が、睨みをきかすことで相手を威嚇できる、能動的で攻撃的な身体部位であることと関係しているのかもしれない。あえてそのような身体の強い部分に、妖怪や悪霊も攻撃をしかけなかったのだろう。だからこそ、目を潰すという行為は、その人物の力を奪い、神に捧げる生贄とするのにふさわしい行為であったと考えられる。

では、目の次にデータ数の多い耳についてはどうだろうか。耳に因んだ妖怪には、泣く子どもの耳を取りに来る、奄美の耳のない妖怪ミンキラウヮークヮ、ウヮークヮ〔田畑　一九七四、三四〕やミンドン〔田畑　一九七四、三六〕、琉球の耳きり坊主〔金城　一九七五、一六〕などが挙げられ、股をくぐられると死ぬとも言われることが多い。これら耳のない妖怪は、奄美・琉球などに見られることから、妖怪の出没する地域性も考慮に入れる必要があるだろう。

また耳の怪異の伝承には、死の予兆に関するものが多数含まれている。たとえば、「鳥の鳴き声が悪いと、どこか近くで死人があるが、身内のものにその声が聞こえないらしい」とか、「耳鳴りすると同じ年のものが死ぬという」などである〔岩井・浦西・野堀・茂木　一九八六、三二二〕。さらに人に死期を伝える妖怪インマオは、長く垂れ下がった大きな耳をもつという〔登山　一九八一、三四〕。大きな耳は、特権的な情報を所有している物知りの象徴でもある。耳は、聴覚による情報だけではなく、この世とあの世の境界に関する情報をもいち早く察知する身体部位であった。

ところで、「耳をもぎ取る」という行為については、鼻とあわせて、中世の肉刑が挙げられる。最も有名な建治元（一二七五）年、「紀伊国阿氐河庄上村百姓等言上状」の第四条には、「ミ、ヲキリ、ハナヲソグ」という刑が記されている。勝俣鎮夫は、これらの刑はたんに受刑者に苦痛を与えるだけではなく、むしろ「これらの刑は本来的には受刑者を一般の人々と異った不吉な容姿に変えてしまう刑、人間でありながら、姿形を人間でなくする、いわゆる「異形」にすることに大きな比重がかけられた刑」と分析している〔勝俣　一九八三、三六〕。耳を切り鼻をそぐ刑は、先述した目を潰すことと同様、身体の一部を欠損させる「欠損型妖怪」の誕生および、その身体性を考える上で重要である。先述したとおり、その背後に暴力と差異化、そこから生じる差別のまなざしが透けて見えるからだ。

また鼻と耳への肉刑に対しては、近年、池田淳が「人格を代表する鼻と耳」という解釈を提示している〔池田 二〇〇八〕。池田は、たとえば同年齢の人が死亡すると、自分にも死が訪れないように手や餅で耳を塞ぐ耳塞ぎの習俗などを挙げ、耳は「凶報を伝える心霊から自分を防御する役割を担う重要な身体器官と考えられていた」と指摘し、耳も鼻も人格を示す身体部位であったと解釈する。この説はたいへん魅力的ではあるが、怪異・妖怪伝承データベースの事例を読む限り、耳の特徴は、人格を示す身体器官というよりは、聴覚という耳の本来の機能から派生し、この世の情報だけでなく、人の死などあの世とこの世の境界に関わる出来事をいちはやく感知する身体部位と言える。これら耳の伝承は、あの世の出来事を感じるためにはとりわけ聴覚が重要であったという、人々の認識のあり方を示しているのではないだろうか。現在のように、物事を把握するには圧倒的に視覚が優位を占めている世界とはずいぶん状況が異なっている。

しかし、耳という身体部位もまた、もぎとられて異形にされることはあれ、妖怪・悪霊の侵入口とは必ずしもみなされていなかったことが窺える。

魂が抜け、悪霊が侵入する鼻孔

鼻に関する〝からだ言葉〟には、「鼻もちならない」「鼻をつっこむ」など、出しゃばりや出過ぎを辛辣にとがめるものが多いという〔秦 一九八四、九四〕。これらの言葉の背後には、人の出すぎた行為を、顔の中央に突き出た鼻に見立てる心意が働いているのだろう。

ところで、鼻に関する妖怪と言えば、真っ先に天狗が思いつく。実際に、怪異・妖怪伝承データベース全体の中でも天狗の伝承は数多く、鼻に関する代表的な妖怪の一つである。天狗の高い鼻は尋常ではない力の象徴であり、それゆえ鼻の低い天狗をわざわざ「川てんぐ」や「女てんぐ」などと区別することもあった〔望月　一九五六、四一〕。

さらに、鼻のもう一つの特徴は鼻孔にある。次に示す事例は、犬神が鼻孔から出入りする様子を詳細に描き出している。

旅の宿屋で、大勢一緒に寝た時には犬神筋の人の鼻の穴から、豆粒ほどの小犬が出て、あちこちと寝た人々の上を走り遊ぶのであるが、夜半など小用に起きる人があると、小犬は急いでもとの穴へ逃げ帰るけれども、若し狼狽てると鼻の穴を間違へて他の人の鼻へ走り込み、其の人が取り憑かれることになる。それで四国遍路などに行った時には、枕元に何か立て、小犬を来させないよう枕屏風を持つなど云って、おおかたの人がそれを持って旅をした。

〔太田　一九三六、五四～五五〕（文中の旧仮名遣いは改めた）

悪霊である犬神は、それを飼っている人の鼻孔から抜け出し、時には間違えて他人の鼻孔に入ることもあったという。しかもそれを避けるため、旅人はたいてい枕屏風を持って旅した、というリアリティーも加わっている。犬神の侵入口が、いびきをかいている人の開いた口や両方の耳の穴ではなく、何よりも鼻孔であったのは、つねに息の出入りがあり、また開いたままの無防備な身体部位であったからだと考えられる。

さらに鼻孔は、犬神などの悪霊だけではなく、人間の魂や生命が抜け出す出口でもあった。たとえば、人の魂は眠っている間にハチやハエに姿を変えて、鼻孔から出て行くという一連の伝承が、中国やシベリヤ、ヨーロッパ、南米など、世界中で広くみられる〔稲田他編 一九九四（一九七七）、関 一九五〇、柳田 一九七二〕。

南方熊楠は、自らも魂が抜け出て飛び回り、闇夜中の状況をくわしく視るという経験を持つゆえ、これらの伝承に早くから関心を抱いていた〔南方 一九七一（一九一一）〕。一方、柳田国男は、魂が抜け出ていくことよりも、その間に見た夢を買って富を得ることに注目し、これらの伝承を「夢買長者」という昔話に分類している〔柳田 一九七二〕。鼻孔は、睡眠中に悪霊が侵入し生命の中枢へと向かう入口であるほか、魂や命が遊離していく身体部位ともみなされていたのである。

なお、息を吹く・息を吸うという行為に注目した常光徹は、「息を「吹く」のも「吸う」のも、ともに口をすぼめて空気の流れを一時的に加速させる能動的なしぐさだが、「吹く」に、邪悪なモノを払い除けたり、体内の霊気のようなものを外に移すはたらきが強調されているのに対して、「吸う」には、常に外部のものを手元に招き寄せるはたらきが認められる」と指摘している。[6]

口と同様に鼻孔も呼吸に関わっているが、鼻孔から吹き出される息には、「鼻息が荒い」という表現は存在するにせよ、あまり霊気のようなものは感じられない。鼻孔は、口に比べて受動的な身体部位と言えるようだ。たとえば次の事例からは、能動的な口と受動的な鼻という対比が浮かび上がってくる。

江戸時代の儒医である伊勢国の橘南谿は、マカツコク（隋・唐代に中国東北地方に居住したツングース系種族の総称）の名医・見底勢が、老人の生命を、亡くなった若者の死体に入れた話を紹介している。この方法は、「老人の口と死人の鼻に管を渡して、老人の背中に薬を張り、死人の背中に灸す」というものであった〔橘 一九八〇、二三八〕。老人の口から吐き出された命を、若者の鼻孔から入れるという方法は、能動的な口と受動的な鼻孔の対比を暗示させる。

また鼻孔から出される鼻水が、その人の命や魂そのものを表すこともあった。たとえば「状持ちと幽霊」の伝承では、幽霊が、ある家の娘の鼻孔から鼻汁を搾り出し、囲炉裏の灰といっしょに紙に包んで娘の命をとった。それを見ていた状持ちは、幽霊から鼻汁を取り返し、死んだ娘の鼻孔に押し込んで、囲炉裏の灰を置いたところ、娘が目を覚ましたというのである〔松山　一九九二、一一六～一二〇〕。鼻汁は生命そのものであり、それを本人の鼻孔へ戻すことによって、命を吹き返したのであった。

これら鼻に因んだ怪異伝承から見えてくるのは、身体の開口部のうち、鼻孔という身体部位こそが悪霊の侵入口とみなされていたこと、また睡眠中に本人の生命や魂が鼻孔から抜け出し、鼻水そのものが命や魂とみなされることもあったという点である。悪霊に狙われやすい「身体の穴」は、どうやら呼吸という生命の維持に関わる鼻孔であったと言える。

セクシュアリティを帯びた口

口は、耳や鼻とは異なり開閉自在である。口を一文字にする、つまり閉じることによって悪霊を防げるとみなされたのか、口から悪霊が侵入するという事例はほとんどみられない。口そのものよりも、たとえば「夜に口笛を吹いてはならない」といった口笛の禁忌や〔栗山　一九三九、二一～二三〕、死人の霊を降ろして言葉を伝える口寄せの伝承など〔朝倉　一九五五、一四〕、口から発せられる音や言葉に関する伝承が多い。どうやら口は、妖怪や悪霊の侵入口とはみなされていなかったようである。

さらに興味深いのは、怪異・妖怪伝承データベースの口に関する伝承のうち、約八割近くが口裂け女に関するものだという点である。[7] 口裂け女とは、言うまでもなく、口の両端が耳の近くまで裂け、マスクでそれを隠している女の妖怪である。一九七八〈昭和五三〉年一二月に岐阜県で騒ぎが起ったのを皮切りに全国的に広がり、各地で子どもたちを恐怖に陥れた。口裂け女は、たとえば後頭部の後ろに口がある二口女のように、身体に新たな器官がつけ加えられたタイプの妖怪ではなく、既存の身体部位が強調され、肥大化したタイプの妖怪と言える。

ところで小松和彦は、口裂け女の裂けた〝口〟について、深層心理学的に言えば女陰を表しているとした上で、「「口裂け女」とは女性器のお化けであり、それに追跡されるということによって肉体的・心理的の双方にわたって恐怖が倍加されるわけである」〔小松　一九八六、二三八〕と指摘している。またマイケル・フォスターは、口裂け女と、伝統的に伝えられてきた女であるイザナミ、山姥、雪女、ウブメ、お岩さん、喰わず女房などの「妖《あや》しい女」タイプの妖怪との重要な共通点として、「女であるからこそ「妖怪」と見なされる」という点を指摘する〔フォスター　二〇〇三、六三九〕。口という身体部位は、怪異伝承から読み解く限り、攻撃される対象よりも、口裂け女に象徴されるように、その部分を強調することによって、攻撃性と女性性を増していく身体部位とみなすことができる。

蛇が侵入し、河童が手をつっこむ

次に女性性、男性性そのものを示す性器はどうであろうか。『古事記』には、アマテラスが天の岩屋戸にこもったため、アメノウズメが女陰をあらわに踊り、神々の笑いを誘う場面がある。このほか、男根・女陰が対になった道祖神に対する信仰や、女性器に朱塗りの矢が刺さって懐妊する三輪山伝説、また風が性器に触れて懐妊する女護ヶ島伝説〔浅沼　一九八一〕など、性器に関する伝承や習俗は数多くみられるにもかかわらず、怪異・妖怪伝承データベースには女性器に関するデータ数が極端に少ない。念のため女性器に対応するいくつかの民俗語彙によっても再度、検索を試みたが、結果は同様であった。さらに、もしかしたら「ヴァギナ・デンタータ」のような歯の生えた膣の妖怪が日本の民俗社会にも存在したのではないかと期待して、怪異・妖怪伝承データベースを検索してみたが、そのような妖怪も探し出せなかった。(8) この点については、怪異・妖怪伝承データベースの基となる伝承を集めた民俗学者や郷土史家たちが、性的なものを避けようとした柳田国男の影響を受けて、性に関する事例をあえて報告しなかったのかもしれない。むしろ性に関する事例は、安産祈願などの信仰の中に数多く含まれている。

怪異・妖怪伝承データベースの性器に関する数少ない事例の中で代表的なものは、昼寝をしていた女の性器に蛇が入って抜けなくなり、病院でも治すことができず女は死んでしまった、というものである〔中市　一九三六、五〜六〕。興味深いのは、実際に女性器に侵入したのが妖怪ではなく、どこにでも生息している蛇だと語られている点である。この怪異伝承では、蛇を男性器の象徴と捉えることで、村の女性たちに戸外で昼寝をしないように戒めているとも読める。しかしここでは、女性器に蛇が入って死に至ったという事例が示す、怪異の侵入口としての女性器という可能性を示すに留めたい。

ところで、激しい攻撃にさらされてきたのは、性器よりもむしろ肛門であった。肛門に関するデータも件数こそ少ないが、その大部分は「河童が肛門に手を入れて尻子玉を抜く」というものである。このほか、肛門から侵入する悪霊もいた。

クダ狐は風が吹くと飛んできて、ニワトリなどがあばれ出すと、ぶらぶら病の病人の肛門から入って憑くといわれている（神奈川県横浜市）〔大谷　一九八二、一四〜一五〕。

このように肛門は、排泄物を出すだけではなく、妖怪の侵入口でもあった。

以上のことをまとめてみると、開口部となっている身体部位の中で、とくに悪霊や妖怪が侵入すると考えられていたのは鼻孔だと言える。鼻孔はつねに開いており、また息の出入りがあるため、悪霊や妖怪に狙われやすい「穴」であった。しかし、その他の開口部である目、耳、口などは、怪異・妖怪伝承データベースの事例から見る限り、予想したほどに妖怪や悪霊の侵入口とはなっていないのである。どうやら悪霊の身体への侵入口は、外界に対して開いている身体部位といった単純なことではないようだ。人間の身体と異界との関わりについて、さらに豊かな想像力が働いていたのだろう。

悪霊は、閉じた身体部位からも侵入する

では妖怪や悪霊は、外界に対して開かれている身体部位以外の、いったいどの部分から侵入したのだろうか。その可能性の一つである背中については、「狙われた背中――妖怪・怪異譚からみた日本人の身体観」〔安井『怪異と身体の民俗学』せりか書房、二〇一四年所収〕で詳しく考察したい。

怪異・妖怪伝承データベースを用いて検索した身体部位のデータの他にも、怪異伝承を読み進めていくと、妖怪・怪異の侵入口として、指〔親指〕、爪の間、指と指の間、脇の下、股の下などの身体部位が浮かび上がってきた。

次の事例は、指の先を隠すというしぐさを伴った、典型的な事例の一つである。

子供の頃〔明治三六、七年〕「丈おっしゃんの家にはくだ狐がいる。くだ狐は小さい狐で、指の爪

の間からでも体の中に食い入って、肉をみんな食ってしまうぞ」と聴いて、夕方などその家の傍を通る時は、四本の指の爪は握って隠し、母指は仕方がないから両脇に押しつけて、逃げるように過ぎ去ったものだった（長野県埴科郡）〔野中　一九三一、一一二～一一四〕。

指および指先を隠すしぐさを分析した常光徹は、「災厄を防ぐためにわざわざ親指を隠すというのは、見方を変えれば、身体のうちでもとりわけ親指は邪悪なモノにつけ込まれやすい箇所であることを暗示している」と指摘している〔常光　二〇〇〇、七七〕。同様に、指と指との間もまた、狙われやすい身体部位であった。たとえば「妖魔・キジムナー」の伝承では、「鮫殿という男が妖魔と友達になり漁をしたが、やがて妖魔を恐れて、住処の桑樹を焼いて追い払った。数年後、友人に木を焼いたことをもらすと、友人は妖魔に変じ、小刀で指の間を刺して男を殺した」〔豊見城高校郷土史研究クラブ　一九六九〕という。このように「小刀で指の間を刺して男を殺す」とわざわざ身体部位を特定しているのは、指の間を急所の一つだとみなしていたからなのだろう。同様に、爪と指の間も、悪霊が侵入するとみなされた身体部位の一つであった。

次に、脇の下は貉《むじな》や狐がこもる場所であった。新潟県佐渡郡畑野町（現佐渡市）では「貉が人の脇の下にこもると、その人が馬鹿になる」〔國學院大學民俗文学研究会　二〇〇一、九〇〕と言われ、長崎県壱岐では「やこおというのは、鼬《いたち》のような姿をしたもので、人の脇の下に潜る。すると、其の人はやこおづきになる。こいつは、塩辛類が嫌いだから、やこお憑きも、塩辛を喰わなくなる」〔折口　一九三〇、五九〕という。

脇の下は腫れ物や出来物などができやすい部分でもあった。たとえば長崎県福江市で、農業を営むある主婦が、脇の下にできた腫れ物の激痛で夜も眠れなくなり、市内の病院で切開手術したが再発し、三度手術をした。隣人の勧めでホウニンと呼ばれる霊媒者を訪ねると、「屋敷内に腫れ物の数だけ霊がおり、先祖ではないが祀ってもらいたがっている」と言われた。その地は、かつて平家の末孫が居住し、墓地があった場所だという〔佐々木 一九八五、一四二〕。

この事例では霊媒者の託宣により、平家の末孫の霊が祀ってほしがっている、との霊の物語が生み出されている。怪異伝承からみる限り、脇の下は腫れ物などの異物ができやすく、それが妖怪や悪霊のしわざとみなされた。つまり妖怪に狙われやすい身体部位と考えられたのである。

また脇の下は、鱗や毛、斑紋などが発症する身体部位でもあった。このうち鱗は、大蛇や蛇を殺した者の子孫の脇の下に現れる、という伝承が多い。たとえば、ある女が蛇の味噌漬けを食べて大蛇となった。大蛇が、村を湖にすると目論んだため、村の名主がそれを退治した。すると親方の家では代々、生まれた子にはみな脇の下に蛇の鱗がついていたという〔横山 一九五九、二二〕。このように民俗社会の怪異伝承においては、脇の下に浮かび上がる鱗は、多くの場合、蛇の祟りと結びつけて語られている。堤邦彦は、江戸の怪談芝居にあっては、「蛇鱗は化ける女、祟る女、妬む女の魔性をあらわすシンボリックな景物として機能し、女と蛇の連関性を庶民文化の深部に定着させていく」と指摘している〔堤 二〇〇六、一五五〕。このように蛇鱗は、人間の身体に強い恨みや祟りを示す刻印であった。とりわけ民俗社会の伝承においては、鱗が顔や腕などの目立つ身体部位ではなく、脇の下に現れたとされる点が興味深い。このように脇の下は、妖怪の祟りが刻印される身体部位として認識されていたことがわかる。

次に股についての伝承であるが、股の下を耳のない豚の妖怪に潜られると死ぬ、という伝承が鹿児島や西南諸島などに数多くみられる。たとえば「ジロムン」や「ムィ ティチ ゴロ（一つ目、すなわち、片目の豚のようなもの）」などに股下をくぐられると、災難にあったり、人が死んだりすると恐れられ、そのため、足をXに交叉して歩いていたという〔田畑 一九七六、一九〕。

常光徹によると、股の下から覗く「股のぞき」は、上下と前後があべこべの関係を同時に体現した形であり、境界的な性格を帯びているがゆえに、異界や怪異現象を覗き見るしぐさとされてきたという〔常光 二〇〇六、九五〕。そこから類推すると、股の下は怪異の世界に通じる入口であると考えられ、だからこそ、怪異現象が生じやすい身体部位であったと言える。

これまで紹介してきた股の下や脇の下、指の付け根などは、いずれも二股の形になっており、普段は開いて人に見せたりすることがない。それゆえ、開くことによって生じる隙間が、とりわけ妖怪に狙われたと考えられる。

次に肩を取り上げる。肩は、悪霊が身体に侵入する入口ではなく、悪霊に乗り移られるとみなされた身体部位であった。たとえば、タカニュウドウという妖怪〔武田 一九六九、一〜二〕は、狸が肩に止まったものであるが、狸は「人を化かす時は肩に乗って目かくしをするので、化かされたと思ったら肩に手をやるとよい（香川県仲多度郡琴南町の事例）」〔水野 一九八六、五〜六〕という伝承が示すように、人の肩に乗るとみなされていた。

さらに肩は、脇の下と同様、瘤や腫れ物など異物のできやすい身体部位であった。『和漢三才図会』巻第十「人倫の用」の「瘤」の項目によると、瘤にはニコブ（荷瘤）とサガリコブ（下瘤）があり、前者は駕舁・傭人など、いつも肩に荷物を担う箇所にできる瘤で、後者は顴《ほおぼね》や耳の辺に瘤ができて垂れ下がり、女性の乳のようになると説明されている〔寺島 一九八五、二七一〜二七二〕。とりわけ後者の場合は、『宇治拾遺物語』の「鬼に瘤とらるる事」をもとにした「瘤取り爺さん」の瘤が想起される。また肩に出来た瘤は、ただの腫れ物ではなかった。たとえば、ある人の左肩の瘤は時々痒くなったが、それは「うぶかたわたりといふ人のしれる人は、左かたにちひさきこぶありて、時々かゆかり。ひとひおのづからさけて、あをきかはづ一つをどりいでたり」〔岡村　一九八〇、四六〕というように、瘤に蛙が入っていたためであった。このほか、「北国にはバイといひ、伊勢路には早打肩といふ、或は早肩癖ともいふ、ゆへ無きに俄に気色あしく成り肩にさし込来りて瀕死する事あり」〔橘　一九八〇、二三五〕とあり、肩の異常は死をもたらすこともあった。

ところで香西豊子は、江戸初期の本草書や医書、小説などさまざまなテクストに現れた「人面瘡」、つまり人の顔に似た、体表部分の外傷および疾患を分析し、近世的身体の豊穣さを鮮やかに描き出している〔香西　二〇〇八〕。香西は、「近世の身体というのは、「怪妖」を語る多様な実践の舞台であったというべきか。ともかくそれは、「医学」や「文学」、「妖怪研究」といった枠をさらりと超え、ときにそれ固有の次元で戯れていた」という重要な指摘を行っている〔香西　二〇〇八、六七八〕。筆者は、既存の枠を〝さらりと超えてゆく〟近世の身体の、たとえ片鱗でもよいからつかみたいと思い、もうしばらくの間、怪異伝承からみる身体にこだわってみたいと思う。

日常を生き抜く身体、怪異を感じる身体

これまで見てきたように、妖怪が身体のどの部位から侵入したかという膨大な伝承群が示しているのは、身体の異変を、身近なところに潜んでいる妖怪・怪異のしわざと捉え、それをうまくかわしたり、対抗したりしようとした人々の、身体の異変とのさまざまな戦い方、対処の仕方であったと言え

る。そして妖怪や悪霊は、目や口、鼻などの身体の開口部の中では鼻孔から侵入することが多く、それ以外の開口部はあまり妖怪や悪霊の侵入口とはなっていないことがわかった。さらに、閉じた身体部位の中でも、背中の他にも指の先、指と指の間、股の下、脇の下など、二股になっている部位の、隙間のできた箇所が狙われやすいことも明らかとなった。常光徹は、二股に分かれた木が帯びる霊性に注目し、二つの幹が一つになる「股」の部分に超越的な力が現象する、と指摘している〔常光 二〇〇三、四四二〕。そのような特徴もさることながら、普段は人に見せることのない閉じた身体部位がいったん開かれて二股となり、そこに空間ができたとき、その空間に対して妖怪、悪霊は容赦なく攻撃をしかけたと考えられる。つまり、妖怪・怪異伝承から浮かび上がってくる身体の境界は、現代の私たちが抱いているような、皮膚によって囲まれた身体ではなく、二股になった身体部位のまわりにできる空間〔隙間〕をも含めたものだったと考えられる。これは、異界との交渉の仕方だけでなく、他者との身体的な距離、私的な空間・領域を再考する上でも重要な手がかりとなるだろう。

続いて、怪異を感じやすい身体部位があったかどうかという点、つまり身体の認知の問題を考えてみたい。養老孟司によると、身体の表面、つまり外界と身体の境界に関して、われわれは脳に地図を持っており、脳はそこで起こったことを明確に把握しているという〔養老 二〇〇二、一一三〕。確かに、胃が痛むのか、小腸が痛むのか、身体の内部についてははっきりしないが、頬や指などの身体の表面に関する痛みについては、その場所をただちに言い当てることができる。

さらに佐々木正人は、脳のもつ身体に関する感覚の地図が決して均質ではないとした上で、「背を含むからだの裏面の触知能力は、おそらくは表の面の大部分のそれに比して劣っている」と指摘する〔佐々木 二〇〇八〔一九八七〕、四四〕。佐々木が注目するのは、背中に文字を書いてもらい、それをあてるという遊びである。興味深いのは、たとえ「書かれた文字そのものは読みにくかったとしても、背に書かれた文字を読もうとする誰もが、自身の背中をまるで、眼の前にある壁のように〝見る〟ことができたということだ。書かれた文字は〝見えにくい〟が、書かれた面を〝見る〟ことはたやすい」という〔佐々木　二〇〇八（一九八七）、四四〕。しかし中には、文字がまるで眼のまえに置かれた透明なガラス板の向こう側から書かれたように、左右反転した鏡映文字として読まれる身体部位もあるという。そのような文字の鏡映読みが生じた部位は、額・眼の周辺、手、舌、足であり、これらは「他の大部分のからだの表面に比して明らかに鋭敏な触知領域である」とされる〔佐々木　二〇〇八（一九八七）、四八〕。佐々木は、「触知能力に優れ、そしてよく動く場であるということは、これらの部位が他のからだの部分よりも、外の世界、対象の世界にひらかれた領域であることを示している」と指摘する〔佐々木　二〇〇八（一九八七）、四九〕。

この触知能力に優れた身体の地図を、仮に「外の世界に開かれた日常の身体」の地図とすれば、怪異・妖怪伝承データベースから得られた身体の地図（**図2**）は、妖怪や怪異と交渉する際に鋭敏に感知する身体部位の濃淡を示した「異界を想定した身体」の地図と言える。そして両者の重なりとズレが、妖怪・怪異を感じ、異界に対して開かれた身体部位をよりはっきりと明示させることになる。たとえば背中のような、日常生活においては鈍感な身体部位が、異界を想定した場合では妖怪に攻撃されやすく、また怪異を感じやすいといった具合である。これは、「異界を想定した身体」の地図が、実際の身体感覚とは別に、文化の中で培われてきた身体に関するイメージにより強く影響されているからだとも考えられる。

また、このような怪異・妖怪伝承の示す「異界を想定した身体」の地図を、今度は、たとえば鍼灸のツボの身体図や中国の気功法における気の流れ、ヨーガのポーズで神経を集中させる身体部位などと重ね合わせてみると、意外とそれぞれの身体観に共通点の多いことがわかるかもしれない。また「手を焼く」や「鼻の下を伸ばす」など、身体に関する慣用表現や比喩表現が数多くみられる身体の地図と重ね合わせれば、[9]人間の各身体部位に関する関心の度合いの濃淡や、日常の身体と異界を感じる身体との対比がよりいっそう明確になるだろう。妖怪や怪異を感じる身体部位は、実際の身体機能や感覚、最初に外界と接触する皮膚といった要素とは異なるレヴェルでの、異界を産み出す想像力と密接につながっていると考えられるからだ。

ところで、身体と怪異・妖怪に関連した伝承の中で、件数の多かった足、手、目、頭、首などが怪異・妖怪と身体との関係を示す重要な部位であるとすれば、たとえば西洋医学で身体の中心に序列化される心臓や脳などには、ほとんど関心が向けられていなかったことになる。頭部を重視するという発想は、道教医学の特徴の一つでもあったが〔加納 二〇〇一、一二四〕、このような、身体の序列化という点についても、考える必要があるだろう。さらに怪異・妖怪伝承では、実際は頭部を切り落とす行為であっても、それらはすべて「首を切る」と表現されるように、本章で示した身体の開口部と同様、身体のつなぎ目である関節などの部分にも注意する必要がある。

最後に筆者は、妖怪と身体の膨大な伝承の海原に、片足の親指だけをそっと浸して長い間様子を窺っていたが、気がつけば、いつのまにか片足を突っ込んでしまっている。当分は、この海原から抜けられそうにないので、腹をくくって、妖怪・怪異と身体の考察を続けていきたいと考えている。

註

（1）現代の感染症については、井上栄の『感染症――広がり方と防ぎ方』〔井上　二〇〇六〕が参考になる。

（2）国際日本文化研究センターの「怪異・妖怪伝承データベース」によると、三五、七〇一件のデータ数は「平成一八（二〇〇六）年五月更新の二二、七三八件に比べ、一・五倍に増加」とある。筆者が本研究のためにデータを整理したのは、二〇〇六年から二〇〇七年三月にかけてである。従って二〇〇七年六月更新後の件数を用いて分析したのではないことを予めお断りしておきたい。

（3）怪異・妖怪伝承データベースの「データベース概要」によると、「データを採取した書誌としては、竹田旦編の『民俗学関係雑誌文献総覧』（国書刊行会、一九七八）に記載された民俗学雑誌を網羅することに加えて、『日本随筆大成』第一期～第三期（吉川弘文館、一九七五～七八）、民俗編のある都道府県史、柳田国男『妖怪名彙』などである（http://www.nichibun.ac.jp/YoukaiDB/gaiyou.html）。

（4）このような身体観は、地域と時代によって異なっている。怪異・妖怪伝承データベースには、近世から現代までの伝承が含まれているため、時代ごとの分析は今後の課題となる。本稿では、まずデータベースを用いて、数量的な傾向を捉えることを第一の目的とした。

（5）上唇の中央の縦の溝を「人中」というのは、これより上の穴、つまり目、耳、鼻はすべて左右が対になっており、これより下の穴、つまり口、尿道口、膣、肛門はすべて一つしかないからだという〔養老二〇〇二、三二〕。このような身体の中央に対する中国の考え方と、怪異・妖怪伝承から浮かび上がってくる身体観との比較は重要である。中国の身体観を考えるにあたって、大形徹の『魂のありか――中国古代の霊魂観』〔大形　二〇〇〇〕は参考になる。

（6）息と霊魂の関連および先行研究については、常光徹「息を「吹く」しぐさと「吸う」しぐさ」（『しぐさの民俗学――呪術的世界と心性』）〔常光　二〇〇六〕に詳しい。

（7）データ数七七件のうち、七五％を占める五八件が口裂け女に関するものであった。

（8）ただし『耳袋』には、「右女の陰中に鬼牙ありて、或いは傷を蒙り又は男根を食い切りし」といった例（「金精神の事」）も紹介されている〔鈴木　一九七二〕。香川雅信氏の御教示による。

（9）筆者は、秦恒平の『からだ言葉の本　付〝からだ言葉〟拾彙』にある身体図〔秦　一九八四、三〕を参照し、図2を作成した。からだ言葉については、齋藤孝が「失われゆく「からだ言葉」と身体感覚」〔齋藤　二〇〇〇〕にて論じており、また籾山洋介は「想像上の存在」としての「人間」という視点から日本語の再検討を行っている〔籾山　二〇〇六〕。

引用・参考文献

朝倉愛子　一九五五「高萩聞書」『民俗手帖』一
浅沼良次　一九八一『女護が島考』未來社
飯島吉晴　二〇〇一『一つ目小僧と瓢簞――性と犠牲のフォークロア』新曜社
池田敦　二〇〇八「鼻と耳――前近代慣習法にみる身体器官の役割」菅谷文則編『王権と武器と信仰』同成社
稲田浩二他編　一九九四（一九七七）『日本昔話事典』（縮刷版）弘文堂
井上栄　二〇〇六『感染症――広がり方と防ぎ方』中央公論新社
岩井宏實・浦西勉・野堀正雄・茂木栄　一九八六「葬送　一　死と霊」岩井宏實編『奈良県史　一二　民俗・上』奈良県史編纂委員会
大形徹　二〇〇〇『魂のありか――中国古代の霊魂観』角川書店
太田明　一九三六「阿州犬神考（三）」『郷土研究上方』六五
大谷忠雄　一九八二「狐憑きと先達」『あしなか』一八〇
岡村良通　一九八〇「寓意草」森銑三・北川博邦編『続日本随筆大成』八　吉川弘文館
折口信夫　一九三〇「壱岐民間伝承採訪記（六）」『民俗学』二―四

香川雅信　二〇〇五『江戸の妖怪革命』河出書房新社
勝俣鎮夫　一九八三「ミ、ヲキリ、ハナヲソグ」網野善彦・石井進・笠松宏至・勝俣鎮夫『中世の罪と罰』東京大学出版会
加納喜光　二〇〇一『風水と身体――中国古代のエコロジー』大修館書店
金城朝永　一九七五「琉球の童謡」『沖縄文化』四三
栗山一夫　一九三九「夜笛考」『播磨』三―六
黒田日出男　一九八六「中世民衆の皮膚感覚と恐怖」『境界の中世　象徴の中世』東京大学出版会
香西豊子　二〇〇八「奇疾と怪妖――人面瘡譚の展開にみる近世的身体の位相」小松和彦還暦記念論集刊行会編『日本文化の人類学／異文化の民俗学』法藏館
國學院大學民俗文学研究会　二〇〇一「新潟県佐渡郡畑野町昔話集」『伝承文芸』二〇
小松和彦　一九八六「『口裂け女』の意味論」『鬼の玉手箱――民俗社会の交感』青玄社
――――　二〇〇六『妖怪文化入門』せりか書房
齋藤孝　二〇〇〇「失われゆく「からだ言葉」と身体感覚」『身体感覚を取り戻す――腰・ハラ文化の再生』日本放送協会出版会
佐々木宏幹　一九八五「「カゼ」と「インネン」」『人類科学』三七
佐々木正人　二〇〇八（一九八七）『からだ――認識の原点』東京大学出版会
鈴木棠三　一九七二『耳袋』一（東洋文庫二〇七）平凡社
関敬吾　一九五〇『日本昔話集成』角川書店
武田明　一九六九「大川郡多和の妖怪」『香川の民俗』一一
竹田旦　一九七八『民俗学関係雑誌文献総覧』国書刊行会
橘南谿　一九八〇「黄華堂医話」森銑三・北川博邦監修『続日本随筆大成』一〇　吉川弘文館
谷村春子　一九四九「性教育の実際」定方亀代・谷村春子・大平エツ著『純潔教育』明治図書出版社
田畑英勝　一九七四「奄美の妖怪について」『琉大史学』六

――――　一九七六「奄美物語その一」『季刊民話』八
堤邦彦　二〇〇六『女人蛇体――偏愛の江戸怪談史』角川書店
常光徹　二〇〇〇『親指と霊柩車――まじないの民俗』国立歴史民俗博物館
――――　二〇〇三「二股の霊性と怪異伝承」小松和彦編『日本妖怪学大全』小学館
――――　二〇〇六『しぐさの民俗学――呪術的世界と心性』ミネルヴァ書房
寺島良安著、島田勇雄・竹島敦夫・樋口元巳訳註　一九八五『和漢三才図会』二（東洋文庫四五一）平凡社
豊見城高校郷土史研究クラブ　一九六九「妖怪の世界――樹の精（キジムナー）の物語」「豊高郷土史」二
登山修　一九八一「奄美大島瀬戸内町の民間信仰」『南島研究』二二
中市謙三　一九三六「柏の葉風」『旅と伝説』一〇六
野中太気彦　一九三一「くだ狐の話」『郷土』一―四
秦恒平　一九八四『からだ言葉の本　付〝からだ言葉〟拾彙』筑摩書房
フォスター、マイケル　二〇〇三「「私、きれい？」――女性週刊誌に見られる「口裂け女」」小松和彦編『日本妖怪学大全』小学館
松山光秀　一九九二「「状持ちと幽霊」について」『徳之島郷土研究会報』一八
水野一典　一九八六「琴南町獅子聞書」『香川の民俗』四七
南方熊楠　一九七一（一九一一）「睡眠中に霊魂抜け出づとの迷信」『南方熊楠全集』二　平凡社
望月禮子　一九五六「河童・天狗など」『女性と経験』一―二
籾山洋介　二〇〇六『日本語は人間をどう見ているか』研究社
柳田国男　一九七一「日本昔話名彙」日本放送出版会
――――　一九九八（一九三四）「一目小僧その他」『柳田国男全集』七　筑摩書房
――――　一九六三（一九三八～一九四〇）「妖怪名彙」『定本柳田国男集』四　筑摩書房
横山登美子　一九五九「北蒲原郡、笹岡村の伝説その他」『女性と経験』三―一
養老孟司　二〇〇二『からだを読む』筑摩書房

謝辞

「怪異・妖怪伝承データベース」によって検索した身体各部位のデータ整理については、データベース作成の主たるメンバーの一人である国際日本文化研究センター教授・山田奨治氏の御協力を得た。この場を借りて御礼申し上げる。

また筆者は、情報処理学会第一〇三回　人文科学とコンピュータ研究会発表会（二〇一四年八月二日、兵庫県立歴史博物館）にて、「妖怪から読み解く身体観」と題して発表を行った。参加者の皆さんからたいへん有意義なコメントをいただいた。またその際に、「身体各部位のデータ数」の中で「顔」のデータが抜けていることを指摘された。檀上で顔面蒼白になったが、本書では「顔」のデータも含めた改訂版の表を掲載している。併せて御礼申し上げる。

「妖怪」という問いかけ
——調査地における応答の諸相をめぐる研究ノート

藤坂彰子

I　はじめに

1　聞き取り調査の失敗譚から

本稿を書くにあたって、聞き取り調査（フィールドワーク）における自分自身の一つの失敗譚から書き始めたい。

民俗学における聞き取り調査、特に「妖怪」[1]などといった事象についての聞き取り調査に関して、注意事項として語られる調査の上の作法がある。

「調査地でそうした（「妖怪」などの「俗信」[2]や「迷信」[3]などと呼ばれる）ものを調査する時は、いきなり「妖怪」を問うたり、「妖怪」などのことばを使って問うことでは、満足のいくような答え

（調査結果）は得ることが出来ない。」

ここで「直接的に聞く」ということは、適切な場面において適切なことばを用いて語られるべきものからタームを切り離して、まったく違う場面でそのタームの意味を決定させるような文脈もなく「○○はどうですか?」という風に聞くことである。「妖怪」以外のものでも、たとえば時期はずれの平日に「博多祇園山笠はどうですか?」と突然問いかけるようなもので、それは問われた側にしてみれば「どうと言われても……」と戸惑うばかりの質問のことを指す。つまり、あるべき文脈から引き離して、ことばだけを問うてもなかなか思うような答えを得ることはできない、ということである。民俗学を専攻する学徒なら、一度は手にするであろう『民俗調査ハンドブック』（一九八七）の中の「〈3〉俗信・禁忌」の憑きもの[4]の調査の項には、以下のような記述がある。

「現地調査では、いきなり憑きものの存在を問うたりしても、無視されたり警戒されることが多いので、関連事項の調査から始めることにしたい。複数の話者と話しているときに、話題が憑きものにふれると、急に話者同士が方言で話し始め、調査者には断片的にしか内容がつかめないといった経験をすることがある。」

（古家 一九八七：一五〇）

古家はここで、憑きものなどという非常にデリケートなものを現地において調査する際は、直截的に、また文脈を無視して話を聞こうとすると、調査における信頼関係などを壊しかねないことばであるという問題を孕んでいることを示唆している。

さて、以上のような予備知識のなかった筆者は初めての調査で、案の定「妖怪を知っていますか」という質問を現地で投げかけてしまった経験がある。その際もちろん、「知りません」「分かりません」「そんなの迷信ですから」と切り替えされ、訝しげな視線を投げ返されてしまった。あるいは、「妖怪を知っていますか」「(この場所に)妖怪が出るのですか」という問いかけに対しては、「そんなの出るわけはないだろう」と、話を切り出した調査者を笑い、「そんなの迷信迷信」と諭す人もいた。

当然この時、現地の「妖怪」にまつわる話は得られることはなく、「当然そんな聞き方で(「妖怪」の話が)聞けるわけはないだろう」と、発表の場では失笑をかってしまった。

調査地におけるこのエピソードは、筆者に限らず調査経験のない調査者がよく犯してしまいがちな誤りとして、笑い話(それは呆れたようなニュアンスも含む)となる。

しかし、中にはそのような、「妖怪を知っていますか?」といった調査者の稚拙な質問にも、「ああ、知っていますよ。私の子どものころには河童が出るといわれてね……」とか、「妖怪っていうのは日本人の想像力の豊かさでね」と解説してくる人々も、調査地の中には存在する。けれどもそうした問いに返す調査地でのインフォーマントのことばは、「本当の妖怪の話は聞けない」というような、調査での失敗事例の一つとして判断されてしまいがちである。

2 失敗した問いかけから

こうした議論は既にやりつくされている感もあるが、先の失敗をもう少し考えてみたい。それは失敗した問いかけの方法、たとえば「(この場所に)妖怪が出るのですか?」や「妖怪のお話を聞いたことがありますか？」という問いかけを、受け手側がどのような問いかけとして受け取るのか、ということを考えることによって次の問いにつなげようと試みるためである。

以下の三種の問い方を考えてみたい。

（1）「（この場所に）妖怪が出たのですか？」
（2）「妖怪を知っていますか？」
（3）「（この場所にある）妖怪のお話を知っていますか？（聞いたことがありますか？）」

まず、（1）の「（この場所に）妖怪が出たのですか？」という問いかけは、非常に直接的な問いかけであると言うことができる。またこれは直接的であると同時に「（この場所に）妖怪がいるか（いたのか）」「（この場所に）妖怪がいないのか（いなかったのか）」というような、妖怪が存在する／しないという存在論にすり替わってしまう危険性をもっている。これは「妖怪」の存在を信じるか否かという、「信じる」という行為を問うことにもつながる可能性をはらんでいる。もちろん、これは「いる（いた）」もしくは「いない（いなかった）」という「ＹＥＳ／ＮＯ」を問う問いかけの方法でもあり、どこか乱暴な聞き方[5]であるかもしれない。そうした問いかけに対して「そんなのおらんですよ」という答えは、非常に常識的な受け答えの仕方[6]であるだろう。

これに対して（3）の、「（この場所にある）妖怪のお話を知っていますか？（聞いたことがありますか）」という問いかけは、インフォーマントが「ああ、そういえば……」と実際に自分が見聞きした話を語ったり、「ここには火の玉が出てね」といった、自己の語りを得られる。（1）の問いかけと同様に、

「（この場所にある）妖怪のお話を知っていますか?（聞いたことがありますか）」という問いかけも「YES／NO」という問い方でもあるだろう。だが、この問い方には、別の解釈が存在する。それは「妖怪」の話に関係するような記憶にアクセスする問いである、ということである。

先ほどの失敗譚で述べたように、(2)の「妖怪を知っていますか?」という問いかけに対しては、「知りません」や「おらんですよ」[8]というような、少し非難めいた言葉が返ってきてしまう。また「知らないから、別の人に聞いて」とか、「私は知らないけどあの人は詳しいから、あの人に聞いて」という返事をされることもある。これは「自分は妖怪の話を知らない」と表明する反応であると同時に、調査者の意に沿うような話を知らない（出来ない）から、調査者の意に沿うような語りをしてくれる人――この場合、郷土史や地域に詳しい知識人、学校の教員（「この人は○○小学校の校長先生やった」というような経験者も含む）を指名されることが多い――に聞いてほしいという、自分は関係ないという態度にしばしば出くわすことが多い。

以上から、問いかけの問題として、「妖怪」ということばから応答の諸相を見て取ることが出来た。また、筆者の行った問いかけとしても「妖怪」の「存在論」に触れてしまう問いかけの仕方や、「妖怪」に関する話の「記憶」にふれる問いかけの仕方、または「妖怪」に関する「知識」を問う問いかけの仕方であった、ということが分かった。

II 研究史と目的

1　妖怪研究史概要

ここで、「妖怪」をめぐる研究の現状を少し概観しておくこととする。

そもそも、「妖怪」ということばは通俗的なことばではなかった。近世時代においては、「妖怪」ということばを用いるのは一部の有識者のみで、われわれが現在考えているような「妖怪」ということばとは違い、「妖怪」＝「化け物」などと呼称されるものであった。また、明治時代において、「化け物」や「おばけ」のように呼称されるものを「妖怪」ということばとして学術的に採用したのは、哲学者、井上円了（一八五八―一九一九）であった。円了は「妖怪」ということばを、「迷信」ということばと密接に結びついたものとして想定しており、そうした円了の活動に準えるようにこの時代のマス・メディアであった新聞の中に数多く「妖怪」ということばを見ることが出来る。もちろん、そうした新聞記事の多くは「妖怪」と呼ばれるような「現象」を取り扱ったものであるが、その多くの論調は、そのような「妖怪」（この場合、円了から見れば現象であるが、それを信じる人々にとっては存在）を科学によって合理的に解明（説明）し、「妖怪」を信じないのが近代人としてのわきまえであると説くものが多かった。

以上のような「妖怪」＝「迷信」と結びつけるような風潮の中で、「妖怪」を価値のあるものとして論じたのが柳田國男（一八七五―一九六二）であった。「妖怪」＝「日本人の心性」を読み取れるものとして、柳田は学問的価値を創出したのである。その後、「妖怪」は民俗学の研究領域の中で重要なものとして考えられていくようになった。

柳田以降の妖怪研究というと、阿部主計『妖怪学入門』(8)や阿部正路『日本の妖怪たち』(9)、今野圓輔

『怪談』[10]などの中で、日本の説話や芸能、民間伝承に現れた妖怪を紹介し、解説する、ということに終始していた。中でも石塚尊俊の『日本の憑きもの』[11]は、憑きものの全国的な分布から属性、社会的機能、歴史を論じたものであり、民俗社会のなかに生きている妖怪動物の実態を詳しく解明している論考でもある。また、谷川健一の『魔の系譜』[12]は、日本の歴史と怨霊系の妖怪・妖異の関係を明らかにしている。それは歴史における弱者や敗者が死を契機に怨霊となり、強者・勝者を攻撃するという伝承の歴史を浮かび上がらせた。

これまでの研究の中では民俗社会の調査に基づく研究は管見の限りにおいて非常に少数にとどまっているが、特定の地域における調査研究に関しては論考がある。それは、四国に分布しているノツゴを地域に即して論じている桜井徳太郎の『民間信仰』[13]や、石川純一郎が全国の河童資料を整理・分析した『河童の世界』[14]などである。

その後、一九八三年に小松和彦（一九四七—）が『妖怪学新考』[15]において、「山姥」や「ヤマタノオロチ」伝説、「大江山の酒呑童子」といった説話資料を元に、従来の柳田の「妖怪は神の零落した姿である」という説に大きな風穴をあけ、新たに「妖怪」とは神霊のカテゴリーの中から排除された、否定的なイメージを付与された霊的な存在であり現象である、ということを論証した。小松は、こうした「妖怪」は祠や社に祀ることによって制御可能のものとなり、それは「妖怪」ではなく「神」となる、と説いている（小松 一九九七）。

また宮田登（一九三六—二〇〇〇）は『妖怪の民俗学』[16]の中で都市空間と「妖怪」の密接な構造を都市で形成される噂話（世間話）から示唆し、民俗学研究の中で「妖怪」を研究することに大きな活力を与えた。それに加え宮田は、そうした現代都市での妖怪譚の担い手として女性の存在を指摘している。

それは、現代都市において近代的思考を身につけていながらも、現代都市に相応しい妖怪を語る女性たちが現代でも「妖怪」を生きさせていると述べている。

現代都市社会における妖怪譚の語りは、学校に通う子ども達（これは小学校から大学にいたるまで、学校という空間の中で顕在化している）の間でも行われている事に焦点を当てたのが、常光徹の『学校の怪談』(17)や、松谷みよ子の『学校』(18)であった。それは、学校という一種特殊な空間の中でさまざまな場所に怪異譚がひしめいている状況を、現代の「妖怪」として取り扱っている。

最近の動向では、香川雅信（一九六九―）が『江戸の妖怪革命』の中でさまざまな玩具から江戸時代から現代までの「妖怪」についての観点を描き出している。現代にとって、「かわいい妖怪」の登場から「妖怪」とは、リアリティの感じることのできないポケットモンスターのようなキャラクター的であるという要素を持ち、「妖怪は感情移入の対象」（香川 二〇〇五：二九八）であると同時に、ちょっとばかり伝統的な要素を持つものとしてとらえられていると論じている。

2　本稿の目的

本稿では「妖怪」ということばを使用しているが、上記に述べたような従来の伝統的な妖怪研究とはいささか趣を異にする。従来の「妖怪」研究（仮にこうカテゴライズしておく）に関しては、歴史的資料やフィールドワークから「妖怪」らしきものにある何らかの特性を見極め、そこから「妖怪」と日本人の関係や心性を解き明かそうというものが主流である。最近の傾向としては、「妖怪」に関しての話の「伝承」が途絶えてしまったことや、恐怖の存在としての「妖怪」の語りを現地で聞けなくなってしまったということもあり、古代から近世、近代までの文学資料や歴史史料、または美術資料といった幅広いものを研究対象として採用し、研究が行われている。

ここで筆者が注目したいのは、「現地で妖怪の語りを聞けなくなってしまった」という学問的な認識である。これは、柳田の「妖怪談義」の中にも見ることが出来、[19] そうそう最近の議論ではない。けれども、冒頭の失敗譚でも挙げたが、「妖怪」ということばを投げかけた時に、現地では「迷信だから」とか、「そういえば……」というような語りを聴くことが出来た。研究史の中でも述べたように、「妖怪」というのはもともとは学術用語であったことばであったが、マス・メディアなどを通して現在では通俗語としても機能している。この現在の状況において、「妖怪」ということばをフィールドに投げかけた時に、実際にどのような事がフィールドで起こるのか、そして語られるのか、という反応を調査事例からまとめてみたい。

大島清昭は『現代幽霊論』（二〇〇七）の中において、「時代が刻一刻と移り変わり、「妖怪」がこれほどまでに巨大なブームを起こし、いまや一つのジャンルを形成している中で、「妖怪」がもつ意味や力を、もう一度実状に即して考えた時、その中に「幽霊」が回収されるという物いい自体の持つ危険性を積極的に考えなくてはならない。そうでなければ、民俗学における「妖怪」ということばは、現実に語られ、受容される「妖怪」たちから乖離するばかりである」（大島二〇〇七：三八）と指摘している。この場合、大島は「妖怪」というカテゴリーの中に「幽霊」が回収されることを危惧した。しかし、大島の言うように、「民俗学における「妖怪」ということばは、現実に語られ、受容される「妖怪」たちから乖離するばかり」になってしまう、という主張は今後も検討されて良いものではなかろうかと筆者は考える。現状の史資料を用いた優れた先行研究と、またマス・メディアの中での表象の分析に加えて、本研究ノートの問いは人々の「生きられた」心性の内実を考えていくことに少しでも厚みを増せるのではないか、との希望を抱いている。その結果、たとえ「妖怪」が、恐怖の存在としてリアリティを失ってしまったとしても、人々の生活の場で位置づけ語られるものを、現地の人々の語りから考察していくことは有意義なことと考えるためである。

III 調査事例から

ここでは調査によって出会ったいくつかの事例から具体的に見ていきたい。特に筆者が先にあげたような「妖怪」ということばを調査地でうっかり口にのぼせた場面で、どのように人々は反応したのかについて取り上げることとする。多くが二〇〇七年から断続的に調査を行っている大分県臼杵市[20]の事例であるが、中には大学院在学時に共同調査に参加した佐賀県唐津市呼子町、大分県中津市の情報も含まれている。

(1) 事例1:「え、妖怪?」[21]

最も多い反応としては、怪訝な顔をされるというケースである。大分県中津市で行われる鶴市傘鉾神事の調査において、顔見知りになった地元の七〇代の男性に地域を案内してもらっているときに、ふと「河童」の話になった。それは地域の中に河童の墓のある寺がある、ということからだった。筆者が「ここには河童の墓がある、というお寺があるそうですが……」と尋ねると、「ああ、あるけど、そんなものに興味があるの?」と尋ね返された。その際に、「妖怪の話に興味がありまして」と話すと、

「はぁ、妖怪!?」と顔を顰め、「妖怪って……鬼太郎とか?」と筆者に問うてきた。「鬼太郎というか……」と、語尾を濁すような答え方に、彼は「河童とか、山姥とかじゃないの?」と、彼の中で思いつく限りの「妖怪」の名前を挙げてきた。それは筆者が「そのようなものです」と頷くまで彼は続けた。筆者が頷くと、ようやく満足したように、「はぁ、妖怪ねぇ……」と首を傾げた。筆者が「最近は妖怪を使って町おこしをしている地域が増えてきているんですよ」と話すと、彼は「そんなの迷信、迷信」と笑って、それまで私に「妖怪」というのは何を指すのか尋ねていた関心はとたんにそがれてしまっていた。

(2) 事例2:「私は妖怪の時代も生きたから」

「妖怪の話? よく知ってますよ。皆知ってたから。」

臼杵ミワリークラブ(22)という、妖怪を使って町おこしをしている団体の情報源となった、八〇代の女性Wさんは朗らかな顔で答えた。

彼女はミワリークラブを通して「妖怪の話を聞かせてください」と尋ねた筆者に対して、非常に丁寧に話を聞かせてくれた。それは彼女が学校帰りに小豆洗いが出たという話や、河童が出ると言われていた場所の話などであった。筆者が「よくご存じですね」と彼女に尋ねると、冒頭のセリフに立ち戻る。「妖怪の話? よく知ってますよ。皆知ってたから。昔はラジオも何もないでしょう? だから、話すこともそれぐらいしかないの。」と、Wさんは筆者の問いに答えた。そして、話は第二次世界大戦の話に移り、戦争体験を語りだした。Wさんがひとしきり話し終わると、筆者とともにその場で聞いていたミワリークラブの会員が、「ばあちゃん何でも知っちょんなぁ」と言うと、Wさんは「そらぁ、私は妖怪の時代も、戦争の時代も生きたから」と自慢げに語った。「そういう(妖怪)って、話すことにあんまり抵抗ないんですか?」と筆者が問うと、「昔はね、みんな話しよったことだから」とWさんは再度その台詞を語りほほ笑んだ。

(3) 事例3:「嘘たい!」[23]

在学中、佐賀県唐津市呼子町の、大綱引き行事の共同調査における話である。調査項目に合わせての調査であり、その内いくつか消化できたところで一段落つき、世間話をしている時に、調査地の人々が「で、あんたは何を勉強しとうと?」と、お約束のように聞かれた。「昔話とか、ちょっとあやしげなお話を……」と口ごもる筆者であったが、いまいち要領を得ず、「妖怪」ということばを発してしまった時に「はぁ? 妖怪?」と面喰ったような表情を調査地の人々は浮かべた。その内のひとりが、「おお、(妖怪の話を)知っとうよ!」と調査者に話しかけてきて、筆者も「本当ですか?」とメモを取る体勢に入ると、彼は「いや、ここにも出てね……」と語りのトーンを少し下げる。「うんうん」とうなずきながらメモを必死にとる筆者を見て、「ほら、目の前に……」と、筆者を指さす。筆者はうまく理解できず、ぽかんとした表情を浮かべていると、「嘘たい!」と言って筆者の肩を叩き、周りの笑いを誘った。ようやく自分が指差されたのだと理解した筆者はとても恥ずかしい思いをしたが、そのこともあったおかげで後の調査は和やかに進んだ。

(4) 事例4:「妖怪っていうのはですね」

筆者が大分県臼杵市において妖怪を使って町おこしをしている団体(臼杵ミワリークラブ)の活動地

域で調査をしている際の事例である。地域のイベントに参加している際、ミワリークラブの会員と知り合いの七〇代の男性がたまたまそのイベント会場に居合わせていたので紹介していただいた。その際、「何を勉強しに来てるんですか？」と問われた時に、「河童とか、そういったもののお話を聞かせていただきに来ました。」と答えると、「それは妖怪ですか？」と問われたので、筆者が「そうです」とうなづくと「妖怪っていうのはいいですな」と、彼は非常に好意的に答えた。彼自身、幼少期に臼杵川で泳ごうとした時に、父親から「川で泳ぐと足首をつままれて河童に連れて行かれるぞ！」と強く言われたそうで、そのことをしきりに筆者に語った。ひとしきり語り終えると、そうしたことを言われた、ということは非常に教育としてよかったと振り返る。

「子どもは怖いものを持たせんと分からないんですよ。「近寄るな！」って。こうやって、昔の人は人間を超えたようなものを方便として、子どもに分からせるようにしたんですよ。私も小さい頃言われてましたよ。小さい頃は（臼杵）川がきれいだったんですよ。だからみんな泳ぎに行きたくなる。だけど河童がいるから「御仏飯（おぶっぱん）[24]を食べろ」といわれてたんですわ。そうすると、川の中で目が光って、河童が怖がるからって。要するに知恵なんですよ。空腹時に泳がせないようにっていうですね。」

彼は元教員であり、町の中でも「先生」と呼ばれている人物であった。石仏の観光ガイドも務め、有識人として周囲から認められる人物であった。そのためか、「妖怪」に関して話す際は、子どもの教育としていいということをしきりに説明し、また何故子どもの教育にいいのか、筆者が理解しやすいよう合理的に説明してくれた。自分の幼少期に言われたこと（「御仏飯」を食べると目が光って河童に足を取られない、という話）を説明する際にも、生理学的な答え「おなかが空くといけないから」という説明をしていた。

（5）事例5：「小豆洗いを見ました」

ミワリークラブ会員のOさん（五〇代男性）は、飄々とした感じで「ああ、小豆洗いを見ましたよ」と話をしてくれた。筆者が「何か妖怪に関するご興味があったんですか？」と、ミワリークラブに入会した動機を聞いている最中に、「小豆洗いを見た」と語ってくれた。今まで、「妖怪」ということばを出すと事例1のような反応や、事例2のようにからかわれることが多かった筆者にとって、淡々とそうしたことを語る人物と出会ってすこし面喰った。「小豆洗いって……妖怪ですか？」と問うと「そう。妖怪の小豆洗い。」と何のためらいもなく「妖怪」ということばを使った。このOさんは、元々自分は霊感が強く、心霊体験も多く、「山に引かれた」[25]経験もあるという。筆者が「それが小豆洗いだと分かったのですか？」と問うと、「私は下を向いていたからよく顔まで見なかったけど、ほら、よく小坊主とかが着るスカートみたいな着物がありますよね？　それを着とったんです。それと一本歯の高下駄。それで、早朝、小雨の降ってる時にすれ違って、「おはようございます」と声をかけても返事がなかった。「あれ？」っと思ってすれ違ってすぐ振り返るともう誰もいなかったから、「ああ、あれが小豆洗いなんじゃないかなあ」と思ったんです」という返事が返ってきた。いまひとつ理解できなかった筆者が首をかしげると、「ほら、いまどきそんな格好する人なんていないから」と言って筆者を納得させようとした。

（6）事例6：「狸に化かされた」

それはミワリークラブの主催するナイトツアー（ナイトツアーとは、夜の臼杵のまちを歩きながら、ポイント毎にまつわる「妖怪」の話を聞くプログラムのことである）後にミワリークラブ会員が揃っての飲み会の席でのことだった。この日は、ナイトツアーの段取りの話や、ナイトツアー終盤に行われる臼杵城での肝試し大会の出来事の話をしていた際に、「夜暗い中で脅かし役一人で待っているのは怖いのではないか？」と筆者が問うと、ある会員が「怖くはないけど、そういえば……」と、Iさん（三〇代男性／ミワリークラブ会員）が「狸に化かされた」という話が一時期ミワリークラブの中で話題になっていたという話を聞かせてくれた。それは、ミワリークラブのナイトツアー中に、Iさんが道に迷った話であった。いつも歩きなれていたはずの道を通り、次の地点に先回りしようとしたが、見慣れない道に出てしまった。改めて元の道に戻り、再度通ってみたが、何度も出るはずのない道に出てしまう。その時「もしや……」と思ってぞっとした覚えがある、と当時語っていた、という話であった。その場では「そんなんこいつ（Iさん）の勘違いじゃ」と笑ったが、その場に居合わせていたIさんは最初は「ホントにそうだった！」と主張していたが、「勘違いだ」とか「怖がりだ」など他のメンバーの発言を聞きながら、終盤では「そうかもなぁ」と笑いながらも納得出来ないような顔をしていた。彼は元々、「妖怪」などの話に興味を持っていたわけではなく、ミワリークラブに関わるようになって妖怪の知識を吸収したという。

（7）事例7：「知らないから、あの人に聞いて」

冒頭の失敗譚にも述べたが、臼杵での最初の調査において、よく返された言葉の多くは「知りません」ということばであった。また、それと同時に多かったのは、「昔は聞いたけどねぇ……もう忘れちゃった」という答えと、「あんまり知らないけど、あの人なら詳しいから、あの人に聞いて」という答えであった。それは、質問をした筆者との関係性を推し量りながら、「(筆者の)望むような話は出来ない」であるとか、「自分の持つ知識が正しくない」ということや、「語るに適任な人物はほかにいる」というようなニュアンスを受け取れる。

Ⅳ まとめと今後の課題

以上の事例をまとめてみることとする。

(a)事例1の場合は、訝しみ、確認する作業が見て取れる。まず初めに、「えっ!?」というような反応を見せる。それは想定していないものを発言されたことに関して眉根を寄せるということも勿論であるが、それと同時に「妖怪」というこどばになじみがない、ということも物語っている。また、その「妖怪」ということばが想起するあらゆるものを筆者に投げかけ、確認作業を行う。それはむしろ本当にそのことばを聞き取ったかどうかを確認するということも含まれているが、そうした確認作業は「妖怪」ということばを聞いて、自分の想起するものが、相手の発した言葉のものと同じかどうかを図っているといえるかもしれない。そしてその確認作業はあるイメージを伴ったもので行われることがしばしばである。たとえば、いわゆる河童とか、水木しげるのアニメーションの中の主人公である「ゲゲゲの鬼太郎」など、身近で分かりやすい、一般的に多く表象されているものを取り上げてくることがほとんどである。なぜそうしたことばの確認作業が必要なのか。それは「妖怪」ということばが元は学術用語であったということとも関連してくるであろう。また、その後の「そんなんおるわけない」という発言は、非常に理性的で合理的な、結論の出た話の打ち切り方であるだろう。
（b）事例2～4は、「妖怪」をめぐる質問に対する対処法、作法を身につけている人びととまとめることが出来るかもしれない。つまり、「信じる」とか「見た」とか「気持ち悪い」ということ以前に、そうした単語（この場合「妖怪」）を受け取ったときの会話のこなし方を身につけている、ということである。もう少し言えば「妖怪」ということばが出てきた時に自身に何を求められているのか、また自身がどうふるまえばいいのかということが認識でき、行為することが出来る人々と指摘し得るのではないか。それは時に、事例4のように「妖怪っていうのは、日本人の想像力の豊かさですな」というような研究者の語るような「言説」を利用して会話をこなすこともある。
（c）事例5の場合は、自らの経験を「妖怪」ということばと一致させてそれを「信じ」、語る人である。「妖怪」ということばを聞いて、自身の体験した（見た）ものは、問われた「妖怪」ということばにリンク出来るような状態にあった。
（d）それとは対極にあるのは、事例6の自らの経験を「信じ」てはいるが、存在は信じられない人である。それは、「妖怪」ということばから自身の経験を想起させながら、自らの経験を「妖怪」ということばと密着させて語ることをためらっているかのような態度である。
（e）また、事例7のように知識の量や質を図るようなことも見受けられた。
以上のように、一つの「妖怪」ということばをフィールドに投げかけた時、さまざまな語り方の作法や、記憶へのアクセスを見て取ることができた。それは（a）訝しむ、（b）「妖怪」をめぐる質問に対する対処法、作法を身につけている、(c)自らの経験を「妖怪」ということばと一致させてそれを「信じ」語るという反応、(d)自らの経験を「信じ」てはいるが、「妖怪」ということばで語るにはためらわれるという反応、(e)知識の量や質を図るという五つの反応であった。しかし、今回は事例を五つの反応にまとめることに終始し、データの微細な分析までは及ばなかった。これに関しては今後調査・分析を重ねていきたい。

具体的には、①「迷信ですから」「日本人の想像力の豊かさですから」というような常套句がどのような意味合いをもって語られているか、または使い分けられているか、ということに関しての詳細なデータをまとめる必要がある。これは、川田牧人が『祈りと祀りの日常知』の中の「結論第二節「それはしきたりだからです」という説明」の中で、インフォーマントの「慣習的行為」に関して、「それはしきたりだからです」と述べる当事者の「しきたり」の使い分けを、「(1)個人の習慣・癖」「(2)一家相伝の知識・技能」「(3)共同体レベルでの「しきたり」「伝統」」の三点に分けることが出来るということを、彼らの「しきたりだから」という語りの使い分けから詳細に示唆している。

②また、「妖怪」を語ることが出来る、ということは、「知識」の問題でもある。いかに「妖怪」ということばに普段から接触しているか、そして使い慣れているのかということも問題となってくる。加えて知識が「ない」にしても、「ない」時にどのように会話を熟していくのか、また打ち切るのか、ということも、「妖怪」を一つの「知識」として焦点を当てながら見ていく必要がある。

③一方で「妖怪」ということばを投げかけた時に、「妖怪ではないか？　いやでも……」という葛藤も引き起される、ということは、リアリティのない存在として研究上で語られる言説とはまた違った反応でもある。こうした、「妖怪」によって引き起こされる「信じる」「信じない」のインターフェイ

スを描くことも必要になってくるだろう。

④最後に、「迷信ですから」という常套句から、近代教育との関わりが問題となってくる。川村邦光は、明治期から始まった迷信撲滅の「感情教育」[26]を、トラホームを主題に「病を治す」ことに関する民俗知と西洋近代医学の問題を解明している。妖怪＝迷信という考え方も、この明治期からの学校教育と民俗知の関係から詳細に見返す作業も必要となってくるだろう。

これら四点の課題に関しては、次回の論考において述べることとしたい。

謝辞

本稿作成にあたりまして、福岡大学教授・白川琢磨先生、筑紫女学園大学准教授・森田真也先生、九州大学大学院後藤晴子様には多大なご指導とご支援を頂きました。この場を借りて厚く御礼申し上げます。また、福岡大学大学院の中村琢氏と、福岡大学文化人類学研究室の河口綾香氏には度々相談にのっていただきました。改めてお礼申し上げます。

最後に、度重なる調査に御協力頂いた調査地の方々には、より一層の感謝を申し上げます。

註

(1) 妖怪とは、「不安や恐怖をかりたてる不可解な出来事や不思議な現象、またそうした現象をもたらすと考えられている超自然的な存在。一般には妖怪といえば、異様な姿と不思議な力をもった超自然的な存在と認識され、災いを引き起す畏怖の対象としてさまざまな姿や属性が創造されてきた。それらは、人知では解し難い現象に遭遇したときの人々の知識と想像力が生み出した説明のあり方ということもできよう。」(常光 二〇〇六：五九一)以上が民俗学における最もポピュラーな解釈である。

(2) 俗信について、古家が次のような説明をしている。俗信とは、「非科学的あるいは非合理的であるとして低い価値しか与えられないが、深層において人々に受け入れられる論理構造を持っており、日本の民俗文化を明らかにするための手掛かりとなる生活知識。長い経験によって帰納した知識ともいわれ、禁忌・占い・予兆・呪い・民間療法・妖怪変化・幽霊などが含まれる。「〇〇すると、〇〇になる」といった言い回しや、妖怪変化のありかたなど俗信の具体相は多様で、意味の共通性を背景とした置き換えが容易になされうる。」(古家 二〇〇六：三二〇)

(3) 迷信については、今野が次のような説明をしている。「民間信仰・俗信・生活知識などのうち、その社会なり人間なりが、非科学的・非合理的だと認めたものを、俗に迷信と呼んでいる。しかし、狭義の迷信は、社会生活上、放任しがたいほどの実害をともなう知識や行為にかぎられる。(中略)民間医療関係の旧知識、ことに祈願・呪術療法、陰陽道系の干支などによる諸知識や、数・言葉・行為に関して、運命観を根底とする吉凶の縁起かつぎ・予兆・卜占・禁忌・呪法・呪物、直接に現世利益のみを目的とする信仰の末端現象などのほか、霊異・妖怪・憑依現象などが客観視されると、迷信とみなされることが多い。」(今野 一九七二：七三〇)

(4) 憑きものとは、「広くは神霊・精霊・動物霊、人間の生霊・死霊などの霊的存在が人にとり憑き、のりうつるとする宗教的観念や現象、あるいはそれらの霊的存在をいい、憑依や憑霊とほとんど同じ意味でつかわれている。(中略)日本の憑霊信仰の場合、憑く霊的存在は特定の家、家系に保有されているとする、いわゆる憑物持ち、憑物筋という観念を伴っており、(中略)憑物は人に憑くだけでなく、近隣の家から財産を盗み、憑物筋の家を富ませるとも信じられている。また、憑物筋の観念が深刻な社会問題となっている。憑物筋は血縁関係、姻戚関係によっても伝染するとされ、結婚のときに忌避されるからである。」(板橋 二〇〇六：三六四―三六五)

(5) 「乱暴な聞き方」というのは、現地にいる人々に対して一種の「中央」から「地方」に向けたまなざしが含まれているように思われる。それは、「地方」にはそうした「妖怪」なるものを信じるような人々がまだ存在するというような問いかけの仕方とでも受け取れるようなものであった。

(6) 近代人として、同時代を生きている人としての同じ目線に立った表現の仕方。要するに、言葉を悪く使うと「馬鹿にするな」というような非難にも受け取れるのではないだろうか。

(7) 「いないですよ」という意味。この場合、「妖怪なんて存在しませんよ」ということを簡潔に答えている。

(8) 阿部主計一九六六『妖怪学入門』雄山閣。

(9) 阿部正路一九八一『日本の妖怪たち』東京書籍。

(10) 今野圓輔一九五七『怪談』社会思想社。

(11) 石塚尊俊一九五九『日本の憑きもの』未来社。

(12) 谷川健一一九八四『魔の系譜』講談社学術文庫（一九七一紀伊国屋書店から初版）。

(13) 桜井徳太郎一九六六『民間信仰』塙書房。

(14) 石川純一郎一九七四『河童の世界』時事通信社。

(15) 小松和彦一九九四『妖怪学新考——妖怪からみる日本人の心』小学館。

(16) 宮田登一九九〇『妖怪の民俗学』岩波同時代ライブラリー（一九八五岩波書店 初出）。

(17) 常光徹一九九三『学校の怪談』ミネルヴァ書房。

(18) 松谷みよ子一九八七『学校』立風書房（『現代民話考・第II期II』所収）。

(19) 柳田国男「妖怪談義」の中で「それが近頃ふっとその試みを断念してしまったわけは、一言で言うならば相手が悪くなったからである。先ず、最も通例の受返事《うけこたえ》は、一応にやりと笑ってから、全体オバケというものはあるものでございましょうかと来る。そんなことはもう疾《と》っくに決しているはずであり、又私がこれに確答し得る適任者ではないことは判っているはずである。すなわち別にその答が聴きたくて問うのではなくて、今はこれより外のあいさつのしようを知らぬ人ばかり多くなっているのである。偏鄙な村里では、怒る者さえこの頃はできて来た。なんぼわれわれでも、まだそんな事信じているかと思われるのは心外だ。それは田舎者を軽蔑した質問だ、という顔もすれば又勇敢に表白する人もある。」（柳田 一九七七：一三―一四）と述べている。

（20）大分県臼杵市は、九州北東部にある大分県東南部に位置している。南海型気候と瀬戸内海気候を併せ持ち、年間を通して温暖な気候に恵まれている。豊予海峡方面へ楕円状に細く伸びたような地形で、総面積は約二九一平方キロメートル（二〇〇七年五月一日現在のデータ）である。臼杵市の総人口は四一六四二人（二〇〇九年一二月一日現在のデータ）で、一四歳以下の年少人口及び一五～六四歳までの生産年齢人口が減少しているのに対し、六五歳以上の老齢人口が増加している。このデータは少子・高齢化の進行と、生産人口減少による労働力不足が進行している状況を表している。主産業は醸造業と造船業である。中世の頃には大友宗麟がこの地に居城し、また、江戸期には稲葉家が臼杵城藩主として統治し、現在は国宝臼杵石仏とともに臼杵城・稲葉家下屋敷や武家屋敷の街並みが観光資源となっている。

（21）このエピソードは、二〇〇八年八月に行った、大分県中津市にある鶴市傘鉾神事の調査の際の、地元の有識者との会話の中のものである。

（22）臼杵ミワリークラブとは、正式名称を「臼杵妖怪共存地区管理委員会臼杵ミワリークラブ」という（「薄気味悪ぃクラブ」という意）。以下ミワリークラブと記述する。彼らは臼杵に伝わる妖怪、物の怪、守護神などを発掘し、後世へ伝えるとともに、妖怪出現地の保護と妖怪話の市内外への宣伝を行い、妖怪による町作り、観光、活性化を目的とする民間の団体である。活動内容としては、市の生涯学習の一環として子供向けの妖怪散策や市外からの参加者を募った大人向けの有料ナイトツアー、地元のお年寄りを交えての座談会や古文書や資料を元に伝説調査などがある。このクラブは元は臼杵商工会議所青年部のあきんど祭りで、「あかねこクエスト」というイベントを開催したことがきっかけとなった。「あかねこクエスト」とは、臼杵に伝わる妖怪伝承を基にして、ロールプレイングゲームのように町の各所にあるポイントで「妖怪」を倒したり、ゲームやクイズを解いてゴールを目指すウォークラリーのことである。このイベントが好評を得、三年間続いたが、第四回の開催をもって「妖怪と人間が友好的に同居する」という事を誓い、最終回となった。しかし、この「あかねこクエスト」の関係者を中心に、恒常的に妖怪を生かした町づくりをしたいということで、一九九八年にミワリークラブが発足した。メンバーは主に商工会の青年部のメンバーが中心となっているが、他にも県職員、市職員、新聞記者、歯科医などの職業の人が所属している。残念ながら、二〇二二年に解散となった。
(23)「嘘だよ」という意。「〜たい」というのは方言である。このエピソードは、佐賀県唐津市呼子町の大綱引きが文化庁によって「記録作成等の措置を講ずべき無形の民俗文化財」に選定され、それに伴う二〇〇七年度三月に行った調査でのものである。
(24)「御仏飯」(おぶっぱん)とは、仏壇に供えてあるご飯のこと。
(25)「山に引かれた」とは、Oさんが学生時代の頃、山の八合目付近にあるキャンプ場に宿泊していた時の経験談である。Oさんが宿泊していたキャンプ場から、少し登ったところに浴場があった。そこへ行くまでの道はもちろんランプが点いていたが、二〇時になると消えるようになっていた。キャンプ場までは一本道であったので、二〇時を少し超えて風呂を出たOさんが懐中電灯を片手に山を下りて行こうとしたら、通常二〇分ほどの道程が、二時間たっても到着出来ない。その時ふと、水の流れる音がしたのでそちらへ歩みを進めると、川に到着した。水音に気づかなければ、そのまま迷って遭難していたところだったと、このことを山に引かれたと表現している。
(26)川村が、フローベール(Gustave Flaubert 一八二一—一八八〇)の小説『感情教育(L'Education sentimentale)』に準えて、明治期の迷信撲滅のための教育をこう述べた。『感情教育』は、一八六九年刊行。青年フレデリックの恋愛生活に主軸をおき、パリで起こった二月革命(一八四八)前後の世相を描いた作品。(一九六九『広辞苑』第二版)

参考文献

板橋作美二〇〇六「憑物」福田アジオ他編『精選日本民俗辞典』三六四—三六五頁、吉川弘文館。

江馬務二〇〇四『日本妖怪変化史』中央公論新社(初出は一九二三年中外出版より刊行)。

大島清昭二〇〇七『現代幽霊論　妖怪・幽霊・地縛霊』岩田書院。

川田牧人二〇〇三『祈りと祀りの日常知――フィリピン・ビサヤ地方バンタヤン島民族誌』九州大学出版会。

香川雅信二〇〇五『江戸の妖怪革命』河出書房新社。

川村邦光一九九〇『幻視する近代空間　迷信・病気・座敷牢、あるいは歴史の記憶』青弓社。

川村邦光二〇〇〇『〈民俗の知〉の系譜――近代日本の民俗文化』昭和堂。

甲田烈二〇〇五「開示される迷信――井上円了の〈妖怪〉論をめぐって」相模女子大学『相模女子大学紀要・A、人文・社会系＝The Journal of Sagami Women's University』69：四五―五八頁。

小松和彦一九八三「魔と妖怪」宮田登編『日本民俗文化体系第四巻　神と仏＝民俗宗教の諸相＝』三八九―四一四頁、小学館。

一九九四『妖怪学新考――妖怪からみる日本人の心』小学館。

二〇〇三『日本妖怪学大全』小学館。

今野圓助一九七二「迷信」大塚民俗学会『日本民俗辞典』七三〇頁、弘文堂。

佐々木勝二〇〇六「迷信」福田アジオ他編『精選日本民俗辞典』五五八頁、吉川弘文館。

新村出編一九六九『広辞苑』第二版　岩波書店。

常光徹二〇〇六「妖怪」福田アジオ他編『精選日本民俗辞典』五九一―五九二頁、吉川弘文館。

藤坂彰子二〇〇九修士論文「妖怪を生きる――大分県臼杵市における妖怪を生きるという実践をめぐる一考察」福岡大学大学院人文科学研究科二〇〇九年一月提出。

古家信平一九八七「〈3〉俗信・禁忌」上野和男・高桑守史・福田アジオ・宮田登編『新版　民俗調査ハンドブック』一五〇頁、吉川弘文館。

二〇〇六「俗信」福田アジオ他編『精選日本民俗辞典』三二〇―三二二頁、吉川弘文館。

宮田登一九七二「俗信」大塚民俗学会『日本民俗辞典』四〇一頁、弘文堂。

民俗学研究所一九五一『民俗学辞典』東京堂出版。

迷信調査協議會編一九五二『俗信と迷信』技報堂。

柳田国男一九七七『妖怪談義』講談社学術文庫。

渡邊欣雄一九九〇『民俗知識論の課題——沖縄の知識人類学』凱風社。

《参考ウェブサイト》

臼杵市役所　http://www.city.usuki.oita.jp/（二〇〇九年一二月二八日現在）

III　グローバルな比較妖怪学へ

妖怪を翻訳する

マイケル・ディラン・フォスター

私はアメリカの大学で日本の民俗学を教えており、二冊目の妖怪についての研究書を英語で書き終えたところだ。外国で、しかも英語で「妖怪」を紹介し、分析するという試みを続ける中で、今まで様々な問題に直面してきた。ここでは特に翻訳の問題を中心に、妖怪が海を渡る、ということについて考察してみたい。

「妖怪」という言葉は複雑である。「物の怪《け》」「鬼」「化物」「魑魅《ちみ》魍魎《もうりょう》」など、「妖怪」と似通った内容の言葉があることは、日本では誰でも知っている。このような背景を持つ「妖怪」という言葉を、どのように英語に訳すればいいのか。

もちろん超自然的な生き物や現象はどの文化にもあるので、訳しやすいはずなのだが、実はそうでもないのである。一番多く使われている英訳はおそらく「monster」であろう。これはそれほど悪い訳ではない。「monster」はラテン語「monstrum」から出てきた言葉であり、その意味は「超自然的な出来事が、凶事の予言として理解されること」をあらわす。日本の妖怪でこのような役割を果たすのは「件《くだん》」だろう。人間の顔をした牛の姿をしており、様々な予言をした後、生まれて数日で死ぬとされた。

しかし、現在英語の「monster」という言葉を聞くと、予言ではなく、フランケンシュタインの怪物のようなイメージが浮かんでくるだろう。「Japanese monster」と聞くと、おそらくゴジラなどの「怪獣」のイメージもあり、要するに日本人が考えている「妖怪」とは少々離れてしまう。狸《たぬき》や河童《かっぱ》や長い舌で天井をなめる「天井嘗《な》め」などは、「monster」より「supernatural creature」（超自然的生き物）の方がより相応《ふさわ》しい訳だろう。しかし、これらのように具体的な形を持つものと同様に、形のない不思議な現象も「妖怪」の枠組みに入る。夜中に聞こえる「家鳴《やな》り」や森の中で起こる原因不明の大音響「天狗倒し」も現象的な妖怪の例であり、「mysterious phenomenon」と訳してもおかしくはない。

考えてみると、やはり日本の妖怪の概念の特徴の一つはその曖昧《あいまい》さである。河童、狸、鵺《ぬえ》、あるいは一つ目小僧のような動物や人間に近い形を持つ「もの」である妖怪に対して、天狗倒しのような現象的な「こと」としての妖怪もある。つまり、「妖怪」は英語の「monster」や「spirit」などを全部含んでいる幅広い概念、あるいは連続体としての言葉なのである。

それでは英語で日本の妖怪について執筆する際に、どのような単語を使えばいいのだろうか？　私が妖怪について書いたものでは、結局妖怪の複雑さや曖昧さを紹介した上、新しい英単語として「yōkai」を使ってきた。

実は最近この言葉は海外でも多少知られるようになってきた。それは私が書くような研究書のおかげではなく、アニメ、漫画、映画などの影響、つまり日本のソフトパワーを通じてポピュラーカルチャー的な「妖怪」という概念が、外国の若者の文化の中に浸透してきたからである。例えば、『妖怪大戦争』（二〇〇五年）という映画は *The Great Yokai War* と訳されたし、漫画『ぬらりひょんの孫』は

Nura: Rise of the Yokai Clan という題で読まれている。いずれ、yokai は sushi や samurai のように外来語として知られるようになるのではないだろうか。

私が最近書いた研究書の題名は *The Book of Yōkai* である（二〇一五年、カリフォルニア大学出版局刊。増補改訂版、二〇二四年刊）。この本を執筆しながら、以上のような言葉の違いやニュアンスを考え、自分なりの妖怪に関する理解を深めてきた。しかし、訳の問題は言葉のレベルだけにとどまるものではない。妖怪というものは日本の歴史や文化、日本で育った人々の常識と深く関連しているため、妖怪を紹介する際には、このような常識についてもある程度紹介することが必要とされる。

一つの例として天狗について言えば、大抵の日本人は源義経と天狗の関係を多少は知っているだろう。鞍馬寺《くらまでら》で牛若丸が僧正坊《そうじょうぼう》という大天狗に武術を教わったという伝説は、一般常識ともいえ、それを題材とする絵なども多くある。だから、日本語で天狗について語る場合、義経と天狗の関係について長々と触れる必要はないだろう。

しかし、このことを英語で説明する場合、読者が歴史的な背景の知識を持っていないことを前提としなければならない。天狗の複雑な歴史や、大天狗と小天狗の違いなどを紹介する前に、まず義経とは誰かを説明しなくてはならず、源平合戦についても少しは説明しなくてはいけないかもしれない。また、牛若丸とは義経の幼いときの名前であるということ自体、説明がないと読者は混乱してしまう。

これは一つの例に過ぎないが、強調したいのは、やはり海外で妖怪について論じるためには、幅広い歴史的な背景や文化的な文脈も論じないといけないということである。当たり前のことかもしれないが、妖怪とその文脈は別のものとして考えることはできない。私はこのような問題と向き合うことにより、妖怪だけではなく、日本の歴史や社会、宗教などについて自分なりの理解を深めてきた。言葉の翻訳や文化の紹介というものは、新たな発見を生み出し、新しい研究につながることがある。

昔から、妖怪は、辻、橋、境、という地域と地域の間の場所に現れることが多いと言われてきた。柳田國男も指摘したように、妖怪は時間的にも、黄昏《たそがれ》の曖昧な時を好む。これを考えると、妖怪が翻訳というプロセスを経て、別の文化へ、別の言葉を使って渡ることは、境界線を越えることと同じである。

境を渡ったとき、妖怪はうまく説明できないものになってしまう場合もあり、反対にうまく紹介できるものもあり、少なくとも妖怪の意味や様子が変わることが当然な現象として出てくる。これはある意味では人間的、または民俗学的なプロセスと言えると思う。やはり時代をたどるのと同じように、境界を渡ることによって妖怪は変化するのである。妖怪が翻訳され、外国に行くことも、ある種の妖怪の進化と言えよう。

韓国の「ドッケビ」の視覚イメージの形成過程
――植民地時代を中心に、日本の「オニ」との比較を手がかりとして

朴 美暻

はじめに

1　韓国のドッケビ視覚イメージに関する問題提議

「ドッケビ」(1)は、韓国文化を象徴するアイコンであり、現在も様々なアニメ、マンガ、ドラマ、映画のキャラクターとして活躍し、また店舗名、商品名や、日常生活における比喩表現などにも用いられている。また、様々な説話の主人公として登場する。

このように韓国人に愛されているドッケビの、現在の典型的イメージは、性別は男で、角と牙があり、半裸で腰蓑を巻いている、あるいは毛皮をまとっている、といったものである。こうしたドッケビの視覚イメージが、実は植民地時代に日本から入ってきた「オニ」の視覚イメージに由来するものであり、韓国固有の文化に由来するものではないとの主張がある。(2)このことは一九九五年に金光彦と

金宗大によって指摘されて以来、様々なメディアで取り上げられ、話題となってきた。[3]

特に、二〇〇七年には「韓国のドッケビと日本のオニは本質も形象も異なるにもかかわらず、現在韓国の教科書に掲載されているドッケビの絵は日本のオニのものであるため、至急是正すべきである（以下、韓国語文献の日本語への翻訳は筆者による。）」という議論が巻き起こり、[4]教育科学技術部（日本の文部科学省に当たる）の会議まで開かれた。結果的に、挿絵は変えないこととなったのであるが、そもそも韓国のドッケビはなぜ、これほど日本のオニの視覚イメージと似ているのだろうか。

2 先行研究と研究方法

本稿で扱うのは、子供向けの童話に登場するドッケビの、特定の視覚イメージについてであるが、このような研究は、大衆文化における視覚イメージが、一九八八年のソウル・オリンピックをきっかけに増加したことによって、新しく出てきたものである。ドッケビ関連の研究分野は主に、民間信仰としての民俗学の研究、説話や民話の中のドッケビを扱う国語国文学の研究、建築や仏教美術、装飾などを研究する美術史学の研究の三つに大別されるが、これら分野により、ドッケビの定義や活用のされ方は異なるため、視覚イメージのオリジナリティについての意見も様々である。

植民地時代に教科書に登場した日本のオニが韓国のドッケビと混同されたという説が一番有力な説であり、この説が最初に提示されたのは、金宗大「『瘤取り爺さん』の形成過程に関する考察（一九九五年）」においてである。同研究が主な研究対象としているのは、植民地政策の文化侵略の一環として利用された「瘤取り爺さん」であるが、金は、当時の内鮮一体イデオロギーによって、日本のこの物語が韓国にも共通して存在していたことにされ、教科書や朝鮮童話集において意図的に登用されたと主張している。「本質的には神に近い存在であったドッケビが神性を喪失し、今や空想物語の素材になってしまった」と述べており、今からでも本当のドッケビ視覚イメージを見つけなければならないと主張している。また金は、文献においてはドッケビに角があるという記録が見られないことからも、その正しい姿は、体格の大きな、毛深い男で、普通の人間とあまり変わらないものであると主張する。金容儀は「民談のイデオロギー的な性格——日帝植民地時代教科書に収録された民談を中心に（一九九九年）」において、『瘤取り爺さん』の有する植民地同化イデオロギー（内鮮一体のイデオロギー）を中心に説明しつつ、新たなドッケビイメージの構築の方法としては、韓国の幅広い伝統文化（朝鮮時代など）から視覚イメージを発掘することを提案している。[5] 彼はドッケビが「器物から生まれる」という点に着目して韓国のドッケビ伝承における器物を分類している。ちなみに、伝承に登場する器物は、多く現れる順に、箒、パンアコンイ（韓国の水車の杵）、パガジ（瓢）、チョリ（笊籬）、トリケ（殻竿）とされている。[6]

ドッケビの視覚イメージに新たな可能性を示す研究として、崔仁鶴はドッケビを、箒、火かき棒、杵（木の棒）、火のかたまりのような可視的なものと、家を壊す音、雹《ひょう》が降りつける音、門をたたく音、犬の鳴き声、口笛、馬の足音、石を投げる音など、幻覚・幻想類の、非可視的なものとに分けて考えている。[7] 金學善は、ドッケビの姿を一つに規定しておらず、人の姿（子ども、娘、老人など）となって現れる場合もあれば、物（器、お盆、ハンマー、鎌など）として現れる場合もあり、楽器（ケンガリ[8]、銅鑼など）の姿となって現れる場合もあると述べ、日本の「付喪神」のような性質を持つ視覚イメージを提示している。[9] 姜恩海は、ドッケビの正体を「豆豆里（樹木）[10]」として神性を持っている「木郎」が、ドッケビの原型であると主張している。[11] ドッケビを木の棒のような形と解釈し、同時にたたく行為につなげている。

ドッケビは雑鬼の一つといわれ、虚主、虚体と呼ばれ、形のないものとされてきた。しかし多様な方面において、ドッケビの姿を見つけようとする努力はたくさん見られる。このように、多くの研究者が、現在のドッケビが日本のオニの視覚イメージに由来するということで意見が一致し、多様な可能性が提示されているにも関わらず、今なお韓国人が一般的に考えるドッケビの視覚イメージとしてはオニのイメージが定着したままであるということに同意している。

本稿では以上の先行研究を踏まえつつ、子供向けの媒体のうち、教科書に現れるドッケビを改めて分析した上で、朝鮮童話集や児童雑誌、そして韓国に関する西洋の文献等を新たな資料として加え、実証的な検討を進めたい。また、ドッケビという言葉に対する意味の範囲とイメージの範囲を重ね合わせ、その関係を明確にすることによって、ドッケビの視覚イメージのあり方を再検討してみたい。

一 ドッケビの定義と活用

1 辞書から読み取れる植民地時代のドッケビ概念

植民地時代の辞書においてドッケビがどのように説明されているかについて考察することは、非常に重要な手がかりになると考えられる。

当時の辞書には、①日本語・朝鮮語の辞典、②漢字・朝鮮語辞典、③朝鮮語・英語辞典、④朝鮮

語・日本語辞典、⑤朝鮮語・朝鮮語辞典があった。まず①について、併合以前の一九〇七年の『日韓いろは辞典』においては、「化物」が「ドッケビ」、「カミ」が「鬼神」とされている。併合後はさらに多数の辞書が登場するのであるが、そのうちの『鮮訳国語大辞典（一九一九年）』『鮮語自在（日鮮いろは字典（一九一八年）』はともに、「化物」を「ドッケビ」としている。②については、『日鮮大字典（一九一二年）』『新字典（一九一五年）』『字典釋要（一九一八年）』のいずれにおいても概ね、「魑魅魍魎」と「魈」、「魖」が「ドッカビ（독갑이）」という言葉で説明されている。③については、ジェ・エス・ゲイルが著した『英語辞典（一九一一年）』において、「귀신（鬼神）: spirits; demons」、「귀신론（鬼神論）: mythology」、「독갑이（魍魎）a spirits; a goblin; a demon」とされている。朝鮮語を日本語で説明している④の鮮日辞典のなかでも、朝鮮総督府が発刊した『朝鮮語辞典（一九二〇年）』においては、독갑이（ドッカビ）は「化物、魑魅魍魎・魍魎」と説明されている。総じて、ドッケビは化物であり、決まった形のないものと理解されていたことが読み取れる。また、ドッケビが非常に幅広く、妖怪のほぼ全体を網羅するような言葉として認識されていたと考えられる。

ちなみに、総督府が発刊した『朝鮮語辞典』の一九二八年版では、先述の一九二〇年版と同様に、「독갑이」は「化物、魑魅魍魎・魍魎」と説明されている。また、『朝鮮語辞典』（朝鮮語・朝鮮語）（一九四〇年）では「도까비（ドカビ）」が「人の形をして超自然的な力を持ち道術を行うことができると言われている鬼神」と説明されている。同辞典においてはさらに、「도깨비（ドケビ）、독갑이（ドッカビ）ともいう」とも記されているのであるが、このことからは、地方によって名前も性格もすこしずつ異なっていたドッケビが統一されつつあったことが分かる。

2　英語の文献に見られるドッケビ

一九一三年、英訳の韓国昔話集『Korean folk tales—Imps, Ghosts and Fairies』[12]が出版された。任晳の小説を訳し、口伝説話とことわざを追加し、編集した本である。同書には挿絵は入っておらず、翻訳の中でドッケビはゴブリン（goblin）、インプ（imps）と訳されている。

また、グリフィス（Griffis, William Elliot）は『The Unmannerly Tiger and Other Korean Tales』という本の中で、ドッケビに関する彼なりの考えを述べると共に、関連する民話を紹介している。彼は、ドッケビを英訳することなく「Tokgabi」と表記し、説明を入れている。「ドッケビは韓国でもっとも悪い妖精で、昼間より夜が好きで、あまり外を出歩かない。姿を見た人もいない。真っ暗なところに住んでいて、床下、台所から煙突まで家中を走り回る。（中略）黒くて、煙を好み、火や炎も暖かいという理由で好む。ドッケビには肺がなく、皮膚も目も火に焼かれることはない。（中略）ドッケビは漆黒のように黒く、白を嫌い、銀を嫌う。いたずら好きであり、男性よりは女性に近づくことが多い。動物を司り、善人には福を、悪人には禍をもたらす[13]」と、民間信仰の神として説明している。挿絵はあるものの、残念ながらドッケビの姿は見られない。

3　一般的に使われていたドッケビの比喩的表現

次に、当時の新聞記事を手がかりに、人々がドッケビをどのように認識していたのかを確認していく。一九一〇年代の新聞『新韓国報』では、併合という当時の政治的状況に伴い植民統治に協力した親日派を「ドッケビ」と呼ぶ記事が多く見られる[14]。一九二〇年代に入ると、日本の統治方針が文化統

治へと、融和的方向に転換したため、ハングルメディアが増加する。厳しい検閲があったとはいえ、韓国の新聞社、出版社などができ、近代的な文化産業が始まる時期でもあった。韓国人が経営するハングル版新聞としては、『朝鮮日報』が一九二〇年三月に、『東亜日報』が一九二〇年四月に、それぞれ創刊された。これらの新聞の記事の中で、「ドッケビ」という単語は、ドッケビ説話にもとづき、比喩的に使われていたことが分かる。火災、放火犯の意味として用いられているのは、韓国には昔から「ドッケビ火」という言葉があるように、ドッケビが民間信仰において「火を扱うもの」とされており、この概念が多くの説話にも残っていることによるものであろう。[15] また、幽霊、ドッケビ騒ぎ等、迷信、民間信仰、[16] 奇妙な出来事の比喩として、[17] 奇妙な犯罪やその犯人を示す比喩[18]としても多く使用されている。具体的には、ドッケビに憑かれた人を厄払いするとし、暴行を加えた挙句殺人に至った事件、ドッケビの仕業に見せかけた犯罪の話などが多い。このような使用例のほとんどが、ネガティヴな意味合いでのものであることが分かる。投石事件の犯人を意味する使用例なども見受けられ、また、新聞『선봉（先鋒）』に出てくる「赤いドッㇰビ」[19]とは、共産主義者を示す言葉であったと思われる。

この他にも、ドッケビの民俗学的概念をまとめた記事なども見受けられる。一九三〇年代に入ると、童話の創作活動がより活発になったことから、ドッケビはその素材とされ、新聞の小説や童話欄などでも見られるようになった。[20]『朝鮮中央日報』の歴史漫画にも、神出鬼没な人の比喩表現として「ドッケビ」という単語がたびたび登場するが、その姿は描かれていない。

二　昔話『瘤取』の起源

1　注目をあつめる「瘤取」

志田義秀は、朝鮮と日本の童話を比較した『日本の伝説と童話』の冒頭で、以下のように述べている。

二つの国の傳説童話の似ていると言ふことには、一方から一方へ伝来した場合もあれば、その発生が別で偶然暗合する場合もある。それ故二つの国の傳説童話が似てゐると云つて直ちにその系統的關係を想像するのは早計である。傳説學や童話學の説く所では、世界傳説童話の發源地は印度であるといふのであるけれども、各地發生のものも頗る多いのであるから、傳説童話の類似關係の系統的研究は頗る困難で最も慎重を要するのである。[21]

志田はまた、韓国の「瘤取」に関しては、『宇治拾遺物語』の「瘤取」と同工異曲の話であると述べ、『嬉遊笑覽』に引用されている部分は、明の萬歴年中に楊茂謙という人物が編集した『笑林評』に出てくる話と全く同じであると紹介している。また、「鬼失金銀棒」についても触れ、「瘤取」と同じ種類の話であるが、一方は瘤が、もう一方は金銀棒がキーワードになるという点で異なると指摘している。雑誌『東洋』には、近藤時司による「朝鮮の伝説について」との一文が掲載されている。近藤はこの中で、ドッケビとオニを比較しているが、日本と朝鮮にある全く同じ話の例として「瘤取」の話をあげている。「朝鮮の方ではトッケビ（妖物？）となつて居り、内地のは鬼になつて居る。いつ頃か日本のオニは桃太郎のオニのように、頭には角があり、赤鬼青鬼などと、色こそ違へ同じ容體である筈なのに、宇治拾遺を見ると「鬼ども」と書いてありながら、百種百体で、ちょうど朝鮮のトッケビのようだと述べている。恐らく朝鮮から入った話が日本人に無理なく合わせられ残ったのでしょう」と述べ、「瘤取」が韓国からの伝来である可能性を示唆している。近藤が述べたかったのはつまり、日韓の鬼とドッケビの根本が同じであるということだと理解できる。(22)

一方、洪淳昶は雑誌『旅と伝説』において、「朝鮮の瘤取話」との一文の中で、「朝鮮ではこの話を単に瘤取話と云わずに瘤取りに行つて瘤を付けて歸つた話と言つてゐる。これは普通、何か頼みとか願ひとかをしに行つて、却つて欺かれて帰る時、今日は瘤取りに行つて瘤を付けて歸つたといふ。一つのことわざ見たいなものになつてゐる」と、韓国のことわざに関連付けつつ韓国の「瘤取」話を紹介している。(23)説話伝播の変遷過程をみると、一つの説話が広まった後、最後の段階で、これに関することわざや歌が定着する傾向がみられる。(24)韓国において、ことわざの形としても定着していた「瘤取」話があることを考えると、「瘤取」が植民地時代に流入したとする説には納得し難い。ちなみに、この中でドッケビは「鬼」と訳されている。

また、同雑誌には佐々木五郎による「平壌附近の伝説」も掲載されている。佐々木はこの中で、地方によって異なるドッケビ談を紹介している。「トカビ」は火の形で現れ、二つ三つに離れたりしつつ、消えたり現れたりし、時には火花を散らしたりするものであり、また、酔っ払いを山の中に誘って殺すドッケビの話(25)や、山奥に住むドッケビ婆さんが人を小屋に誘い、釜湯で煮殺して食べるという、食人鬼としての話なども紹介されている。[26] ここでは「トッカビは、朝鮮の「お化け」である」と書かれている。

ドッケビの意味範囲が非常に広いため日本のお化けと似ているもので、瘤取に関しては、話が日本の「瘤取」と似ているためその由来が中国、韓国を通して日本にわたったのではないかと記している。

2 教科書に登場した혹뗀이야기（瘤取った話）」

国定教科書である『朝鮮語読本』にも「瘤取」と類型の話である「혹뗀이야기（瘤取った話）」が載せられる。そのメディアの特徴を考えると非常に影響力があったと思われる。そして、この教科書には韓国では初めてのドッケビの視覚イメージが見られる点でも大変重要な資料であるが、四章で詳しく見ていきたい。「혹뗀이야기（瘤取った話）」の出典について、『普通学校朝鮮語読本巻四編纂趣意書（一九三三年）』において以下のように明らかにされている。

> 本課ハ朝鮮在来ノ童話カラ採シタモノデアル。但教育的見地カラ考ヘテ、在来ノモノニ若干ノ改変ヲ加ヘタ。例ヘバ話ノ後半ヲ省略シタ点、美シイ声ガ瘤カラ出ルト言フノヲ老人ニ言ハセズオ化ニ言ハセタ点　老人ノウタッタ歌トシテ詩調及ビ書込ンダ点ナドガ即チソレデアル。

朝鮮の童話から持ってきたものであることが明記されていることからも、「瘤取」と類型の昔話が存在していたことが分かる。[27]

3　アンドリュー・ラングの「ホック・リーと小人たち」

英国の作家であり、民俗学者、人類学者でもあったラングによる、『みどりの童話集』の中の「ホック・リーと小人たち」[28]は、韓国の「瘤取」の最初の文献である可能性がある。その内容を簡単に説明すると、ホック・リー（Hok・Lee）という人が自分の悪行のため、突然頬が大きく膨らんできて悩む中、山奥の小人達に踊りを披露し、頬を治してもらうというものである。

同書においては、その出典を「中国の昔話から」としているが、具体的には示されてない。その内容は、日本と韓国ではお馴染みの物語といえるが、中国においてはどうであろうか。確かに、類似の物語は明の『笑林評』、清の『笑府』にもあるが[29]、現段階では近代中国において、これらの説話が果たして良く知られていたものであったのかどうかについて、確認することは難しい。瘤取りの話は、一九一〇年以降中国で刊行された中国童話、中国故事では見られず、『日本童話集』のみで繰り返し収録された。また、児童雑誌『小朋友』に紹介され、同雑誌の中で人気があった童話を集めた短編集『割瘤』でも見られるが、出典が書かれていないためどこの国の物語なのかは明確ではない。しかし、挿絵を見る限り、明らかに日本のオニと同じ表象が見られる[30]。『朝鮮童話集』でも同じような型の話が見られるが、瘤のモチーフは確認できない。

特に、「ホック・リーと小人たち」のタイトルとなっている主人公の名前「ホック・リー」に注目したい。「ホック（혹）」という言葉は「瘤」を意味する韓国の固有語であり、韓国語語源辞典によると「プリ（부리）」は「人」を意味する。また国語辞典によると「ホップリ（혹부리）」は「瘤のある人をからかうような呼び方」とある。この本は一八九二年に出版されたものであるため、一八九二年以前

図1 「ホック・リーと小人たち」

図2 初めてイギリスの雑誌の登場した日本人(1858)

の資料をもとにしたと考えられる。図1は、両頬が膨らんだお爺さんが小人たちに囲まれて踊っている姿を描いたものである。この姿は韓国人ではないがイギリスで一八四一年創刊された週刊漫画雑誌で英国国内のみならず、国際関係に広く目を向けた諷刺画を多く収録していた『パンチ』に、初めて掲載された日本人の姿とも非常に似ている(図2)[31]。著者が西洋人であるため、中国と韓国を区別できていない可能性も十分考えられる。つまり、この物語は韓国の昔話からの口伝であったのにもかかわらず、西洋に伝わった際、瘤取りの韓国版のタイトル「ホップリ・イヤギ(瘤のある人の話)」が人の名前と混同され、記録されることとなった可能性が高いということである。

先行研究について言及した際にも述べたように、近年、韓国では「瘤取」は韓国の昔話ではなく、植民地時代に日本から意図的に持ち込まれた話であるという主張がある。この主張は、韓国に植民地以前の瘤取の文献記録がないことによるものであるが、この文献の存在は、その主張に対する反論になり得ると考えられる。

ちなみに、この本の中では、ドッケビは「dwarfs」（日本語版では「小人」）と訳されており、挿絵も典型的な小人として描かれていることが確認できる。[32]

4　雑誌『어린이（子ども）』の中の「노래 주머니（歌袋）」

韓国児童雑誌の歴史において最も重要な児童雑誌が『어린이（オリニ・子ども）』である。『어린이』誌は、児童文化運動の中心となり、最初に挿絵を掲載したことでも知られている。[33] だが、同雑誌においてはドッケビの視覚イメージは見られない。

創刊者である方正煥は、「外国の童話を取り入れることよりもさらに重要で急を要する問題は、我々の童話の基礎となる古来の韓国童話を発掘することであり、この作業は何よりも難しいことである[34]」との意識を持ち、韓国の伝来童話を集めるための懸賞公募を行うなどの事業に取り組んだ。同雑誌においては、伝来童話「瘤取り爺さん」を創造的に変容させ、童話劇の形にし、「노래주머니（歌袋[35]）」とのタイトルで収録している。また、同雑誌において、この童話劇は二度登場する。創刊号を発行した頃、方正煥は日本におり、朝鮮に原稿を送って発行に漕ぎつけた。このことからも、同雑誌は日本の文献の影響を受けている可能性が高い。この物語について方正煥は、「『혹장이《ホッチャンイ》（瘤のある人）』は朝鮮から日本に伝えたものであると述べている。ある日、ホッチャンイがドッケビに瘤を売りに行き、また別の日に、違うホッチャンイがまた瘤を売りに行ったところ、瘤をもう一つ付けられるという話である」と、朝鮮の物語が日本に伝わった可能性が高いという「文化伝播説」を主張している。また、「このホッチャンイ話はドイツ、イタリア、フランスにもあると云われているが、西洋のホッチャンイの瘤は、顔ではなく背中にあると云う」と主張している。[36]

三　形の決まっていないドッケビ――「朝鮮物語集」を中心に

1　日本語版「朝鮮童話集」に見られるドッケビ

「朝鮮童話集」として最初に出版されたものは、日本語版であった。すなわち、高橋亨の『朝鮮の物語集』（一九一〇年）である。朝鮮の童話を集め、文献としてまとめた最初のものであり、「瘤取」話が初めて登場していることからも、重要な文献として認識されている。同書において「瘤取」が冒頭に掲載されていることから、この物語を日本のものと類似したものとして注目していたことが分かる。また、韓国では日本の「瘤取」よりも有名な「ドッケビの棒（도깨비방망이）」[37]という説話と類似した「鬼失金銀棒」を、三番目に掲載している。同書において、「瘤取」のドッケビは「妖怪」と訳され、「鬼失金銀棒」のドッケビは「鬼」と訳されている。また、読み手のほとんどが日本人であったため、朝鮮の説話や古典小説についての理解を助けるために、脚注において、朝鮮固有の民俗や状況を説明している。「瘤取」の脚注では、本文に出てくる「妖怪」という単語の説明が次のようになされている。「朝鮮では妖怪を「トッケビ」〔原文のまま〕と呼び、鬼神や妖魔を皆此中に包含する。「トッケビ」は何處にも何者にも在らざる所なし。例へば老木には老木の「トッケビ」あり。厨房にも厨房の神あり。疫病には疫病の神あり。その他山岳江川「トッケビ」の無き所なし。禍福の権あり。蠱魅の術あり。愚夫愚婦は尊敬大方ならず[38]」つまり、ドッケビが鬼神や妖魔をも包含する妖怪であり、アニミズム的な自然神として、民間信仰の対象となっていたことを述べている。今日、韓国の『標準国語大辞典』

(斗山東亜、一九九九年)では鬼神を、「人の死後に残る魂、人間に禍や福を与える神霊」と定義しており、ドッケビと鬼神とは一般的にも異なる性格のものであるとされている。[39] しかし、当時は「ドッケビ」という存在についての定義も十分になされていなかった時期であり、鬼神とドッケビとの区別は不明確であったと思われる。そのため、ここではこの様な説明がなされているのであろう。

前述したように、一九二〇年代に入ると、日本は韓国の統治方針を大きく変換し、文化政策[40]を開始する。その一環として出された新教育令(一九二二年)によって朝鮮側の出版規制が緩和されたのに伴い、童話への関心も高まり、たくさんの朝鮮童話集が出版されることとなった。朝鮮総督府学務局における編集と管理のもと、小田省吾を中心とする官学者たちが朝鮮の民話を収集して出版したのが、『朝鮮民俗資料第二編　朝鮮童話集』(一九二四年)である。同書に掲載される、現在の韓国においても著名な伝来童話二五編の内、ドッケビ談は「瘤とられ瘤もらひ」「金棒銀棒」の二つである。この「瘤とられ瘤もらひ」は、高橋が『朝鮮童話集』に掲載した「瘤取」とは異なる物語となっている。[41] お爺さんが出会うのはドッケビではなく長丞(チャンスン)[42]である。また、『朝鮮語読本』では도깝이(ドッカビ)と表記されていたものが、日本語版の童話集として出版された際には「鬼」とされていることが分かるが、これは日本人読者を意識したことによると考えられる。

一九二四年の『世界童話大系』において、松村武雄は朝鮮の童話について「瘤取」を例として挙げ、このように類似した物語が日本と朝鮮に存在するのは、一つの民譚の根源が中国から韓国へ、そして日本へ伝わったからであると述べている。[43] この本には、日本だけではなく、朝鮮とアイヌ等、さまざまな地域の童話が集められ、出版された。朝鮮の部には二七編の童話が掲載されているが、ドッケビが登場する二つの物語の内、『胡桃の音』においては「ドッケビ」は「鬼」とされ、『鬼失金銀棒』においては「妖怪」とされている[44]。

中村亮平の『朝鮮童話集』には「瘤取爺さん」と「兄弟と鬼屋敷」のドッケビ談が収録されているが、ドッケビはここでも「鬼」と表記されている。挿絵も入れられており、お爺さんの歌を聞き、その周りに影のように集まったドッケビたちの姿が描かれているが、その姿は、耳が長かったり、角の有無もよく分からなかったりと、非常に多様である（**図3**）。「兄弟と鬼屋敷」も、「도깨비방망이（ドッケビの棒）」と類似した話である。兄がドッケビたちの宴会の様子を天井の上から覗いている。ここでのドッケビの姿は、人間とあまり変わらない（**図4**）[45]。同書は、教科書以外で唯一、ドッケビの視覚イメージが見られる資料であるが、これら挿絵からは、ドッケビの特定のイメージを確認することができない。このことからは、この時点ではまだ、ドッケビ視覚イメージは確定していなかったことがうかがえる。また同書からは、「ドッケビ」の訳語が「鬼」となり、定着していく過程も確認できる。

このようにして、「ドッケビ」と「鬼」が同一のものとして考えられやすい環境が作られていったと考えられる。

図3　「瘤取爺さん」（1926）

図4　「兄弟と鬼屋敷」（1926）

2　韓国語版『朝鮮童話集』に見られるドッケビ

一九二六年の沈宜麟の『朝鮮童話大集』は、ハングル版の朝鮮童話集として出版された最初のものである。同書において掲載されたドッケビ談は、「독갑이돈（ドッカビ金）」、「금방망이 은방망이（金椎銀椎）」、「오성의 독갑이 제어（鰲城のドッカビ制禦）」、「혹달린 老翁（瘤ある老翁）」の四つであるが、[46]いずれにおいても表記は「독갑이（ドッカビ）」となっている。「독갑이돈」はドッケビにお金を貸したら、その後毎日ドッケビがお金を返しに来たため金持ちになった話であり、「금방망이 은방망이（金椎銀椎）」は「ドッケビの棒」と同じ話である。ドッケビの間抜けさが、面白おかしく描かれている。

一九四〇年の朴英晩の『朝鮮伝来童話集』は、韓国の説話をただ収録しただけでなく、本格的な「童話」としてまとめたものと評価されている。しかし一方で、本来は多様であったドッケビを画一化、単純化させてしまったとも考えられる。同書においては、近代精神である合理主義に基づき、勧善懲悪の物語を通じて良い子を育てようという教育的知見が垣間見られるが、[47]このような傾向は日本・韓国に限られたものではなく、当時の世界においては普遍的に存在していたと思われる。ドッケビ談としては、「코가 길어진 욕심쟁이（鼻が伸びた欲張り）」[48]、「혹 뗀 이야기（瘤とれた話）」[49]の二つの話が収録されている。「코가 길어진 욕심쟁이」は「ドッケビの棒」と同類の話であり、前編が善人の話、後編が悪人の話という対立構造で成り立っている。特に、後編の悪人に焦点が当てられているが、鼻を伸ばされる罰を受ける場面が何とも滑稽である。

たくさんの童話集が作られる中で「瘤取」もよく取り上げられ、韓国を代表する昔話となった。しかし、その中に登場するドッケビの姿に関しては、文章の中では触れられておらず、正確な姿は挿絵を通しても確認できない。

四　描かれ始めたドッケビ――教科書を中心に

1　初めて現れたドッケビの視覚イメージ

植民地時代の小学校教科書に、「瘤取り爺さん」は四回登場する。一九一五年の『朝鮮語読本』、一九二三年の『朝鮮語読本』、一九三三年の『朝鮮語読本』、一九三九年の『初等国語読本』であり、挿絵が付けられているものもある。

一九一五年の『朝鮮語読本』は、「혹있는 노인（瘤ある老人）」が掲載された最初の教科書であるが、まだドッケビの絵は見られない。韓国で初めてドッケビ（독갑이）の視覚イメージが登場したのは、一九二三年の『朝鮮語読本』に掲載された「혹 뗀 이야기（瘤を取られた話）」においてである（図6・後出）。ちなみに、内容は一九一五年の「혹있는 노인（瘤ある老人）」とほとんど同一である。ここでのドッケビは、般若の面を被った体格のいい成人男子の姿であり、半裸で腰蓑を巻いていて、原始人のようである。「般若」は日本を代表する「女の鬼」である。故に、そのイメージを用いつつ、男であるドッケビを描いていることには、違和感を禁じえない。当時出版されていた絵本として、一九〇八年の『教育とお伽噺』に収録された「瘤取り」の挿絵[50]や一九二七年の『日本お伽噺集』の「瘤取り」の挿絵[51]に見られるオニの姿は、「桃太郎」に見られるような典型的なものだけでなく、多様なものが見られる

（図5）。般若のような図像が見出せるのは、一九二三年の『朝鮮語読本』においてのみである。金宗大は「この絵のドッケビが韓国の伝統的な草履ではなく、日本の足袋を履いており、また腰蓑を巻いていることからも、韓国のものとして考えることはできない」と述べているが[52]、これを日本伝統のものとして見ることにも、いささか無理がある。ここでのドッケビは、韓国における視覚イメージがなかったために、日本のオニを参考にして作られたものではないかと思われる。挿絵を描いたのが韓国人か日本人かは不明である。当時、韓国人の挿絵画家は少なかったことからも、日本人画家が描いた可能性が高いが、日本ではすでに鬼の図像が定着していたと考えられることから、日本人であればわざわざ般若の面を取り入れて、日本のオニと韓国のドッケビの同一化を図ろうとしたとは考え難い。

いずれにせよ、これが韓国初のドッケビの視覚イメージであることは確かである。原始人のような格好で描かれたことに関しては、ドッケビや民間信仰を未開なものとして扱う意図が見出されるとの指摘もできるが、一部の地方では元々、ドッケビは自然神として扱われていたことから用いられた可能性もある。特に漁村においてそのような傾向があり、海の神として祀られていたため、漁師たちがよく着ていた「ドロンイ」という、稲藁で作った蓑の持つ原始性を生かしたモチーフであることも十分考えられる。

図5　上：「瘤取り」『教育とお伽噺』（1908）
下：「瘤取り」『日本お伽噺集』（1927）

図6 「혹 뗀 이야기 (瘤を取られた話)」『朝鮮語読本巻二』(1923)

能面の般若

図7 「혹 뗀 이야기 (瘤を取られた話)」『朝鮮語読本巻四』(1933)

韓国の仮面

2 ドッケビの視覚イメージへの試み

一九二二年の教科書調査委員会には「教科書用国語假名遣・諺文綴字法・国文朝鮮文ノ併記及朝鮮讀文ノ作成等ニ關シテハ別ニ委員ヲ設ケテ調査スルコト」という条例により[53]、金澤庄三郎、藤波義貫、田中德太郎などの日本人以外に魚允迪、玄櫶、申基德、池錫永、玄櫽、柳苾根、崔斗善、權悳奎など朝鮮人が八名、参加していた[54]。さらに一九二八年から学務局は朝鮮人学者を含めて改定案を作り、また一九二九年には審議委員に多数の朝鮮人民間学者を入れ、朝鮮人の参加比率を高めた。その中には李完應（朝鮮語研究会長）、申明均（朝鮮教育協会理事）、沈宜麟（京城師範學校附属普通学校訓導）など、朝鮮人教育団体のメンバーが多数参加していた[55]。また、当時の新聞でも『朝鮮語読本』の改定に関する記事がよく見られることから、朝鮮人の間でも、『朝鮮語読本』に対する関心が高まっていたことが分かる[56]。文化政策の一環とは言え『朝鮮語読本』の出版には朝鮮人の意見が少なからず反映されていたと考えられる。

一九三三年の『朝鮮語読本』の「혹 뗀 이야기（瘤を取られた話）」のドッケビの顔は、日本の「般若」の面から、韓国の伝統的仮面劇の面に変わっている（**図7**）。本来タル（仮面）は厄を防ぐために作られ、これを家に飾ることで厄払いになると考えられた。しかし、朝鮮中期以降は全国で仮面劇がよく行われるようになり、庶民の娯楽として、商人や中間層の支援を得て成長する。パフォーマンスであるため、人間でも動物でもない、異界のものを可視化する必要があった。仮面は朝鮮の視覚文化を代表する例である。つまり、一九三三年の『朝鮮語読本』の「혹 뗀 이야기（瘤を取られた話）」の挿絵はドッケビの庶民的な特徴を韓国の民芸から探そうとした試みであると考えられる。

ドッケビの視覚イメージに繋げて考えられる韓国の伝統的な面をいくつか挙げると、バンサン・タル（방상탈）か、ビビ・タル（비비탈）がある。その中でバンサン・タルは、葬儀行列の先頭を歩く人が厄払いのために被る面である。「ドッケビのいたずらに苦しんでいた人に、その姿を教えてくれと言って絵を描いてもらったが（中略）、その姿は頭が二つ、目が四つ、高い角に口も目も真っ赤だった」との記録が『於于野談』に見られるが[57]、この姿はバンサン・タルと似ている。ビビ・タルは角が二つ、目が大きくて、牙があり、ドッケビの図像に近い。もともとは「ヨンノ（영노）」とも呼ばれる妖怪で、顔と体は龍と似ていて、短くて鋭くない角がある。腕と足がなく、龍と大蛇の中間の姿であり、龍の特徴を「貴族的」というなら、ヨンノは「庶民的」霊物であるといえる。しかし、一九三三年の教科書『朝鮮語読本』に取り上げられた仮面のイメージはマルトゥギ（말뚝이）、チィバリ（취발이）の面に近い形をしている。両方、民意を代弁し、支配層である両班[58]を懲らしめるなど諷刺的な仮面劇の中心になるキャラクターであり、笑いをとる面白くて素朴なイメージを持っているためにドッケビのイメージに使われているのではないかと思われる[59]。

半裸で腰蓑を巻いており、角は見られない。また、内容にも若干の変更が加えられており、お爺さんがドッケビを騙して瘤を取ってもらう話ではなく、ドッケビが勘違いをしてお爺さんの瘤を取ってくれる話になっている。以前の「瘤取」話とは異なり、お爺さんに嘘を付かせないようにしたのは、教育的観点によるものであると考えられる。

また、『朝鮮語読本巻四読解』[60]は『朝鮮語読本巻四』の解説版であり、その読解内容と単語の意味が日本語で説明されている本であるが、ドッケビはこの中では「化物」であると説明されている。**図6**のドッケビが日本の足袋を穿いているという指摘に関しても納得し難い。むしろ、**図7**で見られるように手首、足首の飾りとするほうが妥当であろう。このような飾りは日韓ともに固有の伝統に見られない装飾でもあり、他の文化圏の視覚イメージを参考にした可能性も考えられる。

3　教科書における、ドッケビとオニの同化

一九三八年には朝鮮語教育が禁じられ、国語が日本語とされたため、以後は朝鮮においても、内地と同じ『初等国語読本』が使われるようになった。この教科書に登場する「コブトリ」は、「혹뗀이야기（瘤取った話）」と同一の物語構造を有しており、ドッケビは「鬼」と書かれ、日本のオニの視覚イメージそのものの姿となっている（**図8**）。また、オニを、桃太郎に出てくるオニのように、恐れるべきであり、かつ退治されるべき対象として登場させている点でも、それまでとは異なっている。つまり、一九二三年、一九三三年のドッケビは韓国の「혹뗀이야기（瘤取った話）」の話であったと言えるが、一九三八年のものは完全に日本の「コブトリ」の物語となっているということである。その他の内容についても、韓国の「혹뗀이야기（瘤取った話）」とは異なる点が多い。このことからも、韓国のドッケビと日本のオニとが同一のものとして受け取られるようになったのは、この時期である可能性が高いと考えられる。国語の同化と共に、ドッケビの視覚イメージも、日本のオニと同化していったものと思われる。

図8　「コブトリ」『初等国語読本』（1939）

なお、同じ時期には「桃太郎」や「一寸法師」も教科書に掲載されており、これらの話におけるオニの視覚イメージやストーリーが、

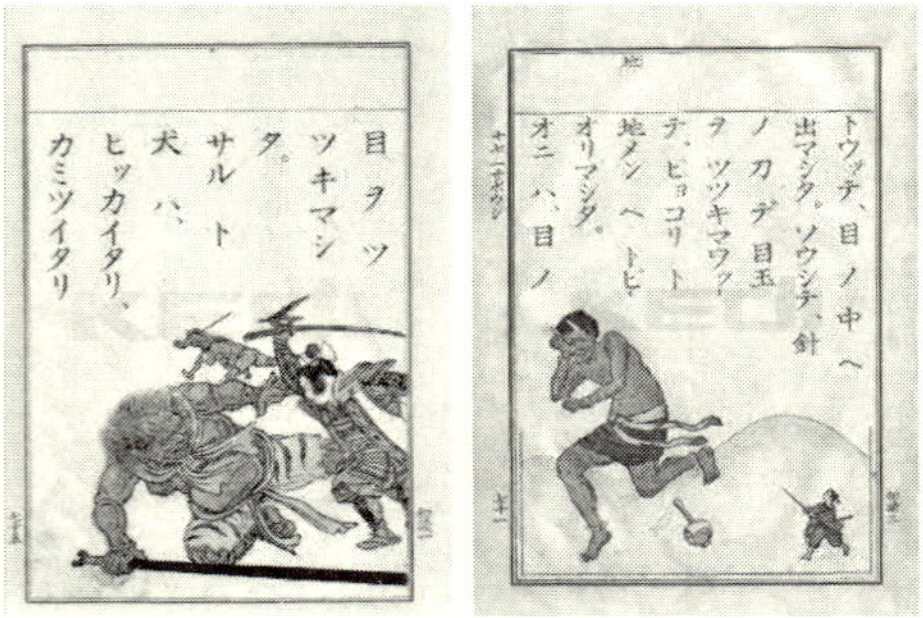

図9　「桃太郎」、「一寸法師」『初等国語読本』（1939）

オニの怖いイメージを認識させる上で一定の役割を果たし、同時にオニのイメージとドッケビのイメージが関連付けられるきっかけにもなったと考えられる（**図9**）。

ここで、同時期の就学率について述べておきたい。朝鮮人の普通学校就学率は、一九一二年には二・一パーセントに過ぎなかったのが、一九四〇年には四一・六パーセントに急上昇している[61]普通学校就学児童数は、一九一〇年には一九九〇一名、一九二二年には二三六一七二名、一九四一年には一四八八八五九名であった[62]。このことを鑑みれば、一九三〇年代以降の教科書、とりわけ、朝鮮語教育禁止に伴う国語の同化に決定的役割を果たすこととなる一九三九年の日本語教科書『初等国語読本』の影響力は、前述の一九一〇年代、一九二〇年代の朝鮮語教科書に比べると、非常に大きなものであったことは、想像に難くない。オニの視覚イメージの影響および、ドッケビのオニへの同一化に最も影響を及ぼしたのが、この教科書であると思われる。

五　近代初期の視覚文化

1　乏しい視覚イメージ

一九三五年の釜山公立学校普通学校の教科書編纂資料のうち、「圖書科」の部分には朝鮮人の特殊性（特に美術に対して）に関しての「藝術を尊重しない特に美術を輕視する」とか、「書が大衆化してゐない」、「民衆の繪といふものがない」などの記述が見られる。しかし、その一方で同書では「佛教が美術に影響してゐる（お寺、書院）」、「風土傳說及迷信から生まれた美術が多い（天下大将軍、地下女将軍）」という記述も見られる。(63)

近代化とともに、教科書、新聞の挿絵、翻訳書、外国語書籍などによる視覚イメージが増えることになると思われるであろうが、実際には非常に少ない。それは、それまでの韓国においてはそもそも大衆的な「視覚産業」といえるだけのものが日本と比べると乏しく、特に怪を描く文化があまりなかったことによると思われる。そのようであるから当然、近代以前の韓国では、美術史においても芸能史においても、固定した「ドッケビ」のイメージは見当たらない。これは、朝鮮の中心哲学であった儒教において「子不語怪力乱神」という教訓があり、鬼や鬼神の絵を描くことをタブー視していたためである。神として崇拝するもの、また雑鬼などの邪悪なものといった「存在を証明できないものの存在」は認めず、非物質的なものは描かない。このような兩班層の考えは、庶民にも強い影響を及ぼしていた。

しかし、朝鮮時代においても、鬼瓦、仏画、仏教彫刻など、それ以前の時代に隆盛した仏教文化による鬼のイメージは存在していた。だが当時は、これら鬼の視覚イメージとドッケビのイメージとを同じものと認識していたとは考え難い。

崔京国は「ドッケビの図像研究において、そのイメージの原型を明らかにするためには、日本のオニだけではなく、他の東アジア地域からの影響についても注目すべきである」と述べている。また、彼は日本のオニの視覚イメージの形成が鬼瓦、仏画に由来するものであるため、鬼瓦、仏画から視覚イメージを形成するという文化は韓国でも存在していたとし、ドッケビと鬼はそれぞれ、韓日両国が長年の歴史の中で相互に影響し合った結果作られたものであるという可能性も否定できないとして、植民地時代にオニの視覚イメージが流入し、それがドッケビの視覚イメージとして定着したとする説に疑問を呈している。[64] 十王図は鬼が描かれている仏画であるが、これは韓国でも日本でも見られる。また、金剛力士像はオニの全身像ともいえ、韓国でも日本と同様、寺院の入り口に立てられる。このようなことからも、前述の崔の主張には一理あると思われる。しかし任哲宰は、「鬼瓦、仮面をドッケビの姿と考える人もいるが、これは中国あるいは日本の鬼面を借用したものである」と述べ、鬼面に見られる図像は韓国のドッケビではないと主張している。[65] また、「도깨비 기와（ドッケビ・キワ）」とも呼ばれる鬼瓦はオニではなく、龍を表したものであるとの主張もあるが、[66] いささか無理があるように思われる。

鬼がドッケビの原型と見られるかどうかの議論は別として、ひとまず、日本が仏画、彫刻、建築の装飾（鬼瓦）を有していて、これがオニのイメージの基になったと思われることは確かである。それに対し、ドッケビは人々に共有され確立した視覚イメージというものがなく、外部からの影響を相対的に受け容れ易い状態であったことは言を俟たない。

2　子ども向けの産業の発展

児童雑誌としては、本論二で言及した『어린이（子ども）』以外にも、金素雲が朝鮮児童教育会を発足した上で、朝鮮の児童が通う普通学校に課外雑誌として配布していた『木馬』があったが、この雑誌に送られた教師の「朝鮮ではどうも芸術が育ち難い。（中略）朝鮮の児童はすぐれた芸術をみることの少ないことを痛感する」のような言葉から、当時の現状を垣間見ることができる。[67]

一九二八年当時、公立普通学校は一四二八校存在し、学生の数は四三九八四〇名であった。私立普通学校は八十校で学生は二一九一七名であった。合わせて四六二五二二名の韓国人が普通学校に通っていたことになる。しかし、儒教の書籍（四書三経など）を学ぶことが中心である書堂（日本で言えば寺子屋に該当する）の数は一四九五七校で学生数は一九一六七二名であり、私立各種学校は五四九校で学生数は五四一一八名であったことを踏まえると当時の韓国社会に必要とされてなかったとも考えられる。寺小屋で学ぶ教材は歳によって変わるものではなく、子供向けの本ともいい難い面もあるが、挿絵があるものはほとんどない。

朝鮮時代の教育は、官僚になるための科擧制度に依拠したものであり、文字を書き、詩を詠む儒学者が敬われ、厳しい士農工商の身分階級に基づく社会であって、職人や芸人は身分が一番低く、軽んじられていた。当時の大衆文化において、絵はあまり見られない。特に、子ども向けの視覚文化は非常に少なかった。しかし、日本の紙芝居業者が一九三七年に京城に入ったものの、あまり流行らず、まもなく消えてしまった[68]ことからも、ただ単純に、文芸において字のみで充分であると考えて視覚イメージがあまり求められていなかったとも考えられる。

当時は一般演劇と共に児童劇も増え、学芸会も行われるようになった時期であり、日本においても児童劇に関心が高まり、関連書籍が多く出版された時期であった。その中で、「瘤取」話は頻繁に取

り上げられている上、挿絵も随所に見られる。児童雑誌『어린이（子ども）』でも「노래주머니（歌袋）」というタイトルの児童劇として紹介されている。ちなみに、タイトルに「学校少年会、誰でもできる童話劇」と書かれていることからも、この童話劇は学校の学芸会で使われることを目的として書かれたことが分かる。ドッケビは目に見えないものといわれ、元々視覚イメージがない。だが、パフォーマンスをする際には、目に見えないものであっても可視化して演じる必要がある。その結果、日本のものを参考にした視覚イメージが使われるようになった可能性が高い。

当時の朝鮮の学校には、日本の子供向け雑誌がたくさん流入していた。また、京城では『普通学校児童読本』（一九二八〜一九三〇年）という日本語の教育雑誌が出版されていたが、この中には、日本の昔話より韓国の伝来童話の方が多く収録されていた。読者は四六万人程度であったと推定されることからも、非常に影響力があったといえる。(69) この雑誌には、挿絵も多く入れられていたが、ドッケビの絵は見られなかった。

ここまで検討してきたことから分かるように、朝鮮では教科書を除き、ドッケビの具体的な図像は見られない。しかし、ドッケビを素材とした創作童話においては、ドッケビの姿が描写されている例が見られる。『황소와 도깨비（牛とドッケビ）』は作家李箱が豊島与志雄の『天下一の馬』（一九二四年）を翻訳して『毎日新報』（一九三七年）に連載していた童話である。(70) この童話の中で、李箱はドッケビを以下のように描写している。「人か猿か分からない顔で、体と比べると少し長い手足を持っている。色は黒くて耳が立っていて短い尻尾もついており、猿みたいであり、猫みたいであり、あるいに犬みたいでもある」そして李は、このような姿のドッケビを本で見たことを回想する。そのドッケビには角はないが、耳がしっかりと立っていて、尻尾があるが、その尻尾がとても大事なものである、と。

視覚イメージを想像して描いてみせるこの童話は、視覚イメージの描写が非常に少ない韓国においては、珍しい資料であると言える。ちなみに、この童話におけるドッケビは、仏教の鬼というよりは、西洋の悪魔のイメージに近い。ドッケビのイメージを創造する際に西洋の悪魔のイメージを参考にしたと考えられる。

3　キリスト教の書籍の挿絵

当時の韓国には、聖書、キリスト教小説、雑誌などが存在したが、中にはキリスト教を庶民により理解しやすくさせるために挿絵を入れたものがあり、これらには悪魔など想像上の生き物を視覚化したものも多数見られる。これらの悪魔・サタンは、韓国人に馴染みのある仏画の「鬼」に近いイメージで表現されている。悪魔という言葉はそもそも、仏教の中にも存在した。聖書の翻訳版を通して鬼神の概念も影響を受け、韓国本来の鬼神が神の反対の意味として用いられ、サタンや悪魔の概念とドッケビの概念が混ざっていった可能性も十分考えられる。

図10　『天路歴程』

『天路歴程』（一八九五年）には、韓国人の風俗画家である基山（金俊根）の挿絵が収録されている。そこで描かれているのはドッケビではなく西洋の悪魔であるが、この韓国人画家の持つ仏画の鬼の視覚イメージがそこに反映されていることが見て取れる（図10）[71]。このことからも、韓国人がドッケビを視覚化する際、そこに仏画の鬼の視覚イメージが反映された可能性についても（間接的にではあるが、）説明され得ると考えられる。彼は西洋人の書籍に挿絵を描くことが多い海外向けの仕事をよく引き受けていた画家であったために、オリエンタリズムを反映する作品であるという解釈もできる[72]。また、これらの視覚イメージは日本のオニの視覚イメージとも類似していると思われる。ただしこのことから、この時期に既に「日本のオニの視覚イメージが直接的に韓国人に影響を与えた」と解釈するのは誤りであり、単に「日本と朝鮮が、仏教から出発したと思われる鬼についての視覚イメージと、一定の文化的土壌を共有していた」ということを示しているに過ぎない。ただしこれが、後に日本のオニの視覚イメージが韓国に伝播した際、受容され易かった理由の一つであるとは考えられる。

おわりに

本稿では、まず「瘤取」が韓国のものではなく、日本から伝わった話であるとの主張について、検討を行った。口伝説話のオリジナリティや時期の特定は困難であり、また韓国に文献が残っていないことからも、一概には言えないものの、韓国に「瘤取」話をもとにしたことわざがあったことが当時の学術誌で確認できるという事実は、この主張を覆し得る証拠として注目に値すると言える。植民地時期に流入したはずの物語に関することわざが、既に一般に広まっていたというのは、説話が伝播してゆく際の過程ということで考えるならば、順序が逆ということになる。また、教科書『朝鮮語読本編纂趣意書』に、瘤取り爺さんの出典が韓国の伝来童話であると記録されていることからも、日本の童話を意図的に用いたとは考えられない。さらに、アンドリュー・ラングの「ホック・リーと小人た

ち」の主人公の名前「ホック・リー」が、韓国の「瘤のある人」を意味する「ホップリ」と、音が非常に似ており、また物語のタイトルも「ホップリ・ヨンガン（혹부리 영감・瘤ある人）」となっている点を考えると、同書においては中国の昔話であると記録されているものの、実のところは韓国の昔話を記録したものである可能性が非常に高い。この本が出版されたのが一八九二年であることを踏まえると、韓国にはこれ以前に「瘤取」話が存在していたということになる。このことからも、当時の日韓には共通の説話として、「瘤取」話が存在していたと考えるのが自然であろう。

「瘤取」が中国から韓国、日本に伝播されたか否かは定かではないが、これらの国々に共通して存在する物語ではあったと考えられる。しかし、韓国と中国では儒教の影響が強く、オニのようなものを視覚化することが少なかったために、近代化の中で記録され、描かれ、絵本として作られた日本の「瘤取」はオニの視覚イメージとともに逆輸入されることになったのではないかとも考えられる。

植民地時代の韓国においては、ドッケビの視覚イメージが欠如していた。その一方で、日本のオニの視覚イメージは豊かであり、相対的に欠如していたドッケビの視覚イメージの穴を埋めるために参照されるに十分な素地を有していた。たとえば、「瘤取」話は教科書や説話集などでよく取り上げられたが、そこで用いられた教科書という媒体の影響力は、非常に大きなものであった。しかし、これらの視覚イメージは、日本のオニの視覚イメージ例として挙げられている一九二三年、一九三三年の二つの朝鮮語教科書の挿絵の分析をする限りでは、日本のオニを描いたものというより、韓国のドッケビを視覚化する努力がなされる中、日本のオニが参考にされたという程度に考える方が適切であろうと思われる。また、日本と朝鮮において共通して使用された一九四〇年の『国語読本』のオニは日本のオニであるが、これは日本語で書かれた日本の「瘤取」の挿絵であり、意図的なものとは言えない。

なお、韓国ドッケビの視覚イメージに影響を与えたものとして、日本のオニ以外にも目を遣るならば、当時のキリスト教書籍や新聞の挿絵の中に見られる鬼神や悪魔の挿絵なども影響を与えていたのではないかという可能性も考えられた。だが、そのイメージには、東アジアに共通する仏画の鬼を参照していた面も見受けられた。仏画の鬼の影響を受け描かれたキリスト教の悪魔の視覚イメージが、さらにドッケビの視覚イメージに影響を与えたとすれば、それが日本のオニと類似するのも当然である。つまり、日本と韓国が東アジア文化という共通の基盤（仏教、道教文化など）を有していたことにより、その影響下で形成された日本のオニの視覚イメージは、韓国の人々にとっても受け容れ易いものであったと考えられる。

また、ドッケビの説話を収集してまとめたり、民俗学的に整理はしていたものの、そのイメージの視覚化の必要性は当初なかった。だが、学校で行われる児童劇でドッケビを演じるために、そのキャラクターを可視化する必要が生じたことにより、日本のオニが参考にされたという点も重要である。

ドッケビの視覚イメージに関する議論、つまり、視覚イメージの「真正性」が問われ、様々なドッケビ図像が提示される中、依然として日本のオニの視覚イメージが持続的に使われている。決まった形を持たないほうが「真正性」が高いと思われているものの、決まった形ではないとキャラクターとして使われ難いという、産業と結びついた現実的な視点も大きく働いていると考えられる。

しかし、百年近く韓国で使用されてきたこの視覚イメージは、大衆によって選ばれたものであり、そこに新たなものを植え付けることが困難であるのは、文字概念以上ともいえる。そのような試みは、韓国の文化開放政策や当時の国際政治・経済の影響もあり、特に一九九〇年代後半から二〇〇〇年代にかけて多く行われてきたが、伝統的であると考えられる視覚イメージの許容範囲、ドッケビの角の数や服装などを規定することは非常に難しい。
同じ東アジア文化圏に属する日韓が、互いに影響を及ぼし合う中で形成されたものであるということを想起すれば、日本のオニのイメージを避けて新しいドッケビイメージを作ろうという発想や、ドッケビのオリジナリティ論争は、無意味なものではないかと思われる。韓国ならではのドッケビのイメージの「真正性」を追及するのもよいが、植民地時代の名残りを否定するにことにこだわるあまり、その時代の韓国の文化やそれ以前の文化まで否定することにならないよう、注意すべきであろう。

註

（1）韓国語の「도깨비」日本語表記はトッケビ、ドッケビ、ドケビ、トケビなど様々であるが、国立国語院が韓国語ローマ字表記法で「Dokkaebi」と表記しているのに基づき、本稿における表記は「ドッケビ」で統一している。
（2）本稿においては、韓国の「ドッケビ」に対し、日本の鬼は「オニ」、鬼（クィ）という概念は漢字の「鬼」と表記している。
（3）金宗大「혹부리 영감 형성과정에 대한 고찰」『우리문학연구』二〇（우리문학회、二〇〇六年八月）二九―六〇頁。
（4）『東亞日報』（二〇〇七年六月二九日付け）a一四面。
（5）金容儀「韓日昔話の比較研究　近代の教科書に語られた「瘤取り爺」譚を中心に」（大阪大学日本学博士論文、一九九七年）九〇―一〇二頁。
（6）金容儀「韓国のドッケビと日本の付喪神」『妖怪文化の伝統と創造』（せりか書房、二〇一〇年）三四七―三四八頁。

(7) 崔仁鶴『한국민속학』(새문사、一九八八年)三六八頁。
(8) 韓国の伝統楽器の一つであり、農楽などに使われる。
(9) 金學善「한국 설화 속에 나타난 도깨비」『국제어문』제三집(국제대학국어국문학과、一九八二年)六九—九三頁。
(10)『三国遺事』や『高麗史』に登場する、新羅・高麗時代の慶州地方の木神。
(11) 姜恩海「豆豆里(木郎)再考：도깨비의 명칭分化와 관련 하여『韓國學論集』一六(계명대학교 한국학연구소、一九八九年)七頁。
(12) 任埅、James S.Gale 訳、Ten thousand devils, Korean folk tales—imps, ghosts and fairies (Dent & sons, 1913) pp.116-122
(13) William Elliot Griffis, Tokgabi and Pranks, Fairy tales of old Korea (GEORGE G.HARRAP & CO, 1911) pp.19-25
(14)『新韓国報』一九一〇年九月二七日、『新韓国報』一九一〇年一〇月一八日、『新韓国報』一九一〇年一〇月二五日付け。
(15)『東亜日報』一九二四年二月一八日、『東亜日報』一九二四年六月一六日付け。
(16)『東亜日報』一九二五年六月一四日付け。
(17)『東亜日報』一九二四年八月九日、『東亜日報』一九二四年一一月一四日付け。
(18)『毎日申報』一九三一年六月一九日、『東亜日報』一九三二年七月二三日、『朝鮮日報』一九三四年三月八日付け。
(19)『선봉(先鋒)』一九三〇年一〇月六日。
(20)『朝鮮日報』一九三四年一月二〇日～一九三四年一月二三日、『毎日申報』一九三八年八月二一日付け。
(21) 志田義秀『日本の伝説と童話』(大東出版社、一九三一年)二八一頁。
(22) 近藤時司「朝鮮の伝説について」『東洋』二七巻八号(一九二四年)六四—七七頁。
(23) 洪淳昶「朝鮮の瘤取話」『旅と伝説』一三巻二号(一九四〇年二月)二七頁。

(24) 竹原威滋「説話の一生とジャンル変遷：「世界の瘤取り鬼」（AT503）をめぐって」『説話・伝承の脱領域：説話・伝承学会創立二十五周年記念論集』（説話・伝承学会、二〇〇八年）四六九頁。
(25) 佐々木五郎「平壌附近の伝説」『旅と伝説』一四巻八号（一九四一年）二五頁。
(26) 同上、三六頁。
(27) 朝鮮総督府『朝鮮語読本巻四編集趣意書』（朝鮮書籍印刷株式会社、一九三四年）六頁。
(28) Andrew Lang, The story of Hok Lee and the dwarfs, Green fairytale, Dover, 1965（初版：Longmans, Green, and Co., 1892）pp.229-233
(29) 鈴木満「瘤取話―その広がり―」『武蔵大学人文学会雑誌』三四巻四号（武蔵大学人文学会、二〇〇二年）一二頁。
(30) 呉翰雲『割瘤』（中華書局、一九三三年）
(31) No Strangers Admitted, PUNCH. Vol.35（Punch Publications Ltd. 1858）p.251
(32) Andrew Lang（1892）p.232
(33) 염희경「소파（小波）방정환（方定煥）연구」（인하대학교 일반대학원 국어국문학과 박사학위논문、二〇〇七年）五二―五七頁。
(34) 方正煥「새로 開拓되는〈童話〉에 關하야―특히 少年以外의 一般큰이에게」『개벽』（개벽사、一九二三年一月）一九頁。
(35) 이정호「어린이」（開闢社、一九二三年三月）六頁。
(36) 方正煥、前掲書、二〇頁。
(37) ドッケビから棒もらう説話：昔々ある日お爺さんは山で薪取りをしていたが、仕事が遅くなり日が暮れて、近くの廃屋で一晩泊まることにした。寝ようとしていたらドッケビたちが入ってきたので、お爺さんは屋根に隠れた。ドッケビたちは、ドッケビ棒を持って床をたたきながら、お金や財宝を出して、肉を食べ、お酒を飲んだ。お爺さんは怖かったので、無意識にどんぐりの実を噛んだ。大きい音がしてドッケビたちは逃げて行った。お爺さんはドッケピたちが置いて行った財宝やお金を持って家に帰った。隣の村の欲張り爺さんも小屋に行って同じように隠れどんぐりの実を噛んだ。ドッケビたちは「前の泥棒がまた来た」と思い、小屋中を探して欲張りおじいさんを見つけた。欲張りお爺さんはドッケビたちにしかられ、ほうほうの体で家に帰った。

(38) 高橋亨『朝鮮の物語集』（日韓書房、一九一〇年）五頁。
(39) 이은봉『한국인의 죽음관』（서울대학교 출판부、二〇〇〇年）一八二頁。
(40) 駒込武『植民地帝国日本の文化統治』（岩波書店、一九九七年）一九五頁。
(41) 朝鮮総督府『朝鮮童話集』（大阪屋号書店、一九二四年）一三頁。
(42) 村の入り口に立てる守り神でもある里程標。
(43) 松村武雄『世界童話大系』（名著普及会、一九二四年）七頁。
(44) 「胡桃の音」は「ドッケビから棒」と類似の話で「足折燕」は「興夫ノル夫」「興夫傳」と同じ話である。
(45) 中村亮平『朝鮮童話集』（冨山房、一九二六年）九九―一〇三頁。
(46) 沈宜麟『朝鮮童話大集』（漢城図書株式会社、一九二六年）二〇四頁。
(47) 정진희「한국 도깨비 동화의 형성과 변형 양상 연구」（한양대학교대학원、二〇〇九年）一一一頁。
(48) 朴英晩『朝鮮伝来童話集』（学芸社、一九四〇年）九九、一〇三頁。
(49) 권혁래『朝鮮童話大集成』（韓国国学振興会、二〇〇六年）二五三頁。
(50) 木村小舟「瘤取り」『教育とお伽噺』（博文館、一九〇八年）一九一頁。
(51) 巌谷小波「瘤取り」『日本お伽噺集』（アルス、一九二七年）一四一頁。
(52) 金宗大「혹부리 영감 형성과정에 대한 고찰」『우리문학연구』二〇（우리문학회、二〇〇六年八月）二九―六〇頁。
(53) 朝鮮総督府『朝鮮總督府施政年譜大正十二年度』（朝鮮印刷株式會社、一九二五年）一五三―一五四頁。
(54) 허재영『일제강점기 교과서 정책과 조선어 교과서』（경진、二〇〇九年）九五頁。
(55) 金允經「最近의 한글運動、朝鮮文字의歴史的考察」一八『東光』第四〇号（亜細亜文化社、一九三三年一月二三日）一三―二〇頁。

(56)『東亜日報』一九二八年四月二六日、『東亜日報』一九二八年九月二五日、『毎日申報』一九二八年八月二八日、『新韓民報』一九二九年四月一四日付け。
(57)柳夢寅『於于野談』(한국문화사、一九九六年)一二六頁。
(58)兩班層とは大体士大夫を示す。朝鮮時代の知識人、上流階級である。
(59)박진태『統營五廣大』(화산문화、二〇〇一年)一四〇~一四二頁。
(60)朝鮮語研究会『普通学校朝鮮語読本巻四読解』(朝鮮語研究会、一九三五年)三八―五八頁。
(61)이기훈「식민지 학교 공간의 형성과 변화」『역사문제연구』제一七호(역사비평사、二〇〇七年四月)六九頁。
(62)李淑子『教科書に描かれた朝鮮と日本』(ほるぷ出版、一九八五年)六三頁。
(63)西川末吉『各科教育の動向』(三重出版社、一九三五年)一二〇頁。
(64)崔京国「일본오니의 도상학I―귀면와에서 에마키까지」『日本学研究第一六集』(단국대학교 일본연구소、二〇〇五年四月)一八三―二〇八頁。
(65)任哲宰「설화속의 도깨비」『한국의 도깨비』(열화당、一九八一年)五四頁。
(66)姜友邦「귀면와인가 용면와인가:생명력넘치는 근원자의 얼굴」『문화와 나』六五(삼성문화재단、二〇〇二年)二〇~二五頁。
(67)大竹聖美『植民地朝鮮と児童文化――近代日韓児童文化・文学史研究』(社会評論社、二〇〇八年)二九七頁
(68)同上、三一七頁。
(69)大竹聖美『近代韓日児童文化教育関係史研究(一八九五~一九四五年)』(延世大学校大学院教育学科博士論文、二〇〇二年六月)一一四頁。
(70)毎日新報で一九三七年三月五日から九日まで連載。
(71)John Bunyan, Mr.and Mrs.James Scarth Gale 訳『텬로력뎡(The Pilgrim's Progress)』seoul: The Trilingual Press, 1895, p.70

（72）趙恩希「개항장의 풍속화가 기산（基山）김준근（金俊根）연구」（성균관대학교대학원 미술학과 석사논문、二〇一〇年）一〇二頁。

自然界と想像界のあわいにある驚異と怪異

山中由里子

近代的な理性の発展とともに、科学的に証明のできないモノやコトは「未確認生物」や「超常現象」などとしてオカルトの範疇に閉じ込められた。ブルガリア出身の思想家ツヴェタン・トドロフが『幻想文学論序説』（一九七〇年）で定義したように、「驚異」marvelous や「怪異」uncanny は、近代以降は自然界には存在しえない現象を描いた幻想文学、いわゆるファンタジーの部類に入るとみなされ、驚異譚、怪異譚の類は「娯楽」や「虚構」として、学問的には軽視されてきた。

だが、近世以前、人々は、この世の際《きわ》にある「異」なるものを「見た」という目撃譚を残し、それらを「いる」ものとして宇宙の秩序の中に位置づけ、「在る」という物的証拠を収集（時に捏造）し、さらには信仰対象として「敬う」こともあった。自然界の直観的理解から逸脱するが、その存在を否定できないものに対する解釈や対応の仕方は、既知の世界の彼方にある、理解不能で想定外のものを知ろうとする（あるいは手なずけようとする）人間の営みであった。

例えば、ヨーロッパや西アジアにおいては、犬頭人、一角獣といった不可思議ではあるがこの世のどこかに実際に存在するかもしれない事象は、「驚異」とされ、空想として否定されるべきではない自然誌の一部として語られた。また、東アジアにおいては、実際に体験された奇怪な現象や異様な物体を説明しようとする心の動きが、「怪異」を生み出した。本書〔山中由里子・山田仁史編『この世のキワ――〈自然〉の内と外』勉誠出版、二〇一九年〕ではこの「驚異」と「怪異」をキーワードに、主としてユーラシア大陸の東西の文明圏において、「自然」と「超自然」、もしくは「この世」と「あの世」の境界に立ち現れる身体・音・モノが、伝承・史料・民族資料・美術品などにどのように表象されているかを考察する。「驚異」と「怪異」に共通する「異」なるものへの視線は、自己と他者、自己と宇宙の境界認識によって形作られるものであり、自然の中での人間の立ち位置を映し出す鏡でもある。人びとが惑わされながらも、魅了されてきた「驚異」や「怪異」を比較することによって、ユーラシアの様々な文化圏における人間と環境の関係を問い直したい。

一　驚異と怪異

まずは、この本に至るまでの道のりを説明しつつ、本書でいうところの「驚異」と「怪異」とは何か、意味範囲を示しておく必要があるであろう。

編者は、今からさかのぼること九年前の二〇一〇年に、ヨーロッパと中東イスラーム世界の文化の専門家から成る研究チームを組み、ラテン語で「ミラビリア（*mirabilia*）」、アラビア語・ペルシア語で「アジャーイブ（*ʿajāʾib*）」（いずれも「驚異」という意味）と呼ばれる、辺境・異界・太古の不思議な事物や生き物についての表象を比較するプロジェクトを立ち上げた。これは国立民族学博物館の共同研究

「驚異譚にみる文化交流の諸相――中東・ヨーロッパを中心に」、と科学研究費基盤研究（B）「中東およびヨーロッパにおける驚異譚の比較文学的研究」（平成二十二〜二十六年度）を連動させたもので、旅行記や百科全書、美術作品といった一次資料にあたりながら、モチーフ伝播の過程、世界観の相違、文化交流のダイナミズムなどを検討した。この共同研究の成果は、「驚異」という概念を通して一神教世界を包括的に捉え、古代から近世にかけてのイスラーム世界とヨーロッパの比較心性史を描き出した編著『〈驚異〉の文化史――中東とヨーロッパを中心に』（名古屋大学出版会、二〇一五年）にまとめた。驚異譚には古代世界から継承された地理学・自然誌の知識、ユーラシアに広く流布した物語群、一神教的世界観などが表れており、比較研究をすることによって中世のイスラーム世界とヨーロッパが共有する文化的な基盤が明確になった。また、十一世紀から十四世紀頃まではある程度共有されていたこの驚異観が、近世から近代にかけて、ヨーロッパのいわゆる「大航海時代」を境に、双方の文化圏において異なる展開をみせ始めることも明らかにした。

この共同研究を進める中で、驚異譚の作品群に例えば古代中国の博物誌『山海経』、あるいは『日本霊異記』などを照らし合わせた場合、「驚異」に対して「怪異」の概念はどう定義できるのか、また知識体系に歴史的な接点はあるのか、といった問題への関心が生まれた。驚異および怪異はともに、既知の世界の彼方にある不可知なるものを知ろうとする（あるいは説明して、制御しようとする）人間の営みが生み出したものであり、これらを比較することによって、人間の想像力と表象物の相関関係や、その基層にあるコスモロジー（世界像・宇宙論）の歴史的変遷を解明することができるのではないか、と考えるようになった。

怪異に関しては、国際日本文化研究センターの小松和彦や東アジア佐異学会による研究の蓄積は厚い[1]。中国から入ってきた「怪異」という概念が、国家による民の統制のための行政ツールから、次第に娯楽や博物学の対象となるという、日本における怪異の文化史は、これまでの研究で明らかにされてきた。また、一般社会の妖怪・怪異に対する関心も高まる一方であるが、日本の妖怪・怪異研究は国際比較の必要性が謳われる段階を迎えている。

そこで今度は、日本・中国を専門とする怪異研究者たちの協力を仰ぎ、二〇一五年秋に立ち上げたのが共同研究の第二ラウンド、「驚異と怪異——想像界の比較研究」である。この研究会では、「驚異」と「怪異」をキーワードに、異境・異界をめぐる人間の心理と想像力の働き、言説と視覚表象物の関係、心象地理の変遷などについて比較検討を進めた。

研究会は日本および中国の怪異を専門とする研究者と、西アジアおよびヨーロッパの驚異を研究対象とする研究者から構成されており、文学・歴史学・民俗学・文化人類学・美術史・宗教学など多岐にわたる専門領域からの事例発表と議論を行った。驚異と怪異はいずれも「記録すべき不思議なこと・稀なことという意味で対置されるべき概念」という共通理解のもと、*mirabilia*, wonder, prodigy, *ʿajāʾib*、佐異/怪異、物の怪などといった、一次資料に登場する言葉の用法と文脈に注意を払い、安易に「イスラーム世界の妖怪」といった表現を使うことは避けるよう心がけた。毎回、比較の軸となるトピックに合わせて発表と議論を積み重ね、それらのトピックを整理し、本書の章立ての柱とした。

ここで論じられる驚異・怪異には文化的・歴史的事象としての驚異・怪異——すなわち *mirabilia*, *ʿajāʾib* などの訳語としての「驚異」と、怪・佐異・あやかし・物の怪などとして一次資料に登場する「怪異」——に対して、分析概念としての「驚異的なもの」・「怪異的なもの」があるという点を断っておく必要があるであろう。

本書では文化事象としての驚異と怪異の多様な事例を、地域や時代のバランスも考慮して紹介している。各執筆者は文学作品や美術作品、またはフィールド調査データの綿密な分析を通して、それぞれの時代・地域の自然観における驚異・怪異の位置付けや、隣接概念との関係性を解いている。

地域ごとの意味の変遷を古代から近世まで概論的にまとめるにはここでは紙面が足りず、また本書に含まれた事例では十分にカバーしきれていない分野もあることは否めない。そこで、これまでの研究にはない新しい試みとして、驚異と怪異の文化史を俯瞰する比較年表を含むことにした。作成にあたって、筆者の専門外である地域に関しては、榎村寛之氏、香川雅信氏、黒川正剛氏、佐々木聡氏らの格別なお力添えをいただいた。本年表では、地域をヨーロッパ、西アジア、東アジアの三つにわけ、重要な歴史的事件と、関連するジャンルの書物や人物を挙げた。中国については日本への影響という点において重要な事項を中心に今回の年表には掲載したが、この試験的な年表を踏まえて、今後、東アジア全体における怪異観の変遷についての比較検討が充実してゆくことが期待される。本書の個々の論考で採りあげた事例が、この驚異と怪異の文化史のどの時点に当てはまるのか、同時代に他の文化圏で何が起こっていたのか、といった巨視的な展望を得るための見取図にはなるだろう。また、ヨーロッパと西アジア、西アジアと東アジア、ヨーロッパと東アジアの文化接触の諸相を探るヒントにもなるはずである。

日本語での分析概念としての〈驚異〉と〈怪異〉については、これまでの議論と各章を総合すると、その意味範囲の「磁場」を作業仮説的に次のように設定できるであろう。すなわち、〈驚異〉とは時間的・地理的・心理的に遠い未知の（その原因が合理的に説明できない）珍しい事象で、博物学的な興味の対象となるような自然物や現象である。それに対して〈怪異〉は身近なところでも起こり得る、ある

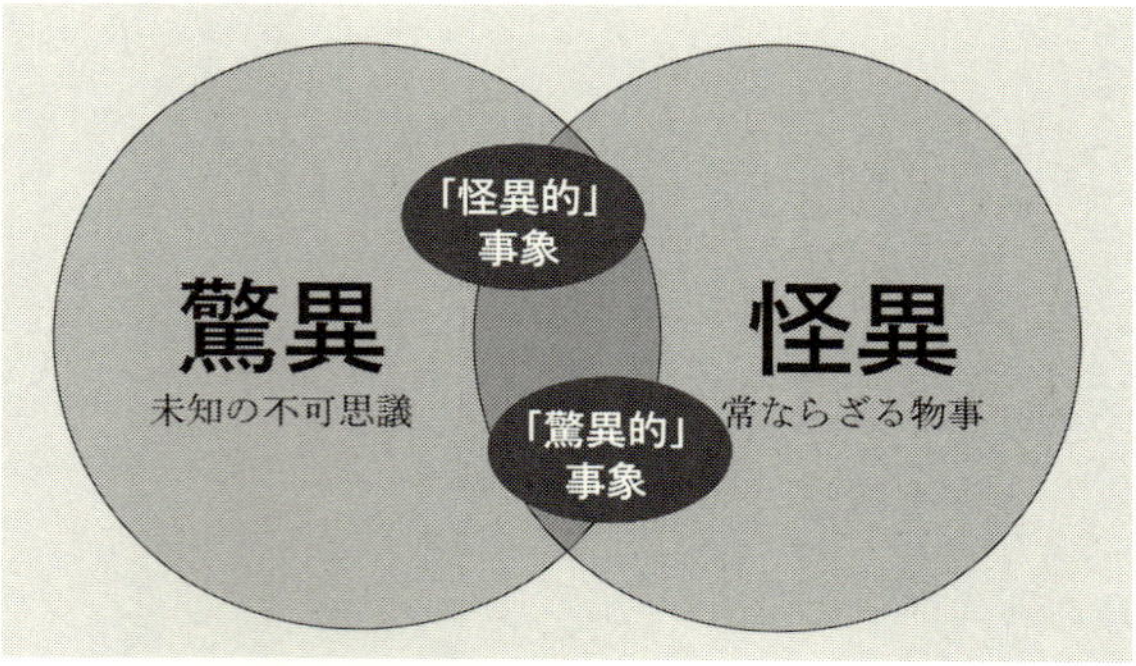

図1　「驚異」と「怪異」の意味範囲

いは見慣れた日常の何かがずれるからこそ異常性が際立つ、常ならざる存在・現象といえる。

　このように定義すると、「驚異文化圏」であるヨーロッパや西アジアの文化事象にも日本語の〈怪異〉という言葉のほうがしっくりくる場合があることに気づく。例えば、菅瀬晶子による現代パレスチナの「ジン憑き」についての論考〔「歴史的パレスチナという場とジン憑き」〕が示すように、アラビア語で驚異という意味の *ʿajāʾib* と呼ばれるものの中にも「怪異的」な、身近で不思議な怪しい出来事が含まれる。

　逆に、怪異文化圏である東アジアの事例にも、ヨーロッパや西アジアの博物学における〈驚異〉の意味範囲に非常に近いものがある。例えば木場貴俊〔「怪異が生じる場——天地と怪異」〕や香川雅信〔「妖怪としての動物」〕が採りあげる近世日本における、生類としての怪異などはそうである。木場が挙げる『駿国雑志』に見られる怪異の定義、「其理の知り難きを以て怪とす」などは、アラブの博物学者カズウィーニーが『被造物の驚異』の序文で述べる驚異の定義に実は非常に近い(2)（**図1**）。

二 〈自然〉を問い直す

さらに、我々の比較研究によって浮かび上がってきた問題点は、驚異・怪異を論じる際に「超自然」を共通概念として用いることの妥当性である。

「自然」という言葉自体、木場が指摘しているように、近代以前の日本語においては「自然《じねん》」は「自《おの》ずから然り」、つまり作為的ではない／ありのままという意味であり、英語のnaturalと同意であっても、natureという意味ではなかった。Natureとしての「自然《しぜん》」は、近代化以降に定着した概念であり、従って「超自然」supernaturalも、西洋近代的な概念である。

「そうした〔不思議、神秘的、奇妙、薄気味悪い〕出来事・現象を『超自然的なもの』の介入によって生じたとみなすとき、それは『妖怪』となる」と小松和彦が『妖怪学の基礎知識』で言っているように、「超自然」は、妖怪研究においても、定義の根幹部分で使われてきた用語である。[3] しかし、西洋近代的なnatureの概念にのっとった「超自然」には、現代人が「自然科学的に存在が疑わしいもの」という否定的な色合いがある。果たして近代以前の東アジアや西アジアの驚異・怪異に当てはめるのが妥当なのか、批判的に再検証する必要性がある。

ヨーロッパのキリスト教世界の文脈では、奇跡・驚異・魔術が論じられる際に、「超自然」、「脱自然」、「反自然」といったように、「自然」という概念が介在してきた。一方、近世以前のイスラーム世界では、驚異も含めた万物全てが神の徴《しるし》で、驚異論においても奇跡論においても「自然」はあまり大きな役割を果たさない。[4] 驚異も他の自然物と同様に神の被造物なのであり、自然を超えたり、脱しているものではない。

東アジアの場合をさらに比較すると、前述の木場による近世日本の「怪異」と自然思想についての論考や、佐々木聡が当研究会の議論を踏まえて執筆した漢代における災異説に関する論文によると[5]、森羅万象は陰陽五行の気の運行によって統御されるという運気論が自然理解の基盤にある。このため、天変地異や怪しい獣といった怪は、天地の気の異常作用によって生じるものとされ、稀ではあるが、決して自然界を超越した現象や存在ではない。

常軌を逸脱する、不可思議な物事の出現のつじつまを合わせるために、何らかの見えない力の介在を人々が見出してきたことは確かである。近代以前の一神教世界ではそれは「神」――キリスト教世界では近世以降は「悪魔」の存在感も強くなる――であり、東アジアでは「天」や「気」であった。しかしそれらの存在をおしなべて「超自然」という言葉でくくることへの違和感は、「自然界」に内包されるもの（超越的な存在と自然環境と人間の関係性）が、キリスト教世界とイスラーム世界と東アジアでは異なるし、時代によっても変遷してきたためではないだろうか。「自然を超えた存在」という考え方は、イスラーム世界の驚異や東アジアの怪異には、どうも当てはまらないのである。

西アジアイスラーム世界の博物学においては、本書で小林一枝が記しているように（「イスラーム美術における天の表象――想像界と科学の狭間の造形」）、驚異のみならず、天使やジンなども、他の自然物と同様に神の被造物である。佐々木の論考にあるように、中国の儒教的理念においても、鬼神は自然と一体のものと考えられていたという。また、木場によると、近世日本の怪異も「自然vs.脱自然・超自然」という対置構造の中で理解されるべきでなく、むしろ「常vs.異」、もしくは「理vs.理外」（道理vs.道理を逸したもの）のせめぎあいとして捉えるべきであろうという。しかも「異」も「理外」も不思議で、不可知ではあっても、天地の動きの一部なのである。香川も本書の論考においては、妖怪を「超自然的存在」として捉えるのでなく、人間と「自然」との境界で生じる葛藤を象徴する存在で、「自然」そのものを体現するものとして位置づけている。

驚異や怪異は〈自然〉に内包されるものなのか、自然界を超越したものなのか、あるいは内と外のあわいに漂うものなのか？　本書の副題「〈自然〉の内と外」は、各地域・時代の自然観における驚異・怪異の位置付けを検証してみようというこうした問題意識を表している。

三　共通言語としての認知科学

さて本書では、このように歴史的・文化的相対主義の視点から驚異・怪異の具体例を比較検討しているが、これらを挟み込むような形で、第一章の最初に秋道智彌による境界論〔「自然と超自然の境界論」〕を、巻末の終章に山田仁史による人類史的視座に関する論考〔「驚異と怪異の人類史的基礎」〕を入れた。驚異・怪異の基層にある心性メカニズムについてのこれらの試論を最初と最後に位置づけることによって、人類に普遍的な共通項を探るための枠組みを示している。さらにこれらに加え、筆者自身が認知考古学や進化心理学の研究を参照して得た思考のプラットフォームについてまとめて、この序章を締めくくりたい。(6)

文化ごとに特有の心理システムがあるという考えのもとに立つ文化相対主義と、人類には進化の過程で得た共通の認知機能があるとする人類普遍主義は、相対立する立場の研究として捉えられがちである［Shore 1999］。しかし、驚異や怪異をめぐる文化的な事象の基盤には、「驚く」・「怪しむ」という、常軌を逸した現象やモノに対する心理的反応があり、それらは普遍的で直観的な思考回路のプラットフォームに直結したものである。従って、何に対して、何故そう感じるのか、認知のメカニズムを理解する必要がある。「心の進化」の文脈で、驚異・怪異を捉えることによって、「曖昧で不整合な現象」に対する解釈や対応の仕方にどのような類似性があるのか明らかになり、従来の研究をより深化させることができる。

（1）自然界の直観的理解

人類には、進化の過程で備わった生得的な神経構造が「モデュール」ごとに独立してある、と認知科学者たちは言う[7]。学習の影響を受けにくい、人間の脳に「配線済み」のそれらの思考回路は、認知する対象によって「直観生物学（intuitive biology）」［Atran 1990; Atran 1999］、「直観物理学（intuitive physics）」［Proffitt 1999］、「直観心理学（intuitive psychology）」と呼ばれる（他にも「直観社会学」、「直観数学」などがある）。

ウマの足は四本、リンゴは木から落ちる、といった自然界の規則性から得られた生物や物理現象に対する直観的理解が進化の過程で人間の脳にプログラミングされているのだとしたら、そこから逸脱すると認識された、「あり得ない」、反直観的（counter intuitive）な生物や生理現象、あるいは「あり得ない」物理現象（異常な音、光、モノの動き）に対する心理的反応が驚き・怪・不思議・不気味なのではないかと考えられる。我々が研究対象としている驚異や怪異をめぐる行動や表象は、この直観生物学や直観物理学に規定されるものなのである。

さらに人類は、直観生物学の思考回路から発生した「民俗分類学」(folk-taxonomy、または ethno-taxonomy とも)と呼ばれる博物学的分類の概念も共通して持っていると、自然誌の認知科学的な基盤を明らかにしたアトランの研究は示す［Atran 1990］アトランの研究に照らし合わせると、自然界の規則性から人類が築いてきた博物学的思考から逸脱する(がその存在を否定もできない)と認識されたものが驚異や怪異なのではないか、ということが指摘できる。

不可思議な動植物や民族、鉱物、自然現象の描写が、ヨーロッパ・中東・漢字文化圏において共通して博物誌の文脈に組み込まれることが多いのも、この観点から説明可能ではないだろうか。これらの文化圏で書かれた博物誌の序文を比較分析すると、分類の規則性からはみ出すものや、分類を保留せざるを得ない未確認のものの存在をも否定せず、宇宙の秩序の中に位置づけようという心の動きは、確かに読み取ることができる［山中 二〇一五：一一—二〇］。

(2) 超越的存在と宗教

物理学的、生物学的、心理学的に反直観的な特徴を持つ非物質的存在――霊、神／カミなどの超越的な存在――を想定する精神メカニズムを現生人類の特性とし、宗教の認知科学的な基盤を説明したボワイエ(英語読みでボイヤーと表記されることもある)の研究も、驚異や怪異を考えるにあたって注目に値する［Boyer 1994］。

ボワイエは、人間の脳に前述のようにモデュールごとにデフォルトで組み込まれている直観的な前提と、その直観に反する特徴を持つ超越的な存在の関係性を次のように説明している。すなわち、反直観的な存在は、自然の直観的理解を背景に把握されるもので、その前提に規定されるもののため、

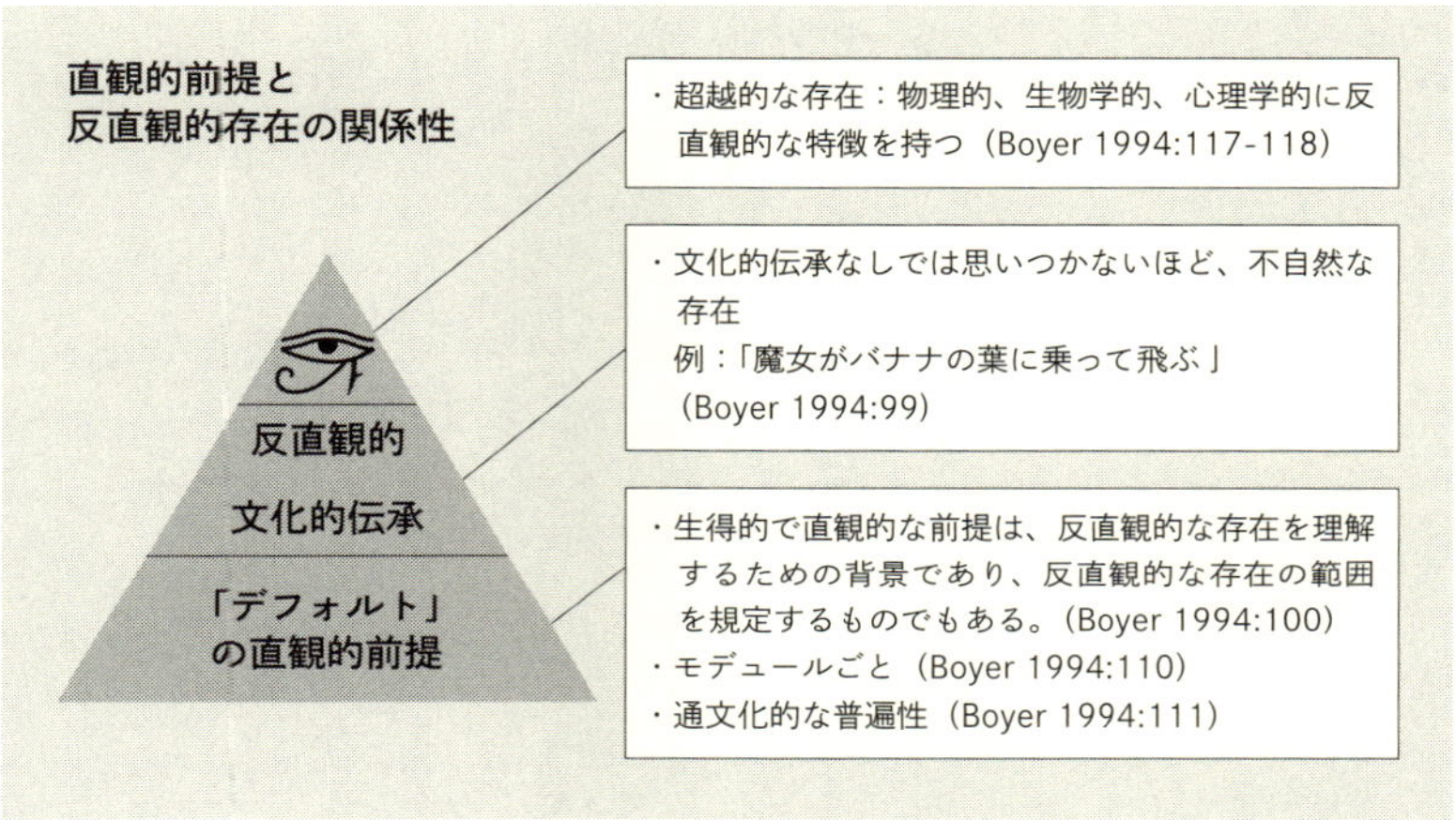
直観的前提と
反直観的存在の関係性
・超越的な存在：物理的、生物学的、心理学的に反直観的な特徴を持つ（Boyer 1994:117-118）
・文化的伝承なしでは思いつかないほど、不自然な存在
例：「魔女がバナナの葉に乗って飛ぶ」
(Boyer 1994:99)
・生得的で直観的な前提は、反直観的な存在を理解するための背景であり、反直観的な存在の範囲を規定するものでもある。(Boyer 1994:100)
・モデュールごと（Boyer 1994:110）
・通文化的な普遍性（Boyer 1994:111）
反直観的
文化的伝承
「デフォルト」
の直観的前提

図2

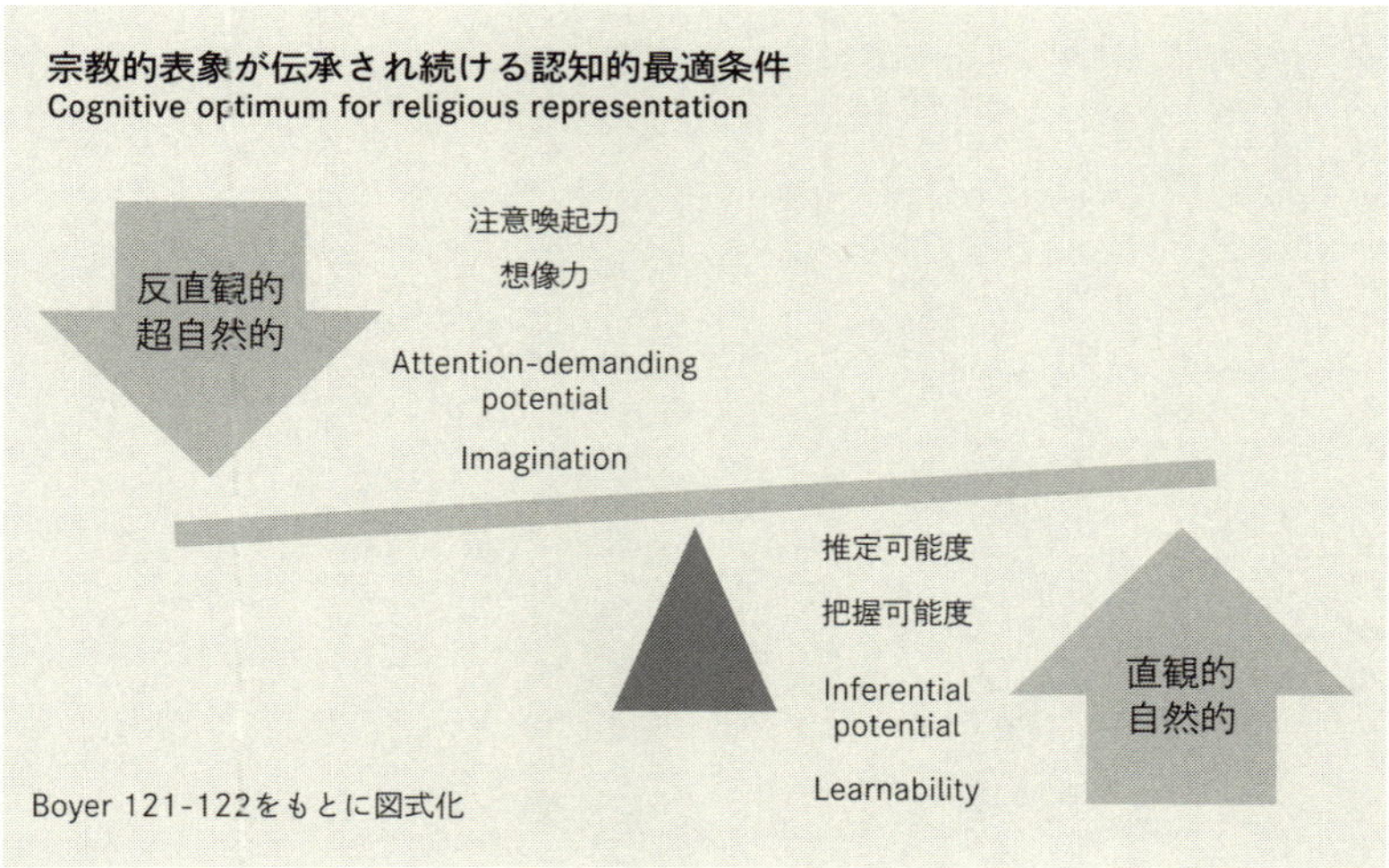
宗教的表象が伝承され続ける認知的最適条件
Cognitive optimum for religious representation
反直観的
超自然的
注意喚起力
想像力
Attention-demanding
potential
Imagination
推定可能度
把握可能度
Inferential
potential
Learnability
直観的
自然的
Boyer 121-122をもとに図式化

図3

その土台から大幅にはずれることはないのである（図2）。つまり人間の想像界は、この直観的前提をもとに構築されたものだということである。要するに、もう少しくだけた言い方をすると、映画監督スタンリー・キューブリックが嘆いたように、「想像もつかないものは、想像できない」のである[8]。人の脳が未知のものを想像するには、見たことのある部品をなんとか駆使して心像を描くしかない。

さらにボワイエは、人類共通の生得的精神メカニズムと宗教的表象の類似性や反復性の関連性について論じている。彼によると、反直観的な存在の表象は、あらゆる人間が自然に思いつくものではなく、文化的に伝承されるものであるという。そして特定の表象が伝承され続ける認知的最適条件とは、想像力を刺激し、注意を喚起する度合の高い（attention-demanding potential）反直観的・超常的要素と、推定可能度（inferential potential）と把握可能度（learnability）の高い直観的で自然的な要素がバランスよく結合している場合だという。つまり、「あり得ない！」、「不自然」な要素があまりに突出していても、そのイメージは伝承され続けない。世界各地に見られる特定のモチーフ――例えば人魚といった半人半獣――の類似性あるいは伝承力（ボワイエの言葉を使えば「反復性」）も、直観と反直観、自然と超自然の結合性という観点から説明できるかもしれない（図3）。

（3）文化伝承の疫学モデル

特定の表象の伝承力を考察する際には、スペルベルによる文化伝承の疫学モデルも大変参考になる。スペルベルは病理学のアプローチを文化研究に当てはめ、広い地域に伝わり、長期間にわたって維持されてきた文化的事象の「感染力」に注目する。彼が言うには通常の疫学においては、病原体が伝染する過程でどのように変容してゆくかが研究されるが、文化の伝承を感染と捉える場合は逆に、特定の表象に永続性があるのはなぜなのかという点が検証される［Sperber 1996:59］。また、この疫学モデルからアプローチすると、言語・信仰・技術などの種々の文化的な情報の潮流がカバーする範囲は一様ではなく、むしろそれらは明確な境界などはない、密度に濃淡のある複数のゾーン（"zones of greater or lesser intensities"）としてみることができる［Sperber & Hirschefeld 1999: cxxvii］。これは、筆者がこれまでとなえてきた文学ジャンルを「磁場」と捉える考え方とも重なって興味深い［山中 二〇一五：八］。

冒頭でも述べたが、近代合理主義は、反直観的なものの存在を科学的に検証し、証明できないものは否定してきた。しかしその科学技術自体が、「あり得ない」を「あり得る」ものにもしてきた。動物の臓器や人工部位を人体に移植し、身体機能を補い、改良する技術は二十世紀後半以降、急速な進歩を遂げた。死者の遺伝子を保存し生殖に用いたり、まだ生まれぬ子の胚のＤＮＡ配列を改変したりすることも可能になった。個人や集団の意識を機械に保存し、肉体の死後も「精神」を存続させる研究も進んでいるという。野家啓一が書いているように〔「怪物の形而上学」〕、人間は科学の力によって快適で幸福な暮らしを求めるうちに、自らのアイデンティティを脅かす「怪物」を、自らの手で生み出しているのではないかという不安や脅威を感じるようになっている。

人間の知性は、機械の知能と融合し、自然を解析し、模倣し、超越しようとしている。想像界の産物とされていた合成獣、神／カミの領域とされていた生命操作が、人間の手によって現実のものとなりつつある。何が自然で、何が自然でないのか？　何が現実で、何が仮想なのか？

〈自然〉の内と外の境界は、曖昧になり、揺れ動き、自然の中の人間の立ち位置自体も不確かな時代に我々は生きている。このような時代だからこそ、人の手で操ることはできない、人の脳には知り得ない不可知の世界があることを受け入れる謙虚さを忘れたくない。

註

（1）驚異および怪異に関する主な先行研究の参考文献については、国立民族学博物館監修、山中由里子編『驚異と怪異――想像界の生きものたち』（河出書房新社、二〇一九年）、巻末の参考文献リスト（二三四―二三五頁）を参照。

（2）「（驚異とは）物事の原因が不明であったり、それがどのような作用をどのように及ぼすのかが分からない時に、人が混乱（*hayra*）に陥ることを言う。」［拙稿 二〇一五：一五］。

（3）［小松 二〇一一：一〇］。香川も［香川 二〇一三］で妖怪とは、「神仏・祖先の霊とは異なる超自然的存在で、不可思議な現象をひき起こしたり、人間に恐怖を与えたりするもの」を指すと述べている。

（4）［山中編 二〇一九］に収録された池上俊一、黒川正剛、二宮文子の各論文を参照。

（5）［佐々木 二〇一八：四〇―五九］。

（6）以下に述べる人類普遍主義的な視点は、共編者の山田仁史とともに、科学研究費新学術領域研究「パレオアジア文化史学――アジア新人文化形成プロセスの総合的研究」（領域代表：西秋良宏）の研究班「人類集団の拡散と定着にともなう文化・行動変化の文化人類学的モデル構築」（代表：野林厚志）に分担者として関わる中で得ることができた。ホモサピエンスがアフリカに誕生し、ユーラシア各地に拡散していった十万〜五万年前に、人類にどのような「心の進化」が起こり、どのように新人独特の文化を形成していったのかということを考えるようになり、これまでよりさらにスケールの大きな時間の枠組みに驚異や怪異を位置づけるきっかけとなった。

（7）脳のモジュール的神経構造については特に、[Fodor 1983];[Hirschfeld & Gelman 1994];[Sperber

1996:119-150].

（8）SF映画の名作「二〇〇一年宇宙の旅」で、地球外生命体を描こうと苦心したことについてキューブリック監督は、“you cannot imagine the unimaginable.”とのちに語った。彼は想像を絶するエイリアンのデザインを試み、様々な映像実験をするが、結局どうやってもどこかで見たようなヒト型、虫型、爬虫類型、クラゲ型などになってしまうことに気づき、最終的に無機質な「モノリス」で、地球外の知的生命体の存在を暗示した。

参考文献

香川雅信二〇一三『江戸の妖怪革命』角川ソフィア文庫

黒川正剛二〇一八『魔女・怪物・天変地異』筑摩書房

国立民族学博物館監修、山中由里子編二〇一九『驚異と怪異——想像界の生きものたち』河出書房新社

小松和彦編二〇一一『妖怪学の基礎知識』角川学芸出版

佐々木聡二〇一八「異と常——漢魏六朝における祥瑞災異と博物学」東アジア恠異学会編『怪異学の地平』臨川書店

山中由里子編二〇一五『〈驚異〉の文化史——中東とヨーロッパを中心に』名古屋大学出版会

山中由里子二〇一六「既知の世界の彼方へ」『民博通信』一五二、二〇—二一頁

Atran, Scott. 1990. *Cognitive Foundations of Natural history: Towards an Anthropology of Science*. Cambridge, Cambridge University Press.

———.1999. “Folk Biology” *The MIT Encyclopedia of the Cognitive Sciences*. R.A.Wilson, F.C.Keil eds. Cambridge, MIT Press: 317-319.

———.2002. *In Gods We Trust: the Evolutionary Landscape of Religion*. Oxford, Oxford University Press.

Boyer, Pascal. 1994. *The Naturalness of Religious Ideas: Outline of a Cognitive Theory of Religion*. Los Angeles,

University of California Press.

Fodor, J.A. 1983. *The Modularity of Mind*. Cambridge, Mass., MIT Press.

Hirschfeld, L.A. and S.A. Gelman eds. 1994. *Mapping the Mind: Domain Specificity in Cognition and Culture*. New York. Cambridge University Press.（Brown 1999）

Mithen, Steven. 1996. *The Prehistory of the Mind: a Search for the Origins of Art, Religion and Science*. London, Thames and Hudson.（ミズン［マイズン］スティーヴン 一九九八『心の先史時代』松浦俊輔・牧野美佐緒訳、青土社）

Proffitt, D. 1999. "Naive Physics" *The MIT Encyclopedia of the Cognitive Sciences*. R.A.Wilson, F.C.Keil eds. Cambridge, MIT Press: 577-579.

Shore, B. 1999. "Cultural Relativism" *The MIT Encyclopedia of the Cognitive Sciences*. R.A.Wilson, F.C.Keil eds. Cambridge, MIT Press: 213-215.

Sperber, Dan. 1996. *Explaining Culture: A Naturalistic Approach*. Oxford, Blackwell.（スペルベル、ダン 二〇〇一『表象は感染する――文化への自然主義的アプローチ』菅野盾樹訳、新曜社）

Sperber, D. & Lawrence Hirschfeld. 1999. "Culture, Cognition, and Evolution" *The MIT Encyclopedia of the Cognitive Sciences*. R.A.Wilson, F.C.Keil eds. Cambridge, MIT Press: cxi-cxxxii.

怪物

ヤスミン・ムシャーバシュ
廣田龍平（訳）

序論

私たちは怪物の時代に生きている。(訳註1) 地球は気候変動で荒廃し、パンデミックが世界中を覆いつくし、火災や洪水が地域をまるごと呑み込み、絶滅率が異常なほどに上昇し、廃棄物が環境を窒息させるなかで、グローバルなメディアや大衆文化は恐るべき速度で新たな怪物たちを呼び込んでいる。現代における怪物の増え方は、近年再興してきた吸血鬼やゾンビを質・量ともにはるかに凌ぐものになっている（ドラゴンの再登場、深海の新しいクリーチャー、多種多様な怪物狩り《モンスターハンター》映画、本、テレビ番組のなかで狩られるクリーチャーの厚みなどを思い浮かべてほしい）。大衆文化における新たな怪物たちの爆増は、危機の時代にそれらが人間の想像力を植民地化してしまえるほどの力を持っていることをうまく際立たせている。大衆文化にとどまらない、感染性の何かがあるのだ。もちろん人類学もこの勢いに呑まれている。二一世紀の人類学では、怪物という概念によって怪物たちに注目することが着実に増えてきているのである。

とはいえ興味深いのは、人類学の本流に「怪物」なる術語が入り込んだのは最近のことなのに(Mikkelsen 2020: 6)、民族誌的記録には黎明期から、包括的術語「怪物」に入りうる生きものが満ちていたということである。本項目では人類学が怪物たちへの興味にかかわる一般的な問題関心にどういった貢献ができるのかをざっと示してみたい。まず最初に、民族誌を用いて広い意味での怪物の輪郭を描く。次に民族誌的記録を渉猟し、広義の怪物と見なしうる諸々の存在についての人類学的な取り組みに、さまざまな潮流があることを明らかにする。最後に、人類学における怪物カテゴリーへの新たな取り組みが、人類学それ自体や、怪物とその意味に関心を持つ人々にもたらす展望を具体的に述べる。総じて本項目が示すのは、怪物たちは社会文化の根底的な転換や変化の重みを伝えるためのより例となる行為主体だということである。それと同時に人類学は、怪物たちがそれだけではない、まだまだいるということを見せつける宝庫でもある。

怪物たちは神話伝説や昔話、フィクション、映画にとって重要な役者（actor, 行為者）であるが、地下室や電脳空間、辻道にも出没する。人類学者たちが怪物に関心を持っているのは、フィールドでよく出くわすからである。それは話者の語る物語を通してだったり、怪物に関係するか怪物が引き起こす社会的行為を介してだったり、出没したのを共同で体験することによってだったりする。このように、怪物たちには確かに行為主体性《エージェンシー》があるので、この点で大衆文化のフィクションに登場する類縁とは違うということになる。フィクションの怪物たちの主要な特性が比喩であるのに対して、マイケル・ディラン・フォスターが述べるように、人類学者は「何かの比喩や人間の想像したことの反映（だけ）ではなく社会や文化を変えることのできる現実の行為者として、怪物たちに関して生産的に」仕事をしている（Foster 2020: 213）。

怪物たちはしたたかでもある。怪物たちは、みずからが出没する（haunt 悩ませる）ところの人々の秩序を危ういものにするだけではなく、自分たちを確保しようとするどんな定義からもするっと抜けてしまう。厳密に言って何なのか、何をするのか、何を意味するのか――人類学は、その答えは怪物に悩まされる人々に大きく左右されるということを教えてくれる。そのため本項目では、人類学的な怪物の理解法を広めにとって提案してみる。怪物を、規範から外れた非人間の社会的行為者であり、出没地の人々や動き回る時間帯や場所につねに依存するものであり、社会の決まりや分類法、類別図式を十分に分かっていながらひっくり返すもの、とするのである――この定義それ自体も、当然のごとくひっくり返されるのではあるが。それならば、そもそもなぜ怪物を定義しようとするのかと思われるかもしれない。ギーア・ヘニング・プレストルストンと私が述べたことではあるが、「私たちは、そうすることによって、これまで同じ概念空間で考察されることのなかったきわめて多彩な存在（の民族誌）をまとめたり対照したり比較したりすることができるようになる」（Presterudstuen and Musharbash 2020a: 2）。さらに、「怪物」という術語を人類学でもちいることは、人類学と学際的な怪物研究との交流経路を切り拓くことにもなる。この若い成長株の分野は、文学研究、メディア論、映画研究、文化研究、ジェンダー論、歴史学、地理学、心理学などへと広がっている。[1] このように、怪物の人類学は異なる類型の存在の比較研究（たとえばフィクション中の怪物と社会的な怪物）を推進するだけではなく、それぞれの怪物たちに付帯する分野横断的な理論化への関わりも深めることになる。

本項目は、怪物の人類学が提案すべきものを概観する。それにあたって二つの部分に分かれる。第一部は、先述の怪物概念の定義の細かい部分を民族誌的に輪郭づける。その際、人類学を行なうにあたって中心的となる四つの論題に焦点を当てる――怪物身体、怪物たちと場所、怪物たちと時間、そして社会的存在としての怪物である。第一部はジェフリー・ジェローム・コーエン（中世研究者で、学際的な怪物研究の創始者として広く認められている）に倣って「ゆるやかな仮定」（Cohen 1996: 4＝コーエン 1999: 64）を固定的な定義のかわりに使う。習慣的にカテゴリーを破壊し、分類法を擦りおろし、秩序を侵犯するという怪物たちの特性そのものが、それらをルパート・スタッシュの言う「歩く人類学」（Stasch 2014: 196）に仕立て上げるという点を重視する。そういうわけで怪物たちは「人類学的探究のパラメーターや方法、目的を再考させる」とフォスターは言う（Foster 2020: 213）。

第二部は、人類学にとっての「怪物」という一般的術語の有効性について、カテゴリーとしての怪物という視点から、過去の研究を振り返り検討しなおすことを通して考えてみる。また、現時点で怪物という幅広いカテゴリーを用いることの利点を、現代人類学的な怪物の分析における主要な方向性を探究することによって照らし出してみる。なかでも怪物たちと他者性、怪物たちと環境危機、怪物たちと変化に焦点を当てる。

結論では、学際的な怪物研究に人類学が主に寄与しているものを考察する。それは、怪物たちと出没地の人々との密接な絡まり合いを民族誌的に探究するところから立ち現れてくる知見である。

人類学的な「怪物」定義の輪郭

ドワーフ、村落全体を覆い尽くせる大ダコ、姿の見えない妖術師、水豹、ゾンビ、そして幽霊には共通点があるのだろうか。人類学的に見ると、いずれにも共通するのは秩序を侵犯するということである。とても小さい、とても大きい、いるけど見えない、場違いの元素〔水〕の中にいる、死んでいるのに生きている、死んでいるのでもなければ生きているのでもない、というわけだ。

　哲学者にして名高い怪物史家でもあるスティーヴン・アスマがまとめて言うように、「怪物たちは、アリストテレスの時代から現代にいたるまで、つねに、整然とした分類カテゴリーを壊すものである」（Asma 2009: 125）。これを人類学的に見ると、怪物はしかじかの特徴を持ち合わせる所定の現象カテゴリーなどではなく、しかじかの特徴によってある現象が怪物になるということになる。諸々の怪物身体は分類法を混乱させるという共通点を持っているが、どんな人類学者でも語ってくれるように、分類体系はそれぞれの社会・文化に特有のものである。個々の怪物身体も、分類法を破壊するものとして、やはりそれぞれの社会・文化に特有のものである。簡単に言うと、たとえば人々が動物と人間を別個のカテゴリーに分類してはじめて、その分類法を乱すことによって怪物は出現することができる[2]。つまり、怪物たちの身体そのものが文化の領域に怪物たちを位置づけている。出没地の人々が持っている分類図式を転覆することに依存しているからである。怪物身体は「常にありえないものである。怪物たちは常に、越境のできないカテゴリーを越境している」（Musharbash & Presterudstuen 2020a: 4）。そうはいっても重要なのは、常に怪物たちは文化的に判読できるやり方でそれをこなしてしまうということである。怪物身体はファンタスティックである。とりわけ「ファンタスティック」（fantastic）を語源のギリシャ語までさかのぼって考えてみるならば——「パンタスティコス」（phantastikos, φανταστικος）は、「想像上のもの」に対する「想像可能なもの」を指していたのである[訳註2]（Musharbash 2014a: 8–11も参照）。

怪物たちが分類の侵犯を体現する方法は数多い。(3) ハイブリッド性がその一つで、古い時代の怪物たちが典型的である。そういうわけでデヴィッド・ウェングロウは、青銅器時代から鉄器時代までの怪物たちを探究しつつ、それらを「混成獣」(composites) と呼んでいる(訳註3)(Wengrow 2014)。混成獣たちの身体は文字通りの寄せ集め《アッサンブラージュ》である。ある動物からは頭部を、別の動物からは翼を、さらに別の動物からは胴体を持ってきているのだ。私たちが今でもよく知っている古いハイブリッド怪物としては、グリュプス(グリフィン)やスフィンクス、ケンタウロスなどが挙げられる。もちろん、いろいろな分類カテゴリーにまたがるそれ以外の多数のハイブリッドも、単に頭の中で思い描けるだけではなく、人類学的記録に収められている。

活動性(animation)の越境もまた、怪物たちが分類法を乱すときの方法である。とりわけ顕著なのは生死の状態である。幽霊や精霊、ゾンビ、吸血鬼など多くの怪物たちがこのカテゴリーに該当する。こうした存在にとっての怪物らしさは、死んでもなければ生きてもいない状態や、死んでいてかつ生きてもいる状態に由来する。人類学の文献には世界中の幽霊や精霊が記録されており(無数の文献があるが、例としてBlanes & Santo 2013; Bubandt 2012; Mills 1995参照)、加えてゾンビも吸血鬼も大衆文化に限られたものではないことは述べておくべきだろう。現代の映画におけるゾンビの系譜は一般的にハイチのゾンビ(zombi)にさかのぼり、その起源は奴隷交易船に乗ってアフリカからカリブ海へと大西洋を渡ったものとされるのだが、それ以外のゾンビはアフリカから離れず現地で増えつづけた(無数の文献があるが、例としてCannon 1942; Comaroff & Comaroff 2002; Niehaus 2005参照)。吸血鬼——人の生き血を吸うアンデッドの怪物——は時代や地域にかかわらず多くの文化に姿を見せている(アフリカの事例としてWeiss 1998; White 2000)。

それ以外の分類越境の方法にはさらに流動的なものがある。たとえば変身能力——あるときは人間、あるときは動物になる生きものがその一例だ。怪物身体の大きさもまた、目立つ側面である（本来のカテゴリーよりずっと大きかったり小さかったりする。ドワーフや大ダコなど）。さらに、文化によって異なる怪物らしさの目印——怪物身体が不自然になる特徴もある。たとえば（普通ならば「生えていない」生き物に付された）角や長い爪、濃い体毛などである。最後に、怪物身体は「自然に」できる範囲を大きく超えた能力を持っていることが多い。たとえば異常な速力や腕力、見えなくなったり瞬間移動したりする能力がそれである。こうした文字通りの超能力は怪物の超自然性を浮き彫りにしている。

このような身体化と並べて人類学者たちは、物理的な現れ方（あるいは場所化 emplacement）を、複数のかたちで怪物たちが意味を示すものとして取り扱っている。何よりもまず、怪物たちは一般的にローカルであり、ヴァナキュラーであり、その環境に左右される。言い換えると、怪物たちは深く場所化されている［土地に根差している emplaced］。この点を見事に言い表しているのが、マティアス・クラセンによるまとめである。

> 私たちはさまざまに異なる生態環境に、さまざまに異なる変身能力を持つ生きものを見つけることができる。インドなどのアジア地域では人虎、北米では人熊、アフリカでは人豹、ギリシャとトルコでは人猪、インドネシアとアフリカでは人鰐といった具合である。（Clasen 2012: 225）

これを裏返すと、

パリに出没するアニト〔台湾原住民の悪霊〕、オーストラリア熱帯地域に現れるフルドゥフォールク〔アイスランド版の妖精《フェ》〕、ロサンゼルスにさまようミンミン・ライト〔中央オーストラリアの鬼火〕は、その土地の人々にはまったく異なった反応を引き起こすかもしれないし、そもそも何の反応も引き起こさないこともあるだろう。(Musharbash 2014a: 11)

しかしながら、怪物たちは場所に深く根差しつつも、同時にしばしば「場違い」である。スタッシュが述べるように、怪物たちは「物理的にはその場に存在するのだが、その場と調和するとされる観念とは衝突している」(Stasch 2014: 211)。それゆえ私たちが怪物に出くわすのは周縁地域や辻道、暗闇、地下、あるいはベッドの下だったりするわけだ。いないはずのところだからこそ、怪物たちはいる！　また、それゆえ「場違いな」指標的出来事――季節外れの低木の開花、昼行性の鳥が夜間に鳴くなど――は怪物の存在を示すものになる (Musharbash 2016; Turpin et al. 2013 も参照)。「場違いな」存在はしばしば危険性を表すが、全部が全部そうだというわけではない。第一に、その怪物たちが危険性を表せるのは、もとから危険な場所に、まさしく怪物たちがいるのが予想されるからでもある、という事態を考えてみたい。水中の領域からいくつか事例を出してみよう。人魚は引き波や渦巻の近くに潜むといわれるし、真っ暗で底知れない泉は虹蛇の住居だし、オーストラリア西部砂漠の危険な塩湖にはンガユルナンガルク (ngayurnangalku, 悪性の人喰い) が出没する。第二に、そしてこれは怪物たちがきつすぎる定義から抜け出せる狡猾な能力を見せつけているところでもあるのだが、怪物たちはしかるべきところにいて、安全性を表すこともある。たとえば神殿や祭壇の周辺は守護霊の住み処であることが多いし、オーストラリアのタナミ砂漠では、ミラッルパ (milarrlpa, 善性の地霊) がいることはそこが面倒見のよい始祖の土地であることを示している。

場所との関係性よりもさらに複雑だと思われるのが時間との関係性である。だがここでも、ある種の分かりやすいパターンがあるとともにそうした規則の例外もある。一般的に、怪物は出没地に暮らす人間たちの時間図式に大きく左右される。たとえば怪物たちは日中よりも夜間に行動しがちだが、それは人間的な社会性の時間感覚を反転するとそうなるという文脈があるからである。こうした意味での怪物の「時間的なあり方」は昼夜の周期から一年周期、季節、さらには一時代にまで広げていくことができる。言い換えると、怪物たちはそれぞれの社会にある時間図式の隙間に居場所を見つけるので、ある種の怪物たちが、たとえば夜中や春季、満月の時期などに出没することには二つの重なった効果がある。それは、怪物の怪物らしさを強調するとともに、時間図式には意味があるという感覚を強めることである。

人類学者たちにとっては、このことは、怪物たちが出没する時間を通して、さまざまな時間図式の比較が可能になっていくことを意味する。これは日々の周期や季節の循環だけではなく、時間についての深遠な理解に目を向けることで可能になるものでもある。たとえばある人々に有史以前の時代があるとしたら、怪物たちはそこから来ることもあれば来ないこともあるだろう。もし人々が変化のない永遠の「いつも今」に生きているとすれば、怪物たちはその一部になっていることもあればなっていないこともあるだろう。このような感じである。各地域で時間の存在論が異なるのと同じように、怪物たちが出没地で時間の存在論に一体化したり逆らったりするやり方もさまざまに異なる。要するに、怪物たちがどのように時間と関係しているかにかかわらず、その関係性はつねに、その社会の時間性について明らかにしているところがあるということである（またその過程で、怪物を定義しやすくもなる)。

怪物たちと時間との関係性を調べるには、怪物たちが時代を追って変化していくさまを探究するという方向性もある。これは怪物研究のよくある言い回しだが、恐怖と怪物は相互に関係していることが多いので、社会の感じる恐怖が変わっていくならば怪物も変わっていくという議論はよく見られるものである(特に Asma 2009 や Pool 2011 参照)。この手の通時的な作業は人類学では珍しい部類に属すが、それがなされている場合は、時間性や怪物たちについてのぞっとするような見解を示すものとなる。たとえば時代を追って日本妖怪を研究したフォスターの著作がそれである(Foster 2009 = フォスター 2017; Foster 2012)。

コーエンによると、怪物は「特定の文化的瞬間［……］の肉体化として」生まれる(Cohen 1996: 2 = コーエン 1999: 65)。さらに――ひとたび人類学へと翻訳されるならば――これこそが、人類学が怪物と時間性を結びつけるときの主要な方法であろう。人類学者たちは、怪物が重大な社会文化的変化を表現するものであることを繰り返し強調している。人類学的分析では、怪物たちは「時代」の変化を先取りし、みずからの変化によってこの変化の帰結を正確に示すとされる。たとえばケイティ・グラスキンは、オーストラリア西部キンバリー地方のバルディおよびジャウィの人々における文化の変化を、霊的存在の複雑さが失われていくことを分析することを通して調査し、霊的存在に関する知識が徐々に単純になっていることが、バルディやジャウィによる植民地主義や資本主義の経験と密接につながっていることを示した(Glaskin 2018)。世界の裏側ではポール・マニングが、トミーノッカーズ(Tommyknockers, 鉱山に潜むノームのような生きもの)が鉱夫たちとともにコーンウォールからアメリカ合衆国の鉱山に移住したことによる性質の転換を追っていくことを通して、批判的に資本主義に取り組んでいる（Manning 2005）。ルパート・スタッシュは、パプア島インドネシア側のコロワイの人々が経験した社会的断絶を、死者が「大都市」へと移動していくことを通して調査し（Stasch 2016）、ニルス・ブバントは、インドネシアの北マルク州での共同体の暴力的衝突がいかに影響したかを、トラウマを負った幽霊たちの出現をとおして探究している（Bubandt 2008）。

身体化され、場所化され、時間に左右されるときの具体的な様相と並行して、怪物たちは出没地の人々の社会的規範に従ったり逆らったりしつつ行動している。人類学文献では、出没する［悩ます］ことは必ずしも否定的な意味合いを持っていない。この点において、本項目は「出没する」という動詞を、怪物たちが（反社会的であるときさえも）根っから社会的であることの無数のあり方を捉えるための包括的な術語として使っている。以前私は、人類学者たちは怪物のことを文化的素地に深く根差す社会的行為者として理解しているのだが、それは「人類学者たちが怪物の出現に対する調査協力者たちの反応に精通しているからこそ」だと論じた（Musharbash 2014a: 6）。本項目はそうした応答から二つのタイプを取り上げて、社会的存在としての怪物という人類学的理解法を例示してみる。怪物たちが生じさせる多種多様な感情と、怪物の出現に際して実施される社会的実践の諸事例である。

通俗的な見方に反して、フィールドの人類学者が怪物に出くわしたとき表出する感情はまったくもって恐怖にとどまらない。多くの怪物が恐るべきものであるのは事実である。怪物たちは人々を脅かし、傷つけ、あまつさえ殺してしまうこともあるだろう。バニップ（bunyip）を考えてみるだけでもいい。オーストラリア南東部マリー川のどす黒いよどみの奥に潜んで、人々を川底へと引きずり込むとされているのである。また、アルゴンキン諸語を話すファーストネイションに伝わるウィンディゴ（windigo）は、貪欲さと利己性によって血に飢えた人喰いになっている。とはいえ、すべての怪物が人間を恐怖させるわけではない。多くの怪物たちはもっとずっと曖昧な存在である——たとえばコーンウォールのトミーノッカーズやアイスランドのフルドゥフォールクを考えてみよう。彼らは差し迫った危険を教えてくれたり、いたずらをしかけたり、人々を一時的に仲間から引き離してしまったりする。先述のように、守ってくれる怪物もいる。たとえば土地に根差した精霊は多くが人々と祖先と土地をつなぐ媒介者であり、その臨在は生きる者に安全や安心感をもたらしてくれる。

さて、人間のほうは「自分たちの」怪物の出現に対して、身体化されていようが場所化されていようが、それぞれの文化に固有のやり方で反応する。そうした現れ方は実質的に際限がないが、以下のような行動・実践——逃げる、避ける、あいさつする、呼びかける、歌う、贈り物を置く、詠唱する、夜に明かりをつける、お辞儀する、決まった手の動作をする、身体をひねる、罵倒する、火の棒を振り回す、戦うなどが含まれる。「自分たちの」怪物に対して人間が応答するときに行なわれる具体的な社会的実践は、その人々がどういった存在なのか、何に悩まされているのかを観察者に映し出す鏡として読み取ることができる。

人類学の記録に見る怪物たち

そもそもの最初期から、人類学の記録には本項目で提案した怪物の定義に当てはまる存在に溢れていた。しかし、怪物たちを取り入れる方法は時代によって違う。その方法は大まかにいって四つの異なる潮流に分けることができる（それぞれ重なることもある）。一つめから三つめまでは「怪物」を術語として使っていない。人類学の基礎固めがなされた一九世紀後半から二〇世紀前半にかけて、人類学者たちは数えきれないほどの現地の怪物たち（本項目の定義による）を綿密に記述し、民族誌に取り入れた。やがて人類学者は悪霊など（広義の）怪物に視点を狭め、より継続的なかたちでの分析をするようになった。これにより地域ごとのパラダイムが生じた。たとえば妖術（witchcraft）の人類学などである。

二〇世紀最後の三〇年間になると、人類学では地域ごとに定着したパラダイムから外れる単一の具体的な怪物に専念した研究が増えていった。幽霊や悪魔、宇宙人などである。ここ一〇年ほどは、戦略的に術語「怪物」を用いる著作が現れてきたが、これは新世紀に怪物性が浸透しているありさまに応じたものであると見なすのがよいだろう。

本項目は、それぞれの潮流にとって重要な民族誌的事例を概観することにより、人類学に怪物たちが出現しつづけている事実に加えて、怪物たちを概念化するいくつかの異なった枠組みを引き出してみることにする。こうした潮流は分析カテゴリーとしての怪物の意義を強調し、現代におけるこの概念の大いなる重要性をできるだけ把握するための方法を同時に提供するものでもある。

人類学の古典的著作のなかで現地の怪物を記述していないものは滅多に存在しない。怪物たちは『金枝篇』（Frazer 1890 = フレイザー 2003）や以降の多くの民族誌の随所に猖獗している。最初のころの人類学者の民族誌を読んでみると、空を飛ぶ危険極まりない妖術師ムルクアウシ（mulukuausi）や「一つの村をおおうくらい巨大［で、］その腕はココヤシのように太」いタコ、「航行するカヌーを待ちかまえていて、追いかけて来、おどりあがってカヌーをこなごなにくだく」巨大な生きた石を見つけることができる（いずれもパプアニューギニアのトロブリアンド諸島。Malinowski 1922: 76, 234–5, 241 = マリノフスキ 2010: 113, 285, 286 に書かれている)。海を越えたアンダマン諸島にはラウ(lau)がいる。死者の肉を食らい、病気や死を引き起こす精霊で、現地民よりもよそ者にとって危険とされるが、呪術師とは仲良くなれるという(訳註4)(Radcliffe-Brown 1922: 136–9)。極北地帯まで北上すると、イヌイットのところにはカロパリン(kalopaling)が出没する。羽毛の衣裳を着た人型の「空想上の存在」で、海中にいて船をひっくり返すという。ウイッスイト(uissuit)は「海に暮らす奇妙な人々である。彼らは小人で、よく目撃される」。さらにトルニット(tornit)は、はるか昔にイヌイットと土地を分かち合った人々だが、「イヌイットよりもずっと背が高く、手足がきわめて長い。大半は目がかすんでいる。極めつけに力が強い」(Boas 1964: 212–3, 226–8)。

このような例は、初期の民族誌におけるまったき怪物の豊かさを示す氷山の一角にすぎない——ただ、このときの人類学者はそうした生きものに、カテゴリーとしての術語「怪物」を使わなかったのだが。包括的術語でまとめられることはなかったにしても、怪物たちは気候の状況や動物相、植物相、親族関係、儀礼の記述と同じように、あって当然のものとして当時の民族誌に書き込まれていた。たとえば二〇世紀前半、エドワード・E・エヴァンズ＝プリチャードという代表的なイギリス社会人類学者は、広義の「怪物」にすっと収まるような存在を、北中部アフリカのアザンデの人々がトーテム(さまざまな社会集団が同一視する象徴的な生物種)を分類する方法に関する記述に含めている(Evans-Pritchard 1956)。エヴァンズ＝プリチャードはカテゴリーごとにトーテムを列挙する。まず名前のあるカテゴリー(哺乳類や鳥類、爬虫類、甲殻類にちなむ)、次に無名のカテゴリーとして「実在しない生きものだろうが、それらが表す諸々の体験は現実のものともいえる」と記述されたものである(1956: 108)。そうした生きもののなかには、トサカのある水蛇ンガンブエ(ngambue)、虹の蛇ワング(wangu)、水中の豹モマ・イマ（moma ima）、そして雷獣グンバ（gumba）がいる（1956: 108）。特筆すべきは、エヴァンズ＝プリチャードは怪物がトーテムに含まれていることではなく植物トーテムがいないことに驚いていたという点である。言い換えると、怪物たちはいて当然なのだ。怪物たちがいること、あるいは少なくとも人々が怪物たちを信じていることは、初期の人類学者たちにとって問題ではなかった。むしろ関心を持たれていたのは、民族誌や分析のなかで怪物たちが位置づけられる「場所」であった。その意味で（人類学の核心的手法たる参与観察の創始者と言われる）ブロニスワフ・マリノフスキは死霊論のなかで空飛ぶ危険な妖術師ムルクアウシに触れる時、このように説明している。

> これらの資料は、本来すべてが妖術［……］と邪悪な呪術［……］に関する章に属するものだが、ムルクアウシが我々の関心をひいているこの場所では、とくに死者と関わるので論じているわけである。（Malinowski 1916: 357 ＝ マリノウスキー 1981: 11）

このように、人類学の草創期を特徴づけるのは、多くの現地の怪物たちを次々と取り込んで詳細に記述したことであり、さらに怪物と人間が研究対象の世界に共存していることに対する理解（明記されることもあればないこともあるが）もあった。初めのころの人類学が「現地人の視点」を「発見する」のに没頭していたことが意味するのは、人々が怪物たちに意味を与える方法こそが大事であって、人類学者の訪れるフィールドに怪物たちが存在するという事実は大事ではなかったということである[4]。

現在の視点から見れば広義の「怪物」と見なしうる存在すべてを次々と取り込んでいく潮流に対して生じたのが、地域ごとの理論パラダイムの発展である。数多くの人類学者はすぐに地域ごとに顕著な「怪物」（そのように呼ばれていたわけではないが）に焦点を当て、これが各々の怪物に対する長期的な分析や個別的な理論枠組みの発展を導いた。代表的な事例は、妖術を人類学的主題にするというもので、これは人間的なものを超えた妖術師――身元が分かっているにしても正体不明にしても、超人的で呪術的な力を有した人物――に関係づけられた。(5) 妖術師たちは空を飛んだり姿を消したり呪殺を行なったりができる。完全に悪者であることもあれば人々を守ってくれることもあり、現地での不運な出来事に幅広く入り込んでいることが多い。人を転ばせるだけのこともあればパンデミックや自然災害のような災いに巻き込むこともあるのだ（概論としてMoro 2017参照）。

人類学者たちが妖術師に注目するようになる一方で、それ以外の現地の怪物たちは見過ごされることが多くなった。とはいえこれにより、徹底的で複合的で影響力のある長期的な理論的取り組みが発展した。たとえばエヴァンズ＝プリチャードとペーター・ゲシーレ（Evans-Pritchard 1937; Geschiere 2013）というアフリカの妖術研究分野における二大成果を見るだけでもよい。このような時間の奥行と裏返しなのが、そうした取り組みが地域ごとに独自発展しているということである。実際、あまりにも独自に発展しているので、アフリカの妖術を研究する人類学者とメラネシアの妖術を研究する人類学者は、徐々にお互いに言及しなくなっていったほどである（Patterson 1974）――妖術師以外の怪物に焦点を当てた人類学者たちとの対話は、それ以上に少なくなっていった（たとえば悪霊と幽霊という、膨大な人類学研究を生み出した二種類の怪物がそうである）。スタッシュは、怪物研究の専門分化の過程が人類学におよぼした影響をまとめ、「人類学においては、妖術研究のゆるぎなき伝統や個々の怪物についての優れた論説が多数あるにもかかわらず、怪物の学術成果は相当にばらけている」と認めている（Stasch 2014: 195）。

このような地域ごとのパラダイムについて、各々の中心的存在を怪物として把握しつつ見なおすことは、新たな対話を推し進めて興味深い比較研究の可能性を切り拓く。このことにより個別の怪物について民族誌的に豊かで精細な分析がもたらされることになるだろう。

20世紀後半以降、民族誌に生じている緩やかだが確実な動きは、ここで定義した怪物に当てはまる諸存在に向かっている。怪物として理論化されることはほとんどないものの、そうした存在は、不平等やジェンダー、人種の社会文化的な諸側面を帝国主義や植民地主義、搾取主義の文脈で探究するときの格子として用いられている。この展開については実に多くの事例があるのだが、たとえばアメリカ合衆国の宇宙人（Lepselter 2016）、スリランカの魔物（Kapferer 1983）、インドネシアの幽霊（Bubandt 2012）、世界各地の精霊（Blanes & Santo 2013）や野人（Forth 2008）、日本の妖怪（Foster 2015）、アフリカのゾンビ（Comaroff & Comaroff 2002）の研究を例示できる。こうした研究業績は他の地域的パラダイムのような主流を形成しているわけではない。だが、怪物たちに関わっているという点で共通性のある研究としてまとめてみたならば、人類学における怪物の、豊穣できめ細かな比較研究の潜在性を示す生産的な源泉となっていくことだろう。無数の方法で分析することはできるが、怪物と他者性（alterity、ラテン語の alter「他なるもの」由来）に焦点を当てて、以下で具体例を挙げてみよう。

おそらく人類学でもっとも有名な他者性の怪物は南アメリカを徘徊しているもので、多くの興味深い分析を生み出してきた。とりわけマイケル・タウシグの画期的著作『南米における悪魔と商品フェティシズム』（Taussig 1980）以降はそうである。[c] 同書でタウシグは、コロンビアのサトウキビプランテーションやボリビアの錫鉱山で強制移住させられた農民たちが、エル・ティオ（el Tío）という悪魔の崇拝をとおして資本主義的搾取の不公平さをどのように受け止めるのかを分析している。四〇年近く経って、他者性としての怪物という分析系統は、アンデシュ・ブルマンがボリビアのアンデス地方の先住民を悩ませる怪物カリシリ（kharisiri）を研究するなかで徹底的に推し進めた（Burman 2018）。この怪物は白人男性の姿をしており、もともとはスペイン人兵士や修道士だったとされ、現地の人々の腎臓脂肪を奪い取るという。カリシリは、怪物と「白人男性」（植民地主義を表す）に加えて、人類学者そして人類学という学問分野もまた以下の四つの特徴を持っていることを示している。「⑴いずれも「よそ者」であり、⑵（相対的には）力があり、⑶人々を搾取し、⑷搾取した資源は「よその」文脈で使われる」という四点である（Burman 2018: 52）。カリシリに関するそれ以外の分析は、怪物と資本主義という主題の根源を引き出しつつも、たとえば人種間暴力のような喫緊の現代的課題に広がっていくあり方を論じている（研究は多いが、Canessa 2000 参照）。

エクアドルやペルーでカリシリに相当する怪物はピシュタコ（pishtaco）で、やはり体脂肪を掠め取る（Weismantel 2001）。その悪行はジェンダーや人種、そして階級の他者性をみごとに具現化している。ピシュタコは白人男性の姿をしていて、教会や軍隊、ビジネスとのつながりを持ち、現地の人々の腎臓脂肪を奪っていくのである。さて、アンデス地方では腎臓脂肪が生命や力を象徴していたが、アフリカ諸地域でこれに相当するのは血液であるようだ。アフリカでは、他者性の怪物は白人吸血鬼として、地元の人々の血液を奪い取るのである。南米とほとんど同じように、こうした怪物たちの系譜は植民地主義にさかのぼれる。ルイーズ・ホワイトは「植民地的吸血行為」という表現を用い、貧血の治療用血液を狙ってアフリカ人が惨殺される（あるいは穴に閉じ込められる）無数の物語を分析しているが（White 2000）、これなどその一例である。現代におけるこのような吸血鬼たちは、現代的な姿をとって出没し、血液（生命、力）を奪いつづけている（多くの研究はあるが、Weiss 1998 参照）。

インドネシアでは、一七世紀のポルトガル人兵士たちが動物のようで野蛮だが西洋風の巨人へと生まれ変わり、現地の人々を悩ませつづけている。その出没は気味が悪いほどに人新世のことを語らんとしている（Bubandt 2019）。マレーシアでは、かつて頭髪に蛆がたかる女性の悪霊だったジュヌイン（jenuing）が今では木材運搬トラックを運転している（Rothstein 2020）。怪物たちの変遷は、単に他者性を体現しているだけではなく、たやすく反対側に転じていける様子を完璧に表わしている。同じことはオーストラリア中央部のクルダイチャ（kurdaitcha）にも言える。クルダイチャは植民地になる前からいる怪物であり――人間に似ているが超自然的な強さと速さを具有し、殺意に駆られている――、悠久の過去から砂漠で人類と共存してきたとされている。しかし今日では、クルダイチャは非先住民系のオーストラリア人と結託したことにより、以前よりもずっと効率的に先住民の人々への殺意を追い求めることができるようになっている（Musharbash 2014b）。

怪物に関係する人類学の最新段階となると、先行する比較研究に基づいて術語「怪物」を戦略的に使っている。人類学者のなかには、現在、大量の存在を怪物として理論化する者もいる。プレストルストンと私（Presterudstuen and Musharbash 2014, 2020b）はこの新しい分野を「怪物人類学」（monster anthropology）と呼んでいる。私たちは、怪物の学際的理論化と、ありとあらゆる生きもの・存在・非人間の民族誌的資料を結びつけるならば、「怪物」という包括的術語を用いることで、それまで地理的・分析的に分散して探究されてきた諸地域の比較可能性を大幅に向上させることになるだろうと言いたい（Musharbash 2014a: 15）。このアプローチはフィールドで（現地の人々や人類学者たちが）遭遇する怪物と学際的な怪物研究との概念的な距離を縮めることに狙いを定めている。学際的な怪物研究における理論的な議論が怪物の人類学的理解にきわめて生産的に寄与することを示せるだろう――ある水準までは。その核心は、怪物の現実的《エンピリカル》な体験と、怪物をフィクションや言い伝え《フォークロア》として理解することとの緊張関係のなかにある（Musharbash 2014a を特に参照）。他方で、「怪物とともに生きること」の現実的な体験は、人類学が学際的な怪物研究に何よりも貢献できることである（世界中で怪物と生きる多彩な方法を鮮烈に捉えたナラティヴ民族誌についてはMusharbash and Gershon 2023 参照）。

これと並行する展開は人類学と科学技術研究（STS）との接面でも生じている。アナ・ツィンらの論集『傷ついた惑星に生きる技法』（Tsing et al. 2017）は怪物と幽霊を用いて人新世の地域的な影響をいかに理解するかに取り組んでいる。ツィンらは、怪物は、地球を苦しめるものを読み解くのに理想的であると提案する。というのも怪物たちには「二つの意味があるからだ。第一に、古代のキメラ的な絡まり合いに注意を向けさせてくれる。第二に、怪物たちは近代〈人＝男〉の怪物性を指し示している」（Swanson et al. 2017: M2）。この流れにいる学者たちは怪物と幽霊というカテゴリー区分をしており、怪物をさまざまな身体化の分析に使う一方で、幽霊を人々の場所との関わり方（「場所化」）を探究するのに使っている。[6] ヘザー・アン・スワンソンらが述べるように、「幽霊たちは［……］生命が景観に織り込まれているのを読みやすくするし、怪物たちは諸々の身体にまたがった生命の共生的絡まり合いを指さしている」（Swanson et al. 2017; M2）。彼女らのアプローチは、広く見れば変化や転換を、もっとも狭く見れば人新世の危機を人類学的に調査するときに怪物たちを中心に据えることの生産性を照らし出している。

人類学における怪物たちの再浮上が、人新世がその力を顕わにし、惑星規模の危機が無数のかたちで地球の隅々にまで達するなかで起きているのは偶然ではない。気候変動が悪化の一途をたどり、その影響が地球全体の人々の生に厳しく襲いかかるとき、怪物は人類学的分析の前面に怪物として現れる。怪物たちは与えられた新しい機会に飛びつき、目新しくはあるがつねに文化的に読み解けるやり方で大惨事を引き起こすように思われる——たとえ怪物たちが言っているのが、生じている出来事に理解できるものなど何もないということだとしても、である。その行動はほとんど些細なものかもしれない。たとえば、インド・タミルナードゥ州の寺院周辺の樹上にいる精霊ミニス（minis）は、年大祭で投じられるおにぎりを受け取ろうとしなかったが、それは環境破壊に対する答えだった（Arumugam 2020）。あるいは、サイクロンの被害が大きくなるにつれて幽霊は違ったかたちで出没するようになった（Presterudstuen 2020）。とはいえこうした小さな怪物的行為は、危機のさなかに生きることの何たるかを痛切に照らし出している。怪物たちが日常的になっていくこともあるのは、終わりのない災害の連続と同じようなものである。また、ときには重大で黙示録的なものになることもあるだろう。

プレストルストンと私は、怪物たちが変化する方法（帰属の変化だけではなくあらゆる方法）について、怪物のあり方についての決定的に重要な側面であると指摘した（Presterudstuen and Musharbash 2020a）。私たちは怪物の変化・転換を分析するための六つの軸を提案する。つまり、(1) 新たな怪物が生じる経路の検討（たとえば産業革命中に現れたフランケンシュタインの怪物）、(2) 怪物が新たな状況に対応する方法の調査（たとえば電気のような新しいインフラによって追い払われる怪物もいれば寄ってくる怪物もいる）、(3) 怪物が流用されるさま（たとえば資本や定住型植民地国家によって）、(4) 怪物たちが融合できる状況（フランス系カナダ人旅行家と地元の先住民族が交流しはじめたことにより、アルゴンキンのウィンディゴが人狼の要素を帯びていったことなど）、さらに(5) 怪物の絶滅（宣教活動と軌を一にすることが多い）、そしてもちろん(6) 怪物の引継ぎ——以上の六つである。

私たちはまた、怪物の変化するさまに分析上の焦点を合わせることが、人類学者たちに対して、研究対象の人々の生活や気持ちを占める危機を鋭敏に察するための手段をもたらすこともあるだろうと主張してみる。怪物たちが、ありとあらゆる破局――新たなインフラや種の絶滅から新植民地主義、環境破壊、気候変動にいたるまで――に対処するための人間たちの苦闘のなかで中心的な役割を担うかぎりは、怪物の人類学的研究はこれからも成長しつづけることだろう。

結論

人類学は、他のどんな学問分野よりも社会生活の一部分をなす怪物たちに取り組んでいる。人類学者たちがフィールドで出くわす怪物たちは神話や儀礼に登場するだけではなく、人々の日常生活を形作っているのだ。怪物は出没地の人々とともに生きているということが分かってくる――怪物たちは現地の人々のことも、その体系も、規則も、秩序も、抱えている問題も直面している危機も知っているのだ。現地の怪物たちの生と「怪物たちの」人々の生は奥のほうまで複雑に、そして密接に絡み合っているというわけである。近年にいたるまで人類学が「怪物」というカテゴリーを本項目の定義で捉えられる諸存在全体に適用してこなかったという事実には、三つの点で意義がある。第一に、これは転換点を示している。怪物人類学は、現時点で必要なのは現地の無数の諸概念ではなく、おそらく巨大で普遍的な諸概念でもあると強調することで、人類学における大半の議論の方向に逆らっているからである。少なくとも怪物に関して言えば、ここまで見てきたような幅広いカテゴリーを用いるのは生産的である。というのも、「怪物研究」という概括的な旗印のもとにあらゆる民族誌的資料を比較の材料としてまとめることで、私たちの理解が深められるからである。最後に、人類学において怪物という新たなカテゴリーはこの時代にうまく適合しており、かなりの展望があるように思われる。怪物たちは、絶えずグローバル化しつつ終わりなき危機に見舞われつづけるこの世界にこそ溢れかえっているからである。過去や現在の怪物たちを研究することは、怪物自体の知見だけではなく、さまざまな人々がさまざまに異なるかたちで怪物たちに対処する方法の知見も見込むことができる。また、怪物たちの有するいろいろな資質――ハイブリッド、越境、適応、変身能力などなど――を真面目に取り扱うことは、変化や転換への人間の想像力や対応能力を探るための指針にもなるだろう。本項目はグローバルな環境危機、植民地的危機、経済危機を例として挙げてきたが、人類学が新たな怪物を探し出すのをやめることはないだろうとも予測しておく。デジタルな怪物たち（訳註5）（Asimos 2021 参照）の抬頭や、新型コロナウイルス感染症から守ってくれる日本妖怪アマビエの爆発的流行（Springwood 2020）を想起してみるだけでもいい。この現況ならば、サイボーグやロボット、生体工学的存在、アンドロイド、ポスト産業廃墟の幽霊、核エネルギーや疫病のゾンビがSFから離脱して日常生活の一部分になっていく過程を考えてみるのはそれほど難しいことではない。そうした怪物たちや、すぐに到来するであろう次なる怪物たちの波に取り組むことは、広範な比較研究の資料――時代を越え、比較しながら全土を横断して――を利用することができるようになり、民族誌の専門知識と怪物を研究する他分野をまとめることができるようになるならば、よりたやすいものとなることだろう。

謝辞
本項目の初稿に素晴らしく奥行きのある手入れをしてくださった匿名の査読者およびフェリックス・スタインに感謝したい。彼らのコメントや質問、そして省察は、本稿を書きなおすにあたって大いに役立った。

註
（1）ジェフリー・ジェローム・コーエンの「怪物文化（七つの命題）」が基礎的著作として広く受け入れられている。
（2）このことは、人類学者が民族誌的文脈で怪物たちについて語ろうとしない大きな理由なのかもしれない。民族誌では、動物と人間が相互に対応する存在になっている（たとえばアマゾニアの一部）。
（3）「ファンタスティック」な身体化が、怪物と汚物――メアリー・ダグラスの古典的な分類越境の例である「場違いなもの」（Douglas 1966）――を分けている。
（4）「現地人の視点」についての有名な批評は Geertz 1974 参照。
（5）人類学でもっとも有名な人間的すぎる妖術師の事例は、ジャンヌ・ファヴレ゠サアダの『死に至る言葉』（Saada 1980）である。
（6）怪物と幽霊の区分はデリダの憑在論からアヴリー・ゴードンの『亡霊的なもの』まで、憑依に関する豊かな文献を生気づけるものではあるが、怪物自体を理論化するときはそれほどでもない。

訳註
（訳註1）原文では、概念としての「怪物」は一貫して複数形の monsters である。日本語訳にあたっては、文脈に合わせ、くどくならない程度に「怪物たち」と「怪物」で訳し分けている。
（訳註2）原語もまじえるなら「imaginary ではなく imaginable である」と書かれている。単なる空想ではな

く、実在するにしてもしないにしても、人間がイメージすることが可能なものをパンタスティコス（＝ファンタスティック）と呼んでいたということ。

（訳註3）ドイツ語のMischwesenに近い概念（Wengrow 2014: 25参照）。ドイツ語圏の考古学や歴史学ではハイブリッドな怪物たちをMischwesenという学術用語でカテゴリー化している。Mischは英語の「ミックス」に相当し、Wesenは「存在」に相当する。アッシリア学者の柴田大輔がこの語に「混成獣」という訳語をあてているため、この翻訳でも採用した。

（訳註4）ここに紹介されているマリノフスキの『西太平洋の遠洋航海者』とラドクリフ＝ブラウンの『アンダマン島民』は、いずれも一九二二年に出版された民族誌の古典。長期フィールドワークによる研究成果の最初期のものとされる。

（訳註5）インターネット上に出回る妖怪のことを指す。くねくね、コトリバコ、スレンダーマンなど。

参考文献

Arumugam, I. 2020. Gods as monsters: insatiable appetites, exceeding interpretations, and a surfeit of life. In *Monster anthropology: ethnographic explorations of transforming social worlds through monsters* (eds) Y. Musharbash & G.H. Presterudstuen, 45-58. London: Routledge.

Asimos, V. 2021. *Digital mythology and the internet's monsters: The Slender Man*. London: Bloomsbury.

Asma, S.T. 2009. *On monsters: an unnatural history of our worst fears*. Oxford: University Press.

Blanes, R. & D.E. Santo 2013. *The social life of spirits*. Chicago: University Press.

Boas, F. 1964. *The Central Eskimo*. Lincoln: University of Nebraska Press.

Bubandt, N. 2008. Ghosts with trauma: global imaginaries and the politics of post-conflict memory. In *Conflict, violence, and displacement in Indonesia* (ed.) E.L. Hedman, 275-302. Ithaca: Cornell University Press.

—— 2012. A psychology of ghosts: the regime of the self and the reinvention of spirits in Indonesia and beyond. *Anthropological Forum* 22 (1), 1-23.

—— 2019. Of wildmen and white men: cryptozoology and inappropriate/d monsters at the cusp of the Anthropocene. *Journal of the Royal Anthropological Institute* 25 (2), 223-40.

Burman, A. 2018. Are anthropologists monsters？ An Andean dystopian critique of extractivist ethnography and Anglophone-centric anthropology. *HAU: Journal of Ethnographic Theory* 8 (1/2), 48-64.

Canessa, A. 2000. Fear and loathing on the Kharisiri Trail: alterity and identity in the Andes. *The Journal of the Royal Anthropological Institute* 6 (4), 705-20.

Cannon, W.B. 1942. ,Voodoo′ death. *American Anthropologist* 44 (2), 169-81.

Clasen, M. 2012. Monsters evolve: a biocultural approach to horror stories. *Review of General Psychology* 16 (2), 222-9.

Cohen, J.J. 1996. Monster culture (seven theses). In *Monster theory: reading culture* (ed.) J.J. Cohen, 3-25. Minneapolis: University of Minnesota Press.（コーエン、ジェフリー・ジェローム 1999 「怪物文化（七つの命題）」上岡伸雄、田辺章（訳）『ユリイカ』一九九九年五月号：六四－八二頁）

Comaroff, J. & J.L. Comaroff 2002. Alien-nation: zombies, immigrants, and millennial capitalism. *South Atlantic Quarterly* 101 (4), 779-805.

Evans-Pritchard, E.E. 1937. *Witchcraft, oracles and magic among the Azande*. Oxford: Clarendon Press.（エヴァンズ＝プリチャード、E・E 2001 『アザンデ人の世界 妖術・託宣・呪術』向井元子（訳） みすず書房）

—— 1956. Zande totems. *Man* 56 (Aug), 107-9.

Favret-Saada, J. 1980. *Deadly words: witchcraft in Bocage*. Cambridge: University Press.

Forth, G. 2008. *Images of the wildman in Southeast Asia: an anthropological perspective*. London: Routledge.

Foster, M.D. 2009. *Pandemonium and parade: Japanese monsters and the culture of yōkai.* Berkeley: University of California Press.（フォスター、マイケル・ディラン　2017『日本妖怪考　百鬼夜行から水木しげるまで』廣田龍平（訳）森話社）

—— 2012. Early modern past to postmodern future: changing discourses of Japanese monsters. In *The Ashgate research companion to monsters and the monstrous* (eds.) A.S. Mittman & P.J. Dendle, 133-50. Aldershot: Ashgate.

—— 2015. *The book of yōkai: mysterious creatures of Japanese folklore*. Berkeley: University of California Press.

—— 2020. Afterword: scenes from the monsterbiome. In *Monster anthropology: ethnographic explorations of transforming social worlds through monsters* (eds) Y. Musharbash & G.H. Presterudstuen, 2013-228. London: Routledge.（フォスター、マイケル・ディラン　2025「怪物叢・覚書」廣田龍平（訳）『グローバル時代を生きる妖怪』安井眞奈美（編）せりか書房）

Frazer, J.G. 1890. *The golden bough: a study in comparative religion*. Vol I and II. London: Macmillan.（フレイザー、J・G　2003『初版　金枝篇』上下巻　吉川信（訳）筑摩書房）

Geertz, C. 1974. 'From the native's point of view': on the nature of anthropological understanding. *Bulletin of the American Academy of Arts and Sciences* 28(1), 26-45.（ギアーツ、クリフォード　1991「住民の視点から」小泉潤二（訳）『ローカル・ノレッジ　解釈人類学論集』岩波書店）

Geschiere, P. 2013. *Witchcraft, intimacy, and trust: Africa in comparison*. Chicago: University Press.

Glaskin, K. 2018. Other-than-humans and the remaking of the social. *Journal of the Royal Anthropological Institute* 24 (2), 313-29.

Gordon, A.F. 2008. *Ghostly matters: haunting and the sociological imagination*. Minneapolis: University of Minnesota Press.

Haraway, D. 1991. *Simians, cyborgs and women: the reinvention of nature*. New York: Routledge.（ハラウェイ、ダナ　2000『猿と女とサイボーグ　自然の再発明』高橋さきの（訳）青土社）

Kapferer, B. 1983. *A celebration of demons: exorcism and the aesthetics of healing Sri Lanka*. Bloomington: Indiana University Press.

Lepselter, S. 2016. *The resonance of unseen things: poetics, power, captivity, and UFOs in the American uncanny*. Ann Arbor: University of Michigan Press.

Malinowski, B. 1916. Baloma; the spirits of the dead in the Trobriand Islands. *The Journal of the Royal Anthropological Institute of Great Britain and Ireland* 46 (Jul-Dec), 353-430.（マリノウスキー　1981　『バロマ　トロブリアンド諸島の呪術と死霊信仰』高橋渉（訳）　未來社）

—— 1922. *Argonauts of the western Pacific: an account of native enterprise and adventure in the archipelagoes of Melanesian New Guinea*. London: G. Routledge.（マリノフスキ、B　2010　『西太平洋の遠洋航海者　メラネシアのニュー・ギニア諸島における、住民たちの事業と冒険の報告』増田義郎（訳）　講談社）

Manning, P. 2005. Jewish ghosts, knackers, tommyknockers, and other sprites of capitalism in the Cornish mines. *Cornish Studies* 13, 216-55.

Mikkelsen, H.H. 2020. Out of the ordinary: monsters as extreme cases among the Bugkalot and beyond. *Journal of Extreme Anthropology* 4 (2), 1-19.

Mills, M.B. 1995. Attack of the widow ghosts: gender, death, and modernity in Northeast Thailand. In *Bewitching women, pious men: gender and body politics in Southeast Asia* (eds) A. Ong & M.G. Peletz, 200-23. Berkeley: University of California Press.

Moro, P.A. 2017. Witchcraft, sorcery, and magic. In *The international encyclopedia of anthropology* (ed.) H. Callan (available on-line: https://doi.org/10.1002/9781118924396.wbiea1915).

Musharbash, Y. 2014a. Introduction: monsters, anthropology, and monster studies. In *Monster anthropology in Australasia and beyond* (eds) Y. Musharbash & G.H. Presterudstuen, 1-24. New York: Palgrave Macmillan.

—— 2014b. Monstrous transformations: a case study from Central Australia. In *Monster anthropology in Australasia and beyond* (eds) Y. Musharbash & G.H. Presterudstuen, 39-55. New York: Palgrave Macmillan.

—— 2016. A short essay on monsters, birds, and sounds of the uncanny. *Semiotic Review* 2, 1-11.

—— & G.H. Presterudstuen 2014. *Monster anthropology in Australasia and beyond*. New York: Palgrave Macmillan.

—— & G.H. Presterudstuen 2020a. Introduction: monsters and change. In *Monster anthropology: ethnographic explorations of transforming social worlds through monsters* (eds) Y. Musharbash & G.H. Presterudstuen, 1-27. London: Routledge.

—— & G.H. Presterudstuen 2020b. *Monster anthropology: ethnographic explorations of transforming social worlds through monsters*. London: Routledge.

—— & I. Gershon (eds) 2023. *Living with monsters*. Earth, Milky Way, Santa Barbara, Calif.: punctum books.

Niehaus, I. 2005. Witches and zombies of the South African Lowveld: discourse, accusations and subjective reality. *The Journal of the Royal Anthropological Institute* 11 (2), 191-210.

Patterson, M. 1974. Sorcery and witchcraft in Melanesia. *Oceania* 45 (2), 132-60.

Pool, W.S. 2011. *Monsters in America: our historical obsession with the hideous and the haunting*. Waco, Tex.: Baylor University Press.

Presterudstuen, G.H. 2020. Monsters, place, and murderous winds in Fiji. In *Monster anthropology: ethnographic explorations of transforming social worlds through monsters*. (eds) Y. Musharbash & G.H. Presterudstuen, 159-72. London: Routledge.

Radcliffe-Brown, A.R. 1922. *The Andaman Islanders*. Cambridge: University Press.

Rothstein, M. 2020. Decline and resilience of Eastern Penan monsters. In *Monster anthropology: ethnographic explorations of transforming social worlds through monsters*. (eds) Y. Musharbash & G.H. Presterudstuen, 75-87. London: Routledge.

Springwood, C.F. 2020. A Japanese sea spirit battles COVID-19 (2 September). *Sapiens* (https://www.sapiens.org/culture/amabie-covid-19/).

Stasch, R. 2014. Afterword: strangerhood, pragmatics, and place in the dialectics of monster and norm. In *Monster anthropology in Australasia and beyond* (eds) Y. Musharbash & G.H. Presterudstuen, 195-214. New York: Palgrave Macmillan.

—— 2016. Singapore, big village of the dead: cities as figures of desire, domination. and rupture among Korowai of Indonesian Papua. *American Anthropologist* 118 (2), 258-69.

Swanson, H., A. Tsing, N. Bubandt, & E. Gan 2017. Introduction: bodies tumbled into bodies. In *Arts of living on a damaged planet* (eds) A. Tsing, H. Swanson, E. Gan & N. Bubandt, M1-12. Minneapolis: University of Minnesota Press.

Taussig, M.T. 1980. *The devil and commodity fetishism in South America*. Chapel Hill: University of North Carolina Press.

Tsing, A., H. Swanson, E. Gan & N. Bubandt (eds) 2017. *Arts of living on a damaged planet*. Minneapolis: University of Minnesota Press.

Turpin, M.A. Ross, V. Dobson & M.K. Turner 2013. The spotted nightjar calls when dingo pups are born: ecological and social indicator events in Central Australia. *Journal of Ethnobiology* 33 (1), 7-32.

Weismantel, M. 2001. *Cholas and pishtacos: stories of race and sex in the Andes*. Chicago: University Press.

Weiss, B. 1998. Electric vampires: Haya rumors of the commodified body. In *Bodies and persons: comparative perspectives from Africa and Melanesia* (eds) M. Lambek & A. Strathern, 172-94. Aldershot: Ashgate.

Wengrow, D. 2014. *The origins of monsters: image and cognition in the first age of mechanical reproduction*. Princeton: University Press.

White, L. 2000. *Speaking with vampires: rumor and history in colonial Africa*. Berkeley: University of California Press.

This text was originally published as Musharbash, Yasmine. (2021) 2023. "Monsters" in *The Open Encyclopedia of Anthropology*, edited by Felix Stein. Facsimile of the first edition in *The Cambridge Encyclopedia of Anthropology*. Online: http://doi.org/10.29164/21monsters

解題

小松和彦「怪異・妖怪とはなにか」 小松和彦監修『日本怪異妖怪大事典』東京堂出版、二〇一三年〔普及版、二〇二五年〕

国際日本文化研究センターの「怪異・妖怪伝承データベース」に基づいて作られた『日本怪異妖怪大事典』の巻頭に置かれたもので、先行する「妖怪とは何か」（小松和彦編著『妖怪学の基礎知識』角川学芸出版、二〇一一年）などで描かれた著者の妖怪概念を端的に要約している。特に、「現象としての妖怪」「存在としての妖怪」「造形化された妖怪」という三層に分けて、「妖怪」と呼ばれる文化的対象を可能なかぎり包摂できるように工夫しているところは注目に値する。また、妖怪と幽霊の違いについても理論的に明確な定式化をしている。

京極夏彦「モノ化するコト――怪異と妖怪を巡る妄想」 東アジア恠異学会編『怪異学の技法』臨川書店、二〇〇三年

妖怪小説家として知られている著者は、怪異・妖怪に関わる言葉についての思索でも多くの洞察を提示している。著者は、近現代における「怪異」や「妖怪」という語の指す意味の学問的厳密性と通俗的多様性や、そうした多義性から生じる／多義性を生じさせる要因を、「モノ／コト」という区別から剔抉していく。さらに後半では、「怪異」が生じたり生じなかったりする過程を、やはり「モノ／コト」を軸にして現象学的に描き出す。

廣田龍平「妖怪の、一つではない複数の存在論――妖怪研究における存在論的前提についての批判的検討」『現代民俗学研究』六号、二〇一四年

本稿は、小松和彦の妖怪概念の根底に、妖怪を超自然的とみなす規定があると見なし、それを批判した論考である。「超自然的／自然的」という存在論的区分は、どの時代やどの社会でも同じように構築されるものではない。従って、私たちが妖怪と見なすもののなかには超自然的とされていないものも含まれている。それならば、従来の妖怪概念には大幅な変更が迫られるだろう。著者はさらに、なぜ私たちは妖怪を超自然的と見なすようになったのかについての歴史的過程を素描するが、この点は、後の『妖怪の誕生――超自然と怪奇的自然の存在論的歴史人類学』（青弓社、二〇二二年）で詳細に論じられることになる。

後藤晴子「畏怖の保存――情感の共有を考えるための一試論」『日本民俗学』三〇一号、二〇二〇年

著者は「老い」をテーマに沖縄で調査を続ける研究者であるが、二〇〇九年に「民俗の思考法――「とわかっている、でもやはり」を端緒に」（『日本民俗学』二六〇号）で呪術的思考について考察するなど、怪異・妖怪方面にも関心を持っている。本論では、沖縄離島での調査事例をもとにして、人々が特定の場所にかかわる「畏怖」の情感をどのようにして共同化していくのかが論じられている。「なんとなく、怖い」という印象がどのように共有されるのかの議論も興味深い。現代社会において怪異・妖怪の受容を論じるときの重要な視点を示すものと言える。

香川雅信「柳田國男の妖怪研究――「共同幻覚」を中心に」 小松和彦編『進化する妖怪文化研究』せりか書房、二〇一七年

著者は柳田國男の妖怪研究を時代順に「山人論」「供犠論」「共同幻覚論」と区分し、とりわけ三つめの「共同幻覚論」（一九二九〜三九年）に注目する。これは妖怪を実在するもの（山人論）でも過去の残存（供犠

論）でもなく、感覚の社会的構築として捉える見方である。著者はさらに、柳田が共同幻覚を論じたのは、人々がなぜそのようなことを信じるのか――しかも共同で――を問うことにより、個々人の自立した社会の確立を目指したからとも論じる。妖怪研究の社会的意義を考える際にも重要な視点である。

山田厳子「目の想像力／耳の想像力――語彙研究の可能性」『口承文芸研究』二八号、二〇〇五年

本稿は、あらかじめ「怪異」として囲い込んだものを考察するのではなく、口承文芸の「世間話」にて「怪異」だと考えられてきた資料群を「命名」の場に戻して考えるという、民俗学研究のアプローチを解く。著者は一九九〇年頃常磐線の通勤電車の中で、車体も乗客の身体も斜めに傾く佐貫駅にさしかかった時、高校生たちが「出た、サヌキナナメだ！」と叫んだことを、身体が斜めにかしぐ体験そのものを名づけたと説明する。このような視点から著者は、世間話の資料群を基に「感覚／経験」の名づけと「怪異」「妖怪」の名称が関連づけられていく過程を丁寧に紹介する。本稿は、「怪異」の発生を、人々の身体感覚による日常の体験に見出したアプローチとしても注目される。

常光徹「怪音と妖怪――聴覚と怪異現象」小松和彦編『進化する妖怪文化研究』せりか書房、二〇一七年

妖怪は人間の五感と深く結びついており、その中でも怪異を感知し認識するのは、視覚と聴覚がその大部分を占める。そのような前提に立ち、本稿は妖怪が生みだす音と声の特徴とそれを耳にしたときの感じ方、また人が妖怪にむけて発する音声について豊富な事例を紹介し、音と声を通した人と妖怪の関係を明らかにする。なかでも妖怪への呼びかけと妖怪からの対応といった、人間と妖怪の一歩踏み込んだ直接的な呼応関係は興味深い。著者は、音を通した妖怪と人間の関係を図示し、妖怪の行為は人の行為の鏡像だと結論づける。音を介して怪異を感知し、イメージを創り上げる人間の想像力を具体的に解き明かした論考と言える。

安井眞奈美「妖怪・怪異に狙われやすい日本人の身体部位」小松和彦編『妖怪文化研究の最前線』せりか書房、二〇〇九年〔『怪異と身体の民俗学――異界から出産と子育てを問い直す』（せりか書房、二〇一四年）に収録〕

国際日本文化研究センターの「怪異・妖怪伝承データベース」の三万五千件近くのデータを用いて、人々が時代に応じて、妖怪に関連させていかなる身体観をもっていたのかを明らかにした、妖怪に関する伝承の計量分析の試みである。データベースの検索によって抽出された「足、手、目、頭、首、髪、腹」などの身体部位は、妖怪に攻撃されたり、それを察知して攻撃をかわしたり、人間が妖怪との交渉を行うのに秀でた身体部位とも位置付けられる。また妖怪が憑依したり、侵入したりする身体部位は、鼻や口など「穴」になった部分に限らず、人間の視界が及ばない背中であることにも触れている。本稿は、妖怪に狙われる身体という視点から、人々が身体と外界の境界をどのように捉えていたのかを探る身体論としても位置付けられる。

藤坂彰子「「妖怪」という問いかけ――調査地における応答の諸相をめぐる研究ノート」『七隈史学』第一二号、二〇一〇年

本稿は、著者が調査地の人々に「妖怪を知っていますか」という質問を投げかけ、訝しがられたり「迷信」と一蹴されたりした「失敗」から出発する。著者はこうした妖怪に関する問いかけを、人々はどのように受け取るのかを改めて問い直す。そしてこれらを、妖怪の存在論に触れる問いかけ、記憶にふれる問いかけ、妖怪に関する知識を問う問いかけなどに分けている。「妖怪」という言葉にとらわれず「命名」がなされる場に注目した山田厳子の論考（本巻所収）なども参考になる。著者が、調査地で妖怪について問いかけを続け、人々の語りの中に位置づけた具体的な成果が期待される。

マイケル・ディラン・フォスター「妖怪を翻訳する」『HUMAN――知の森へのいざない』六、二〇一四年

英語で妖怪を紹介し、精力的に著作を刊行してきたフォスターは、海外で妖怪について論じるためには、幅広い歴史的な背景や文化的な文脈についても論じなければならない、と指摘する。なぜなら日本の妖怪の概念は曖昧さに特徴があり、「妖怪」は英語の「monster」や「spirit」などをすべて含む幅広い概念、あるいは連続体としての言葉であるからだ。フォスターはそれを紹介した上で、著作では新しい英単語としての「yōkai」を使っている。このエッセイでは、妖怪が翻訳され外国に行くことも、ある種の妖怪の進化であると結んでいるが、指摘の通り、妖怪は境界を行き来し、現在も変化し続けている。

朴美暻「韓国の「ドッケビ」の視覚イメージの形成過程――植民地時代を中心に、日本の「オニ」との比較を手がかりとして」 説話・伝承学会編『説話・伝承学』二一、二〇一三年

韓国では多くの研究者が、「ドッケビ」は植民地時代に日本から入ってきた「オニ」の視覚イメージに由来し、韓国固有の文化に由来するものではない、という主張を支持してきた。韓国で初めてドッケビの視覚イメージが登場したのは、植民地時代の小学校教科書『朝鮮語読本』(一九二三年)の「瘤取」であることから、「瘤取」がこの時代に流入したとする説も有力であった。これに対して著者は、植民地時代の辞書、英語の文献、朝鮮童話集、小学校教科書などを丁寧に分析し、韓国では植民地時代にすでにことわざの形として定着していた「瘤取」話があることなどから、従来の主張を覆す具体的根拠を示す。本稿は、著者の研究の集大成である『韓国の「鬼」――ドッケビの視覚表象』(京都大学学術出版会、二〇一五年)の第二章にて、多くの図版を伴って詳細に論じられている。

山中由里子「自然界と想像界のあわいにある驚異と怪異」 山中由里子・山田仁史編『この世のキワ――〈自然〉の内と外(アジア遊学二三九)』勉誠出版、二〇一九年

本稿は、著者による共編『この世のキワ』の序章として、ヨーロッパや西アジアにおける「驚異」と東ア

ジアにおける「怪異」を定義し、両者の比較の意義を解く。「驚異」と「怪異」の比較により、人間の想像力と表象物の相関関係や、その基層にあるコスモロジー（世界像・宇宙論）の歴史的変遷を解明することができる、と到達点が示される。本書は、国立民族学博物館で開催され、たいへんな人気となった「驚異と怪異――想像界の生きものたち」の展示（二〇一九年）に関連して編まれた。なお本書口絵には、驚異と怪異の文化史を俯瞰するヨーロッパ、西アジア、東アジアの比較年表が掲載されている。また、日本の妖怪・怪異研究は国際比較の必要性が謳われる段階を迎えている、との現状分析は正鵠を得ていると言える。

ヤスミン・ムシャーバシュ「怪物」（Yasmine Musharbash. Monsters. *The Open Encyclopedia of Anthropology.* http://doi.org/10.29164/21monsters）

著者はオーストラリア国立大学の人類学准教授である。この論考が収められた『オープン人類学百科事典』（英語）はウェブ上で公開されており、一流の人類学者たちが寄稿している。二〇世紀末以降、英語圏では歴史学や文化研究などの分野で怪物研究が盛り上がっている。怪物研究では他者や両義性、外部性などがキーワードになっているが、それらはいずれも人類学が多くの社会に見出してきたものでもある。ムシャーバシュは怪物研究を人類学に導入することにより、怪物という視点から比較研究を行う可能性を提示する。ムシャーバシュは人類学的怪物研究の資料や理論は日本における民俗学的・文化人類学的な妖怪研究とかなり接近しており、今後、相互的な影響が期待される。

監修者

小松和彦（こまつ・かずひこ）

国際日本文化研究センター名誉教授。専門は文化人類学、民俗学。長年、日本の怪異・妖怪研究を牽引してきた。『憑霊信仰論』『妖怪学新考』『異人論』『妖怪文化入門』など著書多数。

編者

廣田龍平（ひろた・りゅうへい）

大東文化大学助教。専門は文化人類学、民俗学。博士（文学）。『ネット怪談の民俗学』『〈怪奇的で不思議なもの〉の人類学』『妖怪の誕生』など。

安井眞奈美（やすい・まなみ）

国際日本文化研究センター研究部教授。専門は文化人類学、民俗学。博士（文学）。『狙われた身体』『怪異と身体の民俗学』『グローバル時代を生きる妖怪』（編著）など。

著者一覧（収録順）

京極夏彦（きょうごく・なつひこ）　小説家

後藤晴子（ごとう・はるこ）　大谷大学社会学部准教授

香川雅信（かがわ・まさのぶ）　兵庫県立歴史博物館学芸課長

山田厳子（やまだ・いつこ）　弘前大学人文社会科学部教授

常光 徹（つねみつ・とおる）

国立歴史民俗博物館名誉教授・総合研究大学院大学名誉教授

藤坂彰子（ふじさか・あきこ）

呉市海事歴史科学館（大和ミュージアム）学芸員

マイケル・ディラン・フォスター（Michael Dylan Foster）

カリフォルニア大学東アジア言語文化学科教授

朴 美暻（パク ミギョン）　平安女学院大学国際観光学部准教授

山中由里子（やまなか・ゆりこ）

国立民族学博物館人類基礎理論研究部教授

ヤスミン・ムシャーバシュ（Yasmine Musharbash）

オーストラリア国立大学人類学准教授

怪異・妖怪学コレクション 1

怪異・妖怪とは何か

2025年 4月20日　初版印刷
2025年 4月30日　初版発行

監修者　小松和彦
編　者　廣田龍平・安井眞奈美
装　幀　松田行正＋山内雅貴
発行者　小野寺優
発行所　株式会社河出書房新社
〒162-8544
東京都新宿区東五軒町2-13
電話 03-3404-1201（営業）
03-3404-8611（編集）
https://www.kawade.co.jp/

組　版　有限会社マーリンクレイン
印　刷　株式会社亨有堂印刷所
製　本　大口製本印刷株式会社

Printed in Japan
ISBN978-4-309-71481-3

怪異・妖怪学コレクション

小松和彦［監修］

1 怪異・妖怪とは何か
廣田龍平・安井眞奈美［編］

2 歴史のなかの怪異・妖怪
木場貴俊［編］

3 現代を生きる怪異・妖怪
飯倉義之［編］

4 文芸のなかの怪異・妖怪
伊藤慎吾［編］

5 娯楽としての怪異・妖怪
香川雅信［編］

6 怪異・妖怪の博物誌
伊藤龍平［編］

河出書房新社